Zarah Leander

Es war so wunderbar!

Mein Leben

Deutsch von Anna-Liese Kornitzky

Hoffmann und Campe

Titel der Originalausgabe: Zarah
Erschienen bei Alb. Bonniers Förlag, Stockholm 1972
© Zarah Leander und Jan Gabrielsson 1972

Der Abdruck der Photos erfolgte mit freundlicher Genehmigung von:
Bonniers Förlag, Stockholm (2, 3, 4, 5, 6, 7, 8, 10, 11, 12, 13, 15, 16, 18, 19,
20, 22, 23, 24, 25)
Ullstein Bilderdienst, Berlin (1, 9, 14, 17, 21, 26, 27)

1. bis 30. Tausend 1973
© Hoffmann und Campe Verlag, Hamburg 1973
Gesetzt aus der Korpus Sabon-Antiqua
Gesamtherstellung Richterdruck Würzburg
ISBN 3-455-04090 x · Printed in Germany

Inhalt

An meine deutschen Leser

Als mir mein Verlag in Stockholm vorschlug, meine Memoiren zu schreiben, war dieses Buch in erster Linie für ein Publikum in Skandinavien bestimmt. Nun hat sich aber auch ein deutscher Verlag für dieses Buch, das in meinem Heimatland so liebenswürdig aufgenommen worden ist – und ich bin darin nach dem Krieg nicht sehr verwöhnt worden –, entschieden.

Als ich von dem Entschluß des Hoffmann und Campe Verlags hörte, habe ich mich darüber ganz ungemein gefreut. Deshalb komme ich auch seinem Wunsch gern nach, den deutschen Lesern aus meinen Jahren in Deutschland und Österreich noch einiges mehr zu berichten, als ich dies in der schwedischen Ausgabe getan habe. Zum Ausgleich habe ich hier auf manche skandinavische Namen und Orte verzichtet, die deutschen Lesern wenig sagen würden.

Man zitiert so gern Goethe und sein Wort: »Bilde, Künstler, rede nicht!« und meint damit, daß unsereins sich lieber über sich selbst nicht äußern, sondern das besser anderen überlassen sollte. Eine Anschauungssache. Mir jedenfalls hat es Freude gemacht, dieses Buch zu schreiben, denn ich weiß es vielleicht doch am besten, was es in meinem Leben an Heiterem und Enttäuschendem, an Komischem und Traurigem, an Spannendem und Bemerkenswertem gibt, das wert wäre, erzählt zu werden.

Daß mein Buch nun auch auf deutsch erscheint, macht mich glücklich, und ich hoffe, daß meine Leser an ihm Freude haben werden. Mit Faust, den in dem unvergeßlichen Stummfilm mein Landsmann, der große Gösta Ekman, so herrlich gespielt hat, den alten wie den jungen, wage auch

7

ich zu sagen: »Zwei Seelen wohnen, ach, in meiner Brust.« Mir ist dabei das »ach« immer besonders eindrucksvoll und abgründig wahr erschienen. In aller zuständigen Bescheidenheit möchte ich es auch für mich reklamieren: Die eine meiner Seelen gehört Schweden, meiner Heimat, doch die andere ungeteilt meinen deutschen Freunden und ihrem Land, in dem ich meine größten Erfolge und soviel Freundschaft und Anerkennung erlebt habe.

Daran denke ich oft voll Dankbarkeit.

Lönö, im Juli 1973   Zarah Leander

Erstes Buch
1907-1929

Mutter Mathildas Tochter

Muß es auf alle Fragen eine Antwort geben? Kann man das vom Leben wirklich verlangen? Ich bin mir in diesem Punkt nicht ganz sicher, glaube aber, daß man mit erheblicher Neugier und ungestilltem Wissensdurst in die Grube fährt. Nachher erhält man vielleicht Antwort – was weiß ich.

Mutter Mathilda ist das größte Rätsel meines Lebens. Ich versuche, mich um dieses Problem herumzudrücken, denn ich kann es nicht lösen, versuche die Fragezeichen abzuschütteln, doch sie hakeln sich fest wie Kletten an einer Strickjacke. Ich kann nicht sagen, daß es mich quält, daß Mama und ich, obwohl wir so viele Jahre zusammengelebt haben, uns nie verstanden. Ich kann es aber nicht lassen, darüber nachzudenken.

Im Leben eines Menschen findet zu gegebener Zeit ein Mysterium nach dem anderen eine natürliche oder glaubhafte Erklärung. Aber die große, rothaarige, weißhäutige Frau, die meine Mutter gewesen ist – aus ihr kann ich nicht klug werden.

Vielleicht liegt es daran, daß sie eine Frau vom alten Schlag war, eine Frau, die sich stark machen mußte und deshalb stark wurde, die Kraft mit Schroffheit verwechselte, die ihre Kraft wie ein hochgeschlossenes Korsett trug, das sie nur im Dunkeln des Schlafzimmers ablegte. Dieser Panzer ließ sich nur schwer – in der einen wie der anderen Richtung – von Gefühlen durchdringen. Oft habe ich mich gefragt, wie Mama wohl gewesen sein mag, wenn sie wagte, schwach zu sein.

Vielleicht liegt es daran, daß wir beide Frauen waren, denen es leicht fiel, Männer zu verstehen, wie Männer zu denken und zu sprechen, wie Männer zu handeln. Vielleicht waren wir bei Licht betrachtet im Innersten einander so ähnlich, daß wir uns gegenseitig abstießen. Meine alten Schulkameraden aus Karlstad können die Sache von außen sehen. Sie sagen: »Du wirst deiner Mutter immer ähnlicher.«

Wenn sie damit meinen, ich ähnele meiner Mutter dem Aussehen nach, dann freut es mich, wenn sie recht haben sollten. Für meinen Geschmack war Mama in ihren jungen Jahren schön, sie glich den vornehmen Damen in den feinen Kunstbüchern, die daheim in der Järnvägsgatan von Karlstad im Salon auf dem Tisch lagen. Aber Mutter Mathildas Aussehen konnte ich deshalb nicht gerecht beurteilen, weil ich selber vor Häßlichkeit schielte.

In anderer Hinsicht freilich habe ich beobachten können, daß ich ihr mit der Zeit immer mehr ähnele. Sie war äußerst ordnungsliebend, duldete keine Nachlässigkeit, während ich mir in den Backfischjahren einbildete, es sei »künstlerisch«, seine Sachen herumliegen zu lassen. Schlampig sein war so fesch, war *à la bohème*. Später habe ich eingesehen, daß dies meiner Natur gar nicht entspricht, und heute packt mich der Zorn, wenn hier zu Hause auf Lönö nicht ordentlich staubgewischt ist. Also ist hier alles stets gewienert und geputzt, denn niemand vermag meinem Zorn standzuhalten . . .

Ordnung und Sauberkeit sind nicht unwichtig, aber nicht das Wichtigste im Leben, menschliche Kontakte sind wichtiger. Mit Mama hatte ich nur wenig Kontakt. Nicht, daß wir miteinander nicht ausgekommen wären. Darum ging es überhaupt nicht: Mutter Mathilda ordnete an, und wir anderen gehorchten. Sie war Feldherrin über zehn Zimmer, Diele, Küche, Speisekammer und Waschküche. Wir anderen waren das Fußvolk.

Mit Papa war ich vertraut, zu ihm ging ich, als meine Theaterträume mich ganz erfüllten und in aller Vertraulichkeit überschwappten. Natürlich sagte er nein, denn das mußte ein Vater in seiner Stellung zum damaligen Zeitpunkt der Weltgeschichte sagen. Er fügte aber hinzu: »Aber Mama sagen wir nichts davon!«

Ich glaube nicht, daß Mama sich meiner schlimmen Pläne

jemals voll bewußt gewesen ist, und wenn, so ließ sie sich nichts anmerken. Und wenn Mutter Mathilda etwas mit Schweigen überging, dann existierte es auch nicht. Dann war es in der Versenkung verschwunden.

So wahr mir Gott helfe, aber nicht einmal, als ich es so weit gebracht hatte, wie es eine theaterbesessene Göre aus Karlstad in ihren kühnsten Träumen zu bringen vermag, nicht einmal, als man mich in Wien als Königin der Operette feierte – nicht einmal da begriff Mama, worum es für mich ging. Zeit ihres Lebens hat sie kein Verständnis für das aufgebracht, womit ich mich beschäftigt habe, und was es für mich und was es für andere bedeutet hat.

Vielleicht war es nicht ihre Schuld, vielleicht konnte sie nicht anders.

Einmal in Wien ... Ich hatte Mama zu mir eingeladen, und sie fand es wunderbar, einmal in die weite Welt hinauszukommen, vor allem nach Wien, wo die Musik von Jahrhunderten gleichsam noch in der Luft schwang.

Als wir in der Herbstsonne die Kärntner Straße entlanggingen, winkten mir die Menschen zu, grüßten und riefen »Zarah«. Manche traten auf mich zu und faßten mich an, als wollten sie an einer rätselhaften Kraft ihres Idols teilhaben. Es war halt ihre Art, Zuneigung zu zeigen. Die Liebe des Publikums ist die Voraussetzung für meinen Beruf, und auch, wenn es einem nicht immer gleich gut gefällt, daß die Leute einem den Rocksaum küssen, muß man das Spiel fairerweise mitspielen. Es gehört dazu, daran muß man sich in diesem Beruf gewöhnen. Manchmal bin ich diese »große« Zarah Leander, die mich mein Leben lang verfolgt hat, herzlich leid – aber ich habe mit ihren guten Seiten und der Kehrseite zu leben, mit Beifallsstürmen und Idolanbetung.

Die Wiener lächelten, riefen und freuten sich, mich zu sehen. Mama staunte nur:

»Aber du singst doch nur!«

Genau das, liebe Mama, ich singe nur.

Manch einer hat vielleicht beim Sammeln seiner Erinnerungen die gleiche Erfahrung gemacht wie ich: man findet Puzzleteilchen, wo man sie am wenigsten vermutet hätte. Ich meine jetzt nicht die großen Brocken, denn die kriegt man ja zur Not noch selber zusammen, sondern ich denke an kleine, schwer zu entdeckende Teilchen, die zusammen mit anderen Scherben und Splittern in einem größeren Rahmen das besondere Muster bilden. In der letzten Nummer von ›Vecko-Journalen‹ 1932 waren meine Kinder und ich auf der Titelseite abgebildet. In der Zeitschrift war eine große »Zu-Hause-bei«-Reportage über unser neues Heim am Karlavägen. Es war keineswegs die erste Reportage dieser Art, denn zu jener Zeit war ich in Stockholm der am klarsten leuchtende »Stern«. Der von Margit Siwertz unter Pseudonym Tigram geschriebene Artikel war recht nüchtern, und heute, vierzig Jahre später, finde ich darin ein Puzzleteilchen, das in meinem Bild von Mutter Mathilda eine Lücke ausfüllt.

»Die Großmutter (Mathilda), die den Haushalt und die Erziehung der Kinder regiert, residiert im Nebenzimmer. Gerade heute strahlt sie vor Stolz über ihren Neffen, Zarah Leanders Vetter, fil. lic. Sten Wahlung, der am Vormittag an der Stockholmer Hochschule äußerst erfolgreich disputiert hat. Das Thema seiner Arbeit war eine vergleichende demographische Studie über die nomadisierende und die seßhafte Bevölkerung in den Gemeinden Karesuando, Jukkasjärvi, Gällivara und Jokkmokk. Man muß ihr beipflichten, es gibt wirklich mehr als nur einen hellen Kopf in der Familie.«

Mama hatte sicherlich nicht den blassesten Schimmer von Demographie, sie verstand davon vermutlich weniger als vom Theater. Aber sie wußte, daß Wissenschaft wertvoll ist. Wer so fleißig studiert hatte, daß er Doktor der Philosophie wurde, konnte auch Professor werden, und was ein Professor war, das wußte man: ein gelehrter Mann mit einem respekteinflößenden Titel, einem hohen Amt und einem guten Gehalt.

Jedoch Primadonna assoluta auf den Estraden des Vergnügens und den Titelseiten von Illustrierten zu sein, war vielleicht ganz kurios, wohl kaum anständig, bestimmt aber fragwürdig. Natürlich las Mama diese Illustrierten, die Artikel und

Bilder darin aber sollten möglichst nicht von ihrer einzigen Tochter handeln. Und im übrigen: sie singt ja nur!

In meiner Familie scheine ich so etwas wie ein Sonderfall zu sein. Vor mir ist nichts von Künstlern, Artisten, Taschenspielern und anderem fahrendem Volk bekanntgeworden. Und nach mir leben meine Kinder und meine wunderbaren Enkelkinder gleichfalls in gesichertem Abstand von der trügerischen Welt des Theaters. Meine Eltern und ihre Vorfahren – Gutsbesitzer, Bauern, Kaufleute und Beamte in Värmland, Västergötland und Ådalen – verschwendeten auf so etwas wie einen künstlerischen Beruf keinen Gedanken.

Für Mutter Mathilda war ich das schwarze Schaf, das aus der Herde ausbrach. Sie verstand nicht, weshalb es geschah, und vielleicht grämte sie sich sogar darüber. Erfahren habe ich es freilich nie. Wenn es wahr ist, daß Mama und ich uns ähnlich waren, dann sprachen wir jedenfalls nicht die gleiche Sprache. Wir stammten von zwei verschiedenen Planeten und begegneten uns aus purem Zufall in Karlstad. Wir lebten hier auf Erden viele Jahre lang zusammen, gehörten aber nicht dem gleichen Jahrhundert an. Das mag eine Erklärung sein.

Mama starb am 1. Dezember 1959. Am selben Abend hatte ich im Operettenhaus in Hamburg Premiere. Das Stück hieß *Madame Scandaleuse.*

Auf einem Gebiet und in einem Punkt verstanden Mama und ich einander vollkommen, in dieser Hinsicht ist der Apfel nicht weit vom Birnbaum gefallen.

Mama liebte schicke, gutaussehende Männer, und auch ich habe stets eine Schwäche für fesche Männer gehabt. Damit meine ich nichts Zweideutiges, es handelt sich – außer im allergünstigsten Fall – nicht um Kerls auf der Bettkante. Ich finde fesche Kerls ganz einfach fesch, schöne Männer schön. Ich genieße es, hübsche und stattliche Mannsbilder um mich zu haben, und darin bin ich also ganz Mutter Mathildas Tochter.

Daß Mama jemals geflirtet hätte, ist völlig ausgeschlossen. Es war nicht ihre Art; wenn das Wort Flirt vielleicht auch zu ihrem Wortschatz gehörte, dann doch keinesfalls zu ihrem Verhaltensmuster. Außerdem war Papa so furchtbar eifersüchtig, daß sie sich nicht einmal getraut hätte, dem Müllkutscher schöne Augen zu machen. Aber da sie stattliche Männer liebte und nicht dumm war, fand sie einen Weg, sich an dem für ihren Geschmack Schönsten satt zu sehen. Heimlich, wenn Papa nichts davon ahnte, ging sie ins Kino. Es kostete zehn Öre, und das Vergnügen dauerte nur fünfunddreißig Minuten – aber es war ein Hochgenuß!

Ich wurde in ihr Kinolaster eingeweiht. Und das kam so: Ich hatte dreimal wöchentlich Klavierunterricht bei Frau Elsa Lundkvist, die in der Drottninggatan wohnte. Nach der Stunde pflegten wir dann eine Weile am Fluß entlangzuspazieren und von dem zu plaudern, was uns beide erfüllte: Beethoven, Mozart, Chopin. Daß eine Erwachsene mich wie eine fast Gleichaltrige behandelte, war wunderbar. Vor acht Uhr mußte ich zu Hause sein, denn dann gab es Abendbrot: Mehlsuppe, Kakao und Butterbrote. Keiner kam je unerlaubt nach acht Uhr heim, es hätte schon die Welt in Stücke gehen müssen.

Mama hatte sich ausgerechnet, daß meine Klavierstunden mit anschließendem Spaziergang eine gute Tarnung für ihr heimliches Laster abgeben könnten. Eines Tages hatte sie mich überrumpelt: »Ich hole dich heute abend um sieben Uhr von der Klavierstunde ab.«

Ich begriff nicht, was in Mama gefahren war, so etwas war noch nie passiert. Aber natürlich machte ich keine Einwände, denn Mathilda Hedberg widersprach man nicht. Sie holte mich also nach der Stunde ab, und diesmal wurde auf dem Weg am Fluß entlang nicht von Beethoven gesprochen. Ihre Augen waren ungewöhnlich blank, und ihre Wangen unter dem hellen Puder, den sie im Kampf gegen die Erbsünde – die Sommersprossen – verwandte, waren rosig.

»Ich werde dir mal was verraten, Zarah. Ich bin im Kino gewesen und habe Gunnar Tolnaes gesehen.«

»So«, sagte ich ziemlich uninteressiert, höchstens ein wenig erstaunt. »Was hast du denn gesehen, Mama?«

»*Die Lieblingsfrau des Maharadscha.* Du ahnst nicht, wie blendend er aussah! Im Turban!«

»Aha, und warum erzählst du das nicht Papa?«

»Bist du verrückt!«

Eine Weile war es still. Die Gaslaternen leuchteten jetzt in der Dunkelheit stärker, und der Fluß gluckste schwärzer gegen die Uferböschung. Schließlich sagte Mama:

»Sieh mal, Zarah, man darf nicht lügen. Und ich lüge nie. Aber man braucht ja nicht die ganze Wahrheit zu sagen! Wenn man dadurch jemanden betrübt . . .«

Eine praktische Regel für das Zusammenleben, ein einfacher und guter Rat in der schweren Kunst, mit Menschen behutsam umzugehen. Eine seltene Stunde der Offenheit und Vertrautheit zwischen Mutter und Tochter. Ach ja, wenn wir jeden Tag solche vertraulichen Augenblicke gehabt hätten!

Als ich dann ein paar Klassen älter geworden war, konnten Mama und ich unserer Schwäche für gutaussehende Männer gemeinsam frönen. Jeden Sonntagnachmittag gingen wir ins Stadthotel, um dort Kaffee zu trinken und Sahnetörtchen zu essen, so wie es die Damen der Stadt zu tun pflegten. Es war sicherlich die wunderbarste Stunde der ganzen Woche. Dort im Restaurant saß nämlich ein Mann am Flügel. Ob er gut spielte, weiß ich nicht mehr, ich erinnere mich nur noch der erlesen schönen Bewegungen seiner Hände. Außerdem trug er einen Frack. Ich flüsterte:

»Mama, ist er nicht himmlisch? Einen solchen Mann will ich haben!«

Er trug keinen Turban, aber einen Frack; und wenn er sein Orchester dirigierte, bewegte er seine Hände so ungemein elegant. Daß er auch Klavier spielen konnte, erfuhr ich erst später. Alle Weibsbilder liefen hin, um sich den Kapellmeister im Restaurant *Fenix-Kronprinsen* anzuschauen, das damals im Vorfrühling 1934 in Stockholm »in« war. Wenn ich sage, daß er der Liebling der Stockholmerinnen war, dann verstehen jedenfalls die Damen, was ich meine: er war jung und fesch und hatte dieses gewisse Etwas, das man am liebsten für sich allein gehabt hätte.

Natürlich mußte ich hin, genau wie alle anderen, aber ich erklärte doch, daß man die Reklametrommel für meinen Geschmack hier zu laut geschlagen habe. »Bißchen zu rotblond, zu sehr Typ Herzensbrecher, nichts für mich . . .« Dies mußte ich sagen, da ich ehrbar verheiratet war. Aber im stillen mußte ich zugeben, daß er wirklich gut aussah. Und wie er seinen Frack trug! Es dauerte einundzwanzig Jahre, ehe ich es wagte, diesen rotblonden Herzensbrechertyp um seine Hand zu bitten.

Als ich Mama damals meine Entdeckung vorführte, lag sie im Krankenhaus. Ich brannte darauf zu erfahren, wie sie ihn fand, und wäre schon froh und zufrieden gewesen, wenn er ihrer Ansicht nach nur erträglich gewesen wäre. Der Auserwählte stand im Krankenzimmer am Fenster und ließ seine Augen glitzern. Mama kniff ihre Augen zusammen und musterte ihn vom Bett aus sachverständig und gründlich:

»Hübsch ist er nicht, das kann man eigentlich nicht behaupten. Aber er sieht aus, wie ein Mannsbild aussehen soll.«

Mama schwindelte nie, auch wenn sie nicht immer die ganze Wahrheit sagte. Aber sie übertrieb auch nie und knauserte mit ihrem Lob. Ihr Urteil machte mir das Herz warm, der Begeisterung näher konnte sie in ihrer Wortkargheit nicht kommen. Auf Mamas Urteil über Männer konnte ich mich getrost verlassen.

Hätte Arne damals im Krankenhaus vielleicht im Turban erscheinen sollen?

Nein, das wäre für Mutter Mathilda wohl zuviel gewesen.

Wenn du nicht willst, brauchst du nicht...

Er war so fuchsteufelswild, daß er den Kachelofen im Salon mit seinen bloßen Händen einreißen wollte. Er wagte sich an das Stabilste im ganzen Haus, an das, was nicht einmal Bomben zum Einstürzen bringen können. Wie viele zerbombte Mietskasernen hat man in den Ruinenstädten des Krieges gesehen, wo nur der Schornstein aufrecht stehengeblieben war und daneben in allen Stockwerken die weißen Kachelöfen wie blanke Zähne in einem Totenschädel.

»Laß das, Papa, du schaffst es doch nicht...«, sagte ich und wollte ihn damit wahrscheinlich noch mehr anstacheln.

»Oooh..., ich habe eine solche Mordswut, einen so gottverdammten Zorn!«

Dann fing er wieder an mit der ganzen Wucht seiner 140 Kilo. Der Schweiß trat ihm auf die Stirn, er atmete schwer, seine hellen Augen waren vor Anstrengung blutunterlaufen. Doch den Kachelofen schaffte er nicht.

Ich bekam es nicht mit der Angst, war eher fasziniert von diesem Kraftakt: ein Auerochse, der auf ein Urgebirge losging. Natürlich wußte er, daß er mit der bloßen Kraft seiner Hände auch nicht eine einzige Kachel herausbrechen konnte, wahrscheinlich hatte er es schon früher mal probiert. Aber der Kachelofen war der einzig würdige Gegner. Trotz seines Zorns war er sich bewußt, daß Möbel ihm nicht angemessen waren. Der Kachelofen jedoch lockte stets von neuem:...vielleicht gelang es doch einmal...

Ein Jammer, daß es nur noch so wenige Kachelöfen gibt, ein simpler Heizkörper ist nichts für einen zornigen Mann.

Ganz sicher war es nur eine Kleinigkeit, irgendeine Bagatelle, die ihn geärgert oder seinen aufgestauten Zorn ausgelöst hatte. In wichtigen Fragen war seine gesunde Vernunft ein Riegel, große Probleme waren allzu ernst, als daß er es sich erlaubt hätte, wie ein Berserker zu wüten. Bei widrigen Kleinigkeiten aber konnte er zerspringen und wie von Sinnen sein. Ich glaube, daß es sich dabei nicht nur um gerechten Zorn, sondern auch um reinigenden und nützlichen Grimm gehandelt hat, etwa wie ein starkes Niesen.

Papas Fehler war im Grunde, daß er zu gutmütig, viel zu weichherzig war – ich bin der Meinung, es war eine Schwäche, die ihm gefährlich werden konnte. Gewiß ist Gutherzigkeit kein Fehler, Papas Güte war sein Adelszeichen. Aber seine fundamentale Gutmütigkeit verhinderte die Selbstverteidigung, hinderte ihn daran, um sich die Mauer von Hartgesottenheit zu errichten, die man in dieser schnöden Welt oft genug braucht.

Gutmütigkeit muß nicht Weichlichkeit, schlaffe Freundlichkeit bedeuten. Auch in der Güte gibt es Festigkeit. Ist es nicht häufig so, daß vielen körperlich imponierenden Menschen eine Gutmütigkeit eigen ist, die sie angenehm macht, eine gewisse Trägheit des Temperaments, die sie vor dem Aufbrausen und Überkochen bewahrt? Denn ihre Kräfte sind so gewaltig, daß solche Naturen, wären sie reizbar wie Stiere, heillosen Schaden anrichten würden.

Ich weiß niemanden, der so weiche Bewegungen hatte, sich so behutsam auf zierliche Stühle setzte, so zart mit hauchdünnen Gläsern hantierte und einen so überraschenden Eindruck von Leichtigkeit vermittelte wie mein kolossaler Papa. Er war der Elefant im Zirkus, der graziös Ballett tanzt und seinen tonnenschweren Fuß auf den Kopf des Dompteurs oder ein Vogelei legt, ohne es zu zerbrechen.

Anders Lorentz Sebastian Hedberg wurde 1872 geboren und war Grundstücksmakler. Sein Vater war Geschäftsmann gewesen. Sein Großvater Kaufmann. Sein Urgroßvater Werk- und Hüttenverwalter.

Sein Ururgroßvater besaß den Herrenhof Laskerud im Kirchspiel Nyed in Värmland und war von Beruf Hoher Richter beim Hofgericht. Sein Stammvater zur Zeit Karls X. hieß Lars in Lidköping. Dieser wiederum stammte von einem Mann ab, der auf einer Heide in der Nähe eines Berges wohnte und daher den Zunamen Hedberg erhielt, dies alles gemäß dem wohlunterrichteten »Schwedischen Geschlechterkalender«. Wer wollte wagen, etwas anderes zu behaupten?

Als Anders Lorentz Sebastian Hedberg 30 Jahre alt war, ehelichte er Mutter Mathilda. Beide waren im selben Jahr geboren, lebten einträchtig 27 Jahre miteinander und hatten fünf Nachkommen, vier Söhne und eine Tochter. Ich erhielt den Taufnamen Zarah, mit »Z« nach einer Vorfahrin mütterlicherseits, und war von der ersten Sekunde an mangels weiblicher Konkurrenz Papas Liebling.

»Wer nicht nett zu Zarah ist, kriegt es mit mir zu tun«, donnerte er, und diese Drohung war so fürchterlich, daß selbst die Brüder nicht unbeeindruckt blieben. Sie wußten haargenau, wie gutmütig Papa war, wieviel Verständnis er stets aufbrachte. Sie wußten aber auch, daß es ihn in Rage bringen konnte, wenn man zu mir niederträchtig war. Bange war man nie vor diesem Riesen Papa, im Gegenteil, ihm vertraute man sich gern an.

Ihm konnte man Dinge gestehen, die man anderen nicht um alles in der Welt verraten hätte.

»Ich bin gar nicht so wie die anderen, Papa. Die anderen Mädchen sehen ganz anders aus, sind auch ganz anders. Nur ich sehe so aus . . .«

»Rotes Haar ist schön!«

»Aber ich denke auch nicht so wie die anderen, ich denke in allem anders.«

»Dann denke doch weiter so. Man ist, wie man ist, und es ist kein Fehler, es zu zeigen.«

»Ich mache mir nur was aus Musik, und die anderen reden dauernd von Handarbeiten. Doch das kann ich nicht, ich kann nicht nähen und sticken, ich sehe ja so schlecht.«

»O ja, du könntest schon, wenn du wolltest. *Aber wenn du nicht willst, brauchst du nicht.*«

Dieser gute Rat ist wohl mein bestes väterliches Erbteil: Wenn du nicht willst, brauchst du nicht. In diesem Leben ist fast nichts so wichtig, daß man sich gegen seinen Willen und seine innerste Überzeugung dazu zwingen sollte, es zu tun. Das Ergebnis derartiger Mühen ist selten gut. Andererseits: will man etwas unbedingt und zutiefst, kann man so gut wie alle Schwierigkeiten überwinden, beinahe Kachelöfen versetzen.

Papas Rat ist keine Aufforderung zur Schlappheit, er zwingt ganz im Gegenteil zur Selbstkritik und Selbstprüfung und hilft einem, das Unwichtige vom Wesentlichen zu trennen.

Meine Kindheit zu Beginn dieses Jahrhunderts war die Zeit der Hausfrauen. Ein großes Haus, ein gepflegtes, wohlfunktionierendes Heim war ein großes Arbeitsgebiet, dem die Dame des Hauses als Herrscherin vorstand. Man schlachtete nicht daheim in der Küche, sondern kaufte das Fleisch, dann aber nicht etwa nur ein halbes Schwein, sondern gleich zwei ganze Schweine, die zerstückt, zu Wurst verarbeitet, gesalzen, konserviert und geräuchert werden mußten.

Das pflegeleichte und hautunfreundliche Nylon gab es noch nicht. Zu meiner Zeit gab es Wolle, Baumwolle und Leinen, das gekocht und gerubbelt, gespült und getrocknet, gestärkt und gestopft und geflickt und schließlich in lavendelduftende Schränke gelegt wurde. Dielenfußböden mußte man kniend mit der Hand schrubben. Zehn Kachelöfen waren zu heizen und zu betreuen. Fünf Kinder mußten zum Schulbesuch, zu Hausaufgaben und zur Erfüllung häuslicher Pflichten angetrieben werden.

Seit der Wikingerzeit oder gar noch grauerer Vorzeit trägt die Hausfrau den Schlüsselbund am Gürtel. Es war das Insignium ihres Amtes, das Würde und Wert besaß. Ihre Pflichten ließen sich durch keine Arbeitszeitverordnung regeln. Ein Kind bekommt, ohne Rücksicht auf Zeit und Ort, Masern und 40 Grad Fieber. Unerwartete Gäste können erscheinen und müssen beherbergt werden.

Eine Hausfrau hat also das Recht, abends und auch morgens erschöpft zu sein, und jeder hat Verständnis dafür, daß sie einen manchmal, wenn sie nicht mehr die Kraft hat, zu erklären oder zu argumentieren, kurz abfertigt.

In dem altväterlich bürgerlichen Heim war der Hausherr in gewisser Hinsicht eine recht belanglose Person. Er beschaffte das Wirtschaftsgeld, zeugte Kinder und tranchierte den Sonntagsbraten. Außerdem verkündete er Beschlüsse in Angelegenheiten, die außerhalb der Einflußsphäre der Hausfrau lagen: Schulbesuch und Berufswahl. Und er war der höchste Richter in Moralfragen – und gleichzeitig Vollstrecker der Strafe. Diese Mannsperson sahen die Familienmitglieder eigentlich nur beim Grog und hinter der Zeitung. Und dann hieß es: »Still, Kinder, stört Papa nicht, er ist abgespannt!«

Aber so war es nicht bei uns. Papa hatte sein Kontor in der Wohnung, ein riesengroßes Zimmer, das rechts von der Diele lag. Die Angestellten des Kontors aßen mit uns, wir hatten also Papa von früh bis spät in der Wohnung. Wenn er mich aus der Schule heimkommen hörte, kam er oft leise angeschlichen. Dann gingen wir direkt in den Salon und spielten. Das war das Schönste und Beste meiner Jugendjahre.

Das Lieblingsinstrument dieses gewaltigen Mannes war das zierlichste von allen. Papa spielte Flöte. Wie ein schlankes Schilfrohr ruhte sie in seinen Pranken, und silberklare Töne umschmeichelten uns. Ein anderes Instrument wäre in seiner Hand stilwidrig gewesen, denn Papa war tief romantisch und hatte die Seele eines Poeten. Ich weiß, daß er hin und wieder Gedichte schrieb, doch sie waren für meine Augen und Ohren nicht bestimmt. Uns beide verband die Musik.

Papa brachte mir oft neue Noten:

»Sie mal hier, das ist sehr schön. Üb es heute, dann können wir es morgen zusammen spielen.«

Und am nächsten Tag spielten wir es dann zusammen, und mit den leichten Tönen aus der Flöte glitt sein Blick weit fort, über Noten und Notenständer, Sofaschoner, Familienfotos und Topfpflanzen. Mir kamen seine blauen Augen während des Spiels noch blauer vor, und ich wünschte, ich hätte seinen Blick gehabt und hätte sehen können, was er sah. Aber ich ahnte es.

Die Schule war die Hölle. Die Brüder konnten unerträglich sein. Mama war so, wie sie war. Aber Papa und ich hatten es festlich in der Welt, in der wir für uns allein sein durften. Bis Mama uns erwischte:

»Was treibt ihr denn hier mitten am hellichten Tag? Zarah soll doch die Palmen abwaschen.«

Mama war der nüchterne Nutzen, mit dem man sich nur schwer abfinden konnte, denn Nutzen war ja der Alltag des Lebens. Papa bürgte für die Poesie der Woche, und wenn wir Glück hatten, konnte es sieben Sonntage hintereinander geben. Beide Dinge waren nötig, fehlte das eine, hätte das Dasein gehinkt. Ohne eigenes Verschulden verkörperte Mama das, was mit »müssen« zu tun hatte. Papa dagegen konnte sich leisten zu sagen: »Wenn du nicht willst, dann brauchst du nicht.« Aber deswegen herrschte daheim durchaus keine ungute Atmosphäre. Zwei Menschen verschiedenen Naturells, das muß nicht Zusammenstöße und Konflikte bedeuten, sie können einander vielmehr ergänzen. In meiner Erinnerung scheint es mir, als lebten wir immer froh in den Tag hinein, denn aufgewärmte Grütze vergißt man, aber die Erinnerung an heitere Feste lebt lange fort.

Natürlich waren Mama und Papa stets loyal zueinander, vor uns und vor anderen. Sie wirkten glücklich – mit den Augen der damaligen Zeit betrachtet. Jedenfalls ließen sie keinen anderen einen Riß in ihren Beziehungen sehen. Aber weshalb hätte es solche Risse überhaupt geben sollen? Muß man denn hinter einer intakten Fassade immer Zwietracht und tiefe Tragik vermuten? Das gute Gleichgewicht unseres Familienlebens beruhte darauf, daß Papa – wie alle anderen – großen Respekt vor Mama hatte. Vielleicht sollte ich es so formulieren: er mischte sich nicht in Dinge ein, die zu »Mamas Abteilung« gehörten, und er verhielt sich neutral.

Bei einer Gelegenheit nämlich, als ich auf ein »soziales« Problem stieß, warf ich einen kurzen Blick hinter die Kulissen und erkannte, wie es da zuging. Ich hatte entdeckt, daß es Klassenunterschiede gab, eine Ungerechtigkeit, die deshalb so dumm war, weil man sie hätte leicht beheben können. An Gleichheit glaubte ich keinen Augenblick, Ungerechtigkeit aber habe ich stets gehaßt.

Unsere Hausgehilfinnen wurden »die Mädchen« genannt, ein moderner Ausdruck für »Mägde«, was ja auch Mädchen bedeutet, aber – außer im Dänischen – einen abfälligen Klang angenommen hat. Die Mädchen wohnten in der Küche. Ihre Sachen verwahrten sie in einem Vertiko, und sie schliefen in einer ausziehbaren Bettbank. Niemand kam auf den Gedanken, daß sie ein eigenes Zimmer haben müßten; solchen Luxus gab es nicht einmal für die eigene Familie: die Eltern hatten ihr Schlafzimmer, meine älteren Brüder das Jungenzimmer, die kleineren Brüder das Kinderzimmer, und ich teilte ein Zimmer mit meiner Großmutter.

Aber jeder von uns hatte immerhin sein eigenes Bett, und das hatten die Mädchen nicht. Sie lagen schlecht in ihrer Bettbank, und das fand ich deshalb ungerecht, weil wir ja eine »Abseite« hatten, die besser ausgenutzt werden konnte. Alle älteren Leute wissen, was eine »Abseite« ist, nämlich keine Speisekammer, sondern ein großer und kalter Vorratsraum mit Mehl in Kästen, Eiern im Wasserglas, Räucherwaren und Knäckebrot auf Stangen unter der Decke.

Dieser Vorratsraum war in meinen Augen eine Platzverschwendung. Man konnte ihn durch eine Wand aufteilen und dadurch den Heringsgeruch verbannen. Man konnte ein Fenster einsetzen und Licht schaffen. Man konnte einen eisernen Ofen hineinstellen und dadurch Wärme bekommen. Es wäre also ganz einfach, den Mädchen ein eigenes Zimmer mit eigenen Betten zu verschaffen.

»Mama, die Mädchen tun mir leid, weil sie in der Bettbank schlafen müssen. Können wir nicht die Vorratskammer umbauen, so daß sie ein Zimmer für sich allein haben?«

»Was sind denn das für Ideen?«

Ich ging mit meiner glänzenden Idee zu Papa.

»Ist die Idee nicht gut, Papa?«

»Leg dich nicht mit Mama an!«

»Aber die Idee ist doch gut, nicht wahr?«

»Laß sie sausen! Und vor allem: leg dich nicht mit Mama an! Sicher, die Idee ist gut. Wart's nur ab, es kommt von ganz allein ins Lot.«

Und das tat es wirklich. Wie es im einzelnen geregelt wurde, weiß ich nicht, mir schwebt aber vor, daß meine Idee mit der Zeit allerhöchsten Orts, hinter verschlossenen Schlafzimmertüren behandelt, in gutem Einvernehmen akzeptiert und mit der Zeit verwirklicht wurde. Sonst aber, in anderen Zusammenhängen habe ich häufig bemerkt, daß Anregungen »von unten« auf dem Chefniveau selten populär sind. Die Chefs möchten selber das Monopol für gute Ideen haben. Darum taucht eine Idee »von unten« meistens sehr viel später und in veränderter Form und mit neuen Motivierungen dort wieder auf. Aber jetzt kommt sie »von oben«, und da ist sie von vornherein gut. Es ist wie mit vielen Anträgen der Opposition, über die die allmächtige Regierung verächtlich die Nase rümpft – um sie dann in einer späteren Reichstagssitzung als eigene Vorlage zu lancieren. Ungefähr so ging es zu, als »die Mädchen« bei uns daheim in der Järnvägsgatan in Karlstad ihr eigenes Zimmer und eigene Betten bekamen.

In einem einzigen Buch kann man nicht besonders viel aus seinem Leben erzählen. Man kann darin nicht einmal besonders viel von einem einzigen Menschen erzählen, der einem nahegestanden hat. Im Abstand von vierzig Jahren erscheint Papas gewaltige Gestalt vielleicht in einem unverdient lichten Schimmer. Nein, ihre Glorie ist nicht unverdient. Papa verkörpert das Beste meiner Kindheit. Er ist meine wertvollste Kindheitserinnerung. Anders Lorentz Sebastian Hedberg starb 1929 mit nur 57 Jahren. Es war in dem Jahr, als ich in meinem Beruf begann und mein Sohn Göran geboren wurde.
Mein Papa hatte das Herz eines Poeten, und ich liebte ihn sehr. Das ist die Wahrheit und der Hauptinhalt meines Bildes von ihm. Nichts kann dies ändern.

Irgendwas mit Singen wird es sein

Daheim wurde viel Musik gemacht. Vater und ich musizierten täglich. Meine vier Brüder hatten hübsche Stimmen, und wäre der Altersunterschied nicht so groß gewesen – neun Jahre zwischen dem ältesten und dem jüngsten –, hätten sie ein Männerquartett bilden können. Jungen der damaligen Zeit hielten Singen für albern, eine gute Stimme war zum Schreien da. Mama sang auch nicht übel, wahrscheinlich ist meine erste Erinnerung an Musik ein Volkslied, das sie, ehe ich einschlief, beim Herumhantieren im Kinderzimmer sang. Dieses Lied hatte die Ingredienzen des Volksmärchens: es war so schön gruselig, es war realistisch und es war humorvoll. Und es paßte genau zu Mamas dunkler Stimme.

Ich selber hatte während der Kindheit keine Spur von Stimme, erst in der Pubertät ließ sie sich erahnen, war aber glücklicherweise nicht so verheißungsvoll, daß sich eine Ausbildung gelohnt hätte. Heute bin ich in Anbetracht dessen, was die Gesangspädagogen der damaligen Zeit anrichten konnten, froh darüber, daß man sie sozusagen ungezähmt im verborgenen reifen ließ.

Die Schule zu beenden war eine so große Erleichterung, daß ich meine Befreiung gar nicht fassen konnte. An meiner achtklassigen Mädchenschule gab es sicherlich nichts auszusetzen. Es war nur so, daß ich nicht zu den Nonnen dieser Klosterwelt paßte, wo, soweit das Auge reichte, kein einziges Mönchlein zu entdecken war. Mit einem Abgangszeugnis, das erstaunlich gut war für jemanden, der nie Schularbeiten gemacht hatte, war ich also bereit, in die Welt hinauszuziehen und sie zu erobern.

Nein, so war es nicht. Keineswegs. Ich hatte keine Ahnung, in welche Richtung ich zu gehen hatte, und ich war noch richtungsloser als vorher, weil ich schon lange einen geheimen Traum mit mir herumgetragen hatte. Als ich dumm genug war, ihn zu verraten, platzte er wie eine Seifenblase. Auf einem zerplatzten Traum läßt sich kein Leben gründen. Ich hatte den Traum bis auf weiteres abgeschrieben.

In meiner Familie liebte man Musik, Gesang und Tanz, aber mit dem Theater hatte nie jemand etwas zu tun gehabt. Man wurde zwar aufgefordert, zu spielen und zu tanzen, aber Musik war nur Hobby, man übte sie nur als reiner Amateur aus. Dort verlief die Grenze. Niemand kam je auf den Gedanken: »Ich will Künstler werden!« Und schwebte einem tatsächlich etwas so Verrücktes vor, dann hütete man sich, es laut werden zu lassen – man war ja nicht dumm.

Doch, ich war einmal dumm genug gewesen, laut zu denken, und daraus wurde eine peinliche Geschichte. Ich hatte in der Aula des Gymnasiums Jenny Hasselquist tanzen sehen. Das Erlebnis war so aufwühlend, so unerhört gewesen, daß ich mich nicht beherrschen konnte, sondern zu Hause aufgeregt verkündete:

»Ich will Tänzerin werden!«

Meine abscheulichen, geliebten Brüder brüllten und bogen sich vor Lachen, bis Papa sie am Schlafittchen packte, ihre Köpfe aneinanderstieß und sie in eine Ecke schleuderte.

»So, und Mama erfährt nichts hiervon! Kein Sterbenswörtchen! Vergeßt das nicht, Jungs!« drohte Papa.

Denn alles, was mit Theater als Beruf zu tun hatte, war schimpflicher als eine schimpfliche Krankheit, ausgenommen allenfalls Unterschlagung oder Wechselfälschung. Für eine Tochter aus gutem Hause existierte das Theater als Berufsmöglichkeit ganz einfach nicht.

Eine Tochter aus gutem Hause und aus der schwedischen Provinz wurde während der ersten Hälfte unseres Jahrhunderts nur zu einer einzigen Aufgabe im Leben ausgebildet: nämlich zur Hausfrau einer neuen gutbürgerlichen Familie der schwedischen Provinz. Sie mußte alles das lernen, was sie später ihren Töchtern beizubringen hatte, den Mädchen der

neuen Generation, die sie gebären würde: Schlachten, Ein-
kochen, Kochen – einfachere und feinere Küche –, Nähen,
Waschen, Stärken von Oberhemden, Etikette und guten Ton
sowie die richtige Temperatur des Burgunders beziehungs-
weise des Mosels. Vielleicht erhielt sie auch noch ein wenig
Unterricht in Porzellanmalerei oder Klavierspiel – geeignete
Beschäftigung für die Freizeit, die eine Hausfrau niemals
hatte.

In all diesen Künsten erhielt ich Unterricht. Ich kann also
Oberhemden nähen und Knopflöcher schürzen, Schweine ab-
brühen und Pomeranzenschalen einmachen. Selbst Schnaps
kann ich brennen, wenn es mal »brennt«.

Außerdem erhielt ich einige Wochen lang Einblicke in die
Bürotätigkeit. Das war eine Art letzter Ausweg: wenn man
auf dem Heiratsmarkt als wenig aussichtsreiche Kandidatin
galt, dann mußte man sich eben auf eigene Faust durch-
schlagen können, vielleicht in Armut, aber lieber das, als der
Verwandtschaft zur Last fallen. Telephonistin konnte man
immer werden. Oder Büroangestellte.

Schauspielerin oder Sängerin oder Tänzerin? Du großer Gott!
Nie im Leben! Ebensogut hätte man sich eine Rotfuchsboa
kaufen und schnurstracks auf die Straße gehen können, ohne
Umweg über die Bühne.

Meinen Theatergedanken dachte ich nur ein einziges Mal
laut, aber begleitet hatte er mich ständig und in allen Lebens-
lagen. Er war so ursprünglich wie ein Trieb, war angeboren
oder vielleicht aus einem früheren Leben überkommen. Ich
kann die Vorstellung nicht von der Hand weisen, daß es für
mich schon ein Leben vor meinem jetzigen gegeben haben
kann. Viel früher, ehe ich irgend etwas anderes über mich
wußte, habe ich nämlich, ohne je daran zu zweifeln, gewußt,
daß meine Zukunft irgendwie mit dem Theater zusammenhängen werde. Der Leser mag mein Wort bezweifeln, wenn
er nur glaubt, daß meine Überzeugung mir gehört. Die lasse
ich mir nicht rauben.

Es waren wirklich nicht nur mangelnde Familientradition oder
kompakter Widerstand seitens der Familie, die damals, als ich

noch ein junges Ding war, meine Pläne durchkreuzten. Ach was, Pläne, es waren keine Pläne, es waren Träume, weich und ungeformt wie Teig. Und ein Teig macht viel Arbeit, er muß lange geknetet und gewalkt werden.

Die Natur selbst war widerborstig. Ich habe Journalisten oft genug erzählt, wie maßlos häßlich ich gewesen bin, also muß es wahr sein. Ich sah erbärmlich aus: 172 cm groß, Schuhgröße Nr. 40, befremdlich rote Haare, Sommersprossen wie »eine Karte über die Bevölkerungsdichte Belgiens«, und – soweit ich im Spiegel sehen konnte – ich hatte auch keine Augenbrauen.

Meine Brüder hatten bedauerlicherweise völlig recht, wenn sie brüllten vor Lachen und schrien:

»*Du* willst zur Bühne? Wolltest du nicht Tänzerin werden? Du mit deiner Visage und den großen Füßen und den breiten Pranken! Nein, das ist ja wohl das Blödeste . . .«

Vor dem Spiegel in meinem Zimmer in Karlstad mußte ich zugeben, daß meine unbarmherzigen Brüder gerecht waren. Es tat weh, aber es war die Wahrheit:

»Nein, Zarah, du bist *zu* häßlich für die Bühne!«

Ich war dreizehn und alles andere als froh.

Mamas beste Freundin während der letzten Kriegsjahre und Anfang der zwanziger Jahre war Tante Rut. Sie war verheiratet mit Wladimir (Waldemar) Silfverhielm, dem Direktor der landwirtschaftlichen Genossenschaft in Karlstad. Die ganze Familie Silfverhielm war von einer Aura der aufregenden großen Welt umgeben. Onkel Wladimir war in Rußland geboren, und seine Söhne gleichfalls. Ehe Krieg und Schulbesuch die Familie in das ländliche Karlstad verschlug, hatte sie mehrere Jahre lang in Riga gewohnt.

1924 kehrte Onkel Silfverhielm als schwedischer Landwirtschaftsattaché, betraut mit dem ganzen Baltikum und Polen als Arbeitsdistrikt, nach Lettland zurück. Die Söhne sollten in einer schwedischen Internatsschule untergebracht werden, Tante Rut würde also, während der Mann auf Reisen war, in Riga recht viel allein sein.

»Hör mal, Mathilda, wie wär's, wenn Zarah mit mir nach Riga kommt? Ich fühle mich sonst so allein. In Zarah hätte ich eine charmante Gesellschafterin, im übrigen müßte sie sich mal ein wenig fremden Wind um die Nase wehen lassen und auch richtig Deutsch lernen.«

»Aber Zarah kann doch nichts«, sagte Mutter Mathilda mit der für Mütter so typischen, ständigen Geringschätzung ihrer Töchter. Und etwas Wahres war schon daran, ich hatte ja erst vor kurzem die Schule beendet – und was kann man dann schon?

»Das ist nicht so wichtig«, sagte Tante Rut, »wir wollen es vor allem nett miteinander haben!«

Und das hatten wir anderthalb Jahre lang.

Für jemanden, der aus Karlstad kommt und erst siebzehn ist, ist schon Örebro eine Fata Morgana, wieviel überwältigender mußte dann nicht die stolze Stadt der Ordensritter und der Hanse jenseits der Ostsee sein? Alles war älter und größer und bedeutender als daheim. Hier gab es wunderbare mittelalterliche Kirchen und Burgen, Mauern und Befestigungswerke. Die Düna bei Riga schien mir im Vergleich zu unserem hübschen Graben Klarälven meilenbreit. Ich genoß die grüne Stadt und genoß meine erste Freiheit, ich erinnere mich nicht, auch nur einen einzigen Tag lang Heimweh gehabt zu haben.

Wir sahen uns alles an, was in Theatern und im Konzerthaus zu sehen und zu hören war, und in der nicht weit vom Triumphbogen gelegenen Wohnung in der Alexanderstraße spielten wir Klavier und sangen wir. Tante Rut hatte eine reizende Stimme und begleitete gut. In ihrer Gegenwart wagte ich zum erstenmal richtig zu singen, und ich spürte, wie die Töne zu tragen und ihr eigenes Leben zu leben begannen und daß das, was ich in mir hatte, zu Gesang wurde. Tante Rut ermunterte mich behutsam; ich weiß noch, daß sie mir manchmal erstaunte Blicke zuwarf, keine verärgerten oder abschätzigen, sondern lange, versonnene und fragende.

Ich sah die Pawlowa tanzen, und wir hörten *Hoffmanns Erzählungen*. Wir beide spielten und sangen alles, was an

Noten vorhanden war und im Rahmen unserer Möglichkeiten lag. Und tatsächlich lernte ich recht annehmbar Deutsch sprechen, aber ich habe keine Erinnerung daran, daß wir jemals auch nur eine Tasse abgespült hätten, so vollständig gingen wir in der Musik auf. Die Behauptung, daß ich in Riga Blut geleckt hätte, dürfte nicht übertrieben sein.

Eines Tages faltete Tante Rut die Hände im Schoß, sah mich lange an und sagte mit großem Ernst:

»Um hinter einem Schreibtisch in einem Büro zu hocken, dazu bist du nicht geboren (wir hatten wohl mal darüber gesprochen, was ich werden sollte). Du bist eine Künstlerin, Zarah!«

»Oh, liebe Tante Rut, das klingt wunderbar! Vielen Dank! Aber wie soll ich das denen zu Hause sagen?«

»Es wird dir nichts anders übrigbleiben, du kannst nicht dagegen an. Aus dir wird . . .«

»Was denn, Tante Rut?«

»Das kann ich nicht mit Sicherheit sagen, aber ich glaube, . . . ja, ich weiß, daß es irgendwas mit Singen sein wird.«

»Aber ich habe doch gar keine große Stimme. Sie hat doch gar nicht genug Kraft.«

»Da mach dir nur keine Sorgen, sie reicht schon aus. Denn, meine liebe Zarah, deine Stimme hat etwas Besonderes.«

»Wieso denn?«

»Du hast einen Kontraalt, und solche Stimmen sind sehr selten. Ich habe jedenfalls bisher noch nie einen Kontraalt gehört.«

Dieses Gespräch in Riga in dem damals freien Staat Lettland, irgendwann im Jahre 1925, war für mich von entscheidender Bedeutung. Zwar zweifelte ich noch, daß es »etwas mit Singen« werden würde. Wichtiger war, daß Rut Silfverhielm als erste zu behaupten gewagt hatte, daß ich auf dieser Erde nicht völlig überflüssig sei. Bisher war ich voller Zweifel und Verzagtheit gewesen, jetzt erwachte ein Fünkchen Selbstvertrauen, und genau das hatte mir gefehlt.

Daß sie außerdem glaubte, daß in mir eine Künstlerin

steckte und dazu noch etwas Besonderes – nein, das war nun doch zu schön, um wahr zu sein. Aber es zu hören, war wunderbar.

Wahrscheinlich machte ich diese Nacht kein Auge zu. Immer wieder fragte ich mich, was denn an einem Kontraalt so Besonderes war; denn im Konversationslexikon konnte ich nichts darüber finden, und ich hatte mich geniert, danach zu fragen. Natürlich war mir klar, daß ein Kontraalt eine tiefere Stimmlage war als ein gewöhnlicher Alt. Aber war das denn so merkwürdig?

Oder war es tatsächlich ganz außergewöhnlich?

Träume und Pfarrersöhne

Wie sieht ein Traum aus?

Es kommt darauf an.

In der Nacht und im Schlaf träumen wir angeblich alle. Dabei handelt es sich, medizinisch betrachtet, um etwas so wenig Poetisches wie um ein seelisches Klistier. Solche Träume sollen nicht nur nützlich, sondern sogar lebenswichtig sein.

Ältere Menschen sagen häufig: »Als ich jung war, träumte ich davon ...« Anschließend folgt ein bitterer Bericht darüber, warum dieser Traum nur ein Traum geblieben ist. Oder aber eine stolze Beschreibung von der Verwirklichung dieses Jugendtraums dank harter Arbeit, Ausdauer und Entbehrungen.

Solche Träume sind alles andere als Klistierträume, es sind die als traumhaft und unerreichbar formulierten, dennoch durchaus zu verwirklichenden eigenen jugendlichen Hoffnungen und Erwartungen. Es sind fast immer Tagträume, was sie nicht hindert, daß sie einen auch bis in den Schlaf und den echten Traum verfolgen können.

Falls ich das nun richtig sehe ...

Jedenfalls meine ich einen solchen Lebenstraum, wenn ich von meinem ältesten Traum, der schwärmerischen Vision meiner erwachsenen Wirklichkeit, spreche. Einerseits war dieser Traum ganz konkret, und andererseits war er auch sehr wenig realistisch.

Ich möchte auf einer Bühne stehen und die Menschen dazu bringen, daß sie mir zuhören – und applaudieren. Was diese Menschen bejubelten, wechselte mit den Jahren: manchmal tanzte ich *Die sterbende Ente* (wie bereits erwähnt, war dies ein kurzer Traum), manchmal deklamierte ich etwas berauschend Schönes und fürchterlich Tragisches, aber nach Riga sang ich wohl meistens. Aber ich spielte auch Theater – zart und lieblich anzusehen wie Mary Johnson, egal, wie ich das nun hinkriegte. Doch im Traum braucht nicht alles zu stimmen!

Wenn der Traum begann, stand ich immer schon auf der Bühne. Der lange Weg bis dorthin kam in meinen Tagträumen nicht vor, denn diese Art von Träumen handelt selten von schwerer Arbeit, Enttäuschungen und allen Mühen auf dem Weg zum Ziel, sondern nur vom Ziel selbst. Es war eine recht eingehende Kopie dessen, was ich in den Kulissen des Theaters in Karlstad gesehen und gespürt hatte: der Geruch von Schminke, der im Scheinwerferlicht leuchtende Staub, die weißen Gesichtsovale der Zuschauer, die eindrucksvolle Stille, wenn ich das Publikum gefesselt hatte, und der wilde, schöne Jubel danach. Ein junger Mann in der vierten Reihe wurde vor Begeisterung stets ohnmächtig. Er war unbeschreiblich schön und kam erst in meinen Armen wieder zu sich, während ich seine edle, reine Stirn mit Champagner netzte . . . Liebe!

Wieder und wieder zermahlte die Wirklichkeit meine Träume, doch es half nichts – die Wurzel blieb unbeschädigt, aus ihr sprossen ständig neue Triebe. Ich wollte ein Star werden, wie es damals hieß. So einfach war es und so völlig selbstverständlich. Ich wette, daß die meisten meiner Kollegen haargenau den gleichen simplen und kindlich kompromißlosen Traum geträumt haben.

Seine jungen Träume sollte man behüten, gleichgültig, wie naiv sie sich auch gedruckt in einem Buch ausnehmen. Sie sind es, die einen tragen, die einen mitten in der Sintflut über Wasser halten. Von einem Traum kann man nicht leben, aber dank seiner kann man überleben. Das weiß ich.

Nachträglich ist mir klargeworden, daß Östen in meine Welt getreten ist, um meinen Traum lebendig zu erhalten. Er war meine erste Liebe, ein Gymnasiast, ein paar Jahre älter als ich. Ich liebte ihn grenzenlos. O nein, wir küßten uns nicht einmal.

Ein Kuß, ein Kuß – was ist das? Nicht nur eine »interlabiale Mundbewegung«, durchaus nicht nur die Antwort auf ein stummes Verlangen, sondern das erste Kapitulieren vor beunruhigenden Forderungen, mit denen wir wenig vertraut waren. Heutzutage gehen ja die Zwölfjährigen miteinander ins Bett, aber an derartige Übungen war zu meiner Jugendzeit nicht zu denken. Und wir dachten auch nicht daran.

Östen und ich wanderten Hand in Hand am Fluß entlang, vor allem aber gingen wir in die Bibliothek und vertieften uns in die Weltliteratur, die uns unsere Gefühle füreinander mit ihren schönen und tragischen Worten deuten sollte.

Alle meine Lieben haben mir, nachdem sie aus meinem Leben verschwunden sind, etwas Wertvolles hinterlassen – Hülphers habe ich gottlob noch immer. Von Nils Leander habe ich meine Kinder. Der Grund zu meiner Karriere und zu meinem Vermögen wurde in der Zeit mit Vidar Forsell gelegt. Östen hinterließ mir Shakespeare, Schiller und Goethe.

Er war ebenso theaterbesessen wie ich, aber seine Besessenheit war von anderer Art. Er konnte beim Lesen von Dramen in der Phantasie ebenso starke Empfindungen erleben wie ich in den Theaterkulissen, wo für mich die großen Dramen erst Leben gewannen. Östen hat mich nie gezwungen, Shakespeares 37 Schauspiele durchzuackern, ich las sie aus Liebe. In der Jugend ist sie als Motiv für die Plackerei mit den Klassikern schon nötig, zu meiner Zeit gab es die Klassiker ja noch nicht als Comicstrips mit Brabbelblasen. Doch hat man einmal die Bibel und die übrige große Weltliteratur in der blühenden Jugend gelesen, dann bleibt dies ein Schatz fürs ganze Leben. Damals hätte ich auch die Bibel lesen sollen, aber morgen fange ich damit an. Schließlich ist es gut zu wissen, daß man noch die Lektüre eines richtig guten Buches vor sich hat.

Zu Östens und Thalias Zeit glaubte ich, daß Schauspieler, um mit dem Dichter zu reden, aus dem Stoff gemacht sind, aus dem man Träume webt. Ich war felsenfest davon überzeugt, daß sie nur Geist und Seele waren, nichts anderes. Natürlich sah ich ihre irdischen Leiber auf der Bühne, doch es waren keine gewöhnlichen Körper, und sie waren nur dazu da, mit schönen Gewändern behängt zu werden. Diese Wesen konnten sich nicht von Steckrüben und Schweinefleisch ernähren, das war undenkbar. Der bloße Gedanke schien mir verwerflich und unanständig.

Der Portier des Theaters war mein Freund und Vertrauter, er verpetzte mich nie zu Haus. Gab irgendeine Truppe in unserem schönen Theater ein Gastspiel, dann ließ er mich auf der Bühne links hinter dem ersten Versatzstück stehen und zuschauen. Dort in den Kulissen war für mich der Vorhof des Himmels – vielleicht würde ich in dem blendenden Licht der himmlischen Auen, die die Bühne für mich war, niemals wandeln. Ich hoffte es zwar, daß mir ein solches Glück beschert sein werde, daran zu glauben, wagte ich jedoch nicht. Im Dunkel der Kulissen durfte ich den Engeln nahe sein, dort atmete ich die gleiche Luft wie Richard Lundh und Gösta Ekman. Und wie die Engelhafteste von allen – Mary Johnson.

Wenn sie dort neben mir stand und auf ihren Auftritt wartete, hätte ich sie berühren können, traute mich aber nicht. Die Hände waren mir feucht vor Aufregung. Hätte sie mir zugelächelt oder nur ein einziges Wort zu mir gesagt, wäre ich tot umgefallen und hätte meine Seligkeit um keinen Preis damit trüben wollen, daß ich wieder zum Leben erwachte, das stand fest.

Eine Sekunde später wurde meine überspannte Illusion brutal und nachdrücklich zerstört. Die Engelhafte, die liebliche Ätherische holte nämlich einen *Apfel* aus ihrer Tasche und verspeiste ihn mit Wohlbehagen wie Eva beim Sündenfall. Es war fast unerträglich, und in dieser Minute barst etwas in mir wie eine traurige G-Saite. Als es geschah, war es schrecklich, aber natürlich war es nützlich. Der »Schock« mit der kauenden Schauspielerin ernüchterte meine Auffassung vom Theater.

In den Jahren bei der Ufa in Berlin, als man dort methodisch mein »Image« als legendäre und mystische Dame, als die rätselhafteste Frau nach der Garbo aufbaute, mußte ich oft an diese Mary Johnson und den Apfel denken. Mein

Apfel, den ich mir verborgen vor den Blicken der Welt an unseren Samstagen mit der schwedischen Clique in Berlin zu Gemüte führte, waren Heringshappen, Fleischklößchen, Anchovisgratin sowie Bier und Schnaps. Bei diesen Gelegenheiten war die Legende Leander bis auf den Apfelgriebs der Wirklichkeit abgeknabbert. Doch davon erfuhr das Publikum nie etwas – wie hätte es wohl reagiert? Vielleicht gar nicht ... Illusionen bekommt es gut, zu Scherben zu zersplittern, und auch die Visionen müssen gestutzt werden wie Gartenhecken, damit sie einem nicht über den Kopf wachsen. Sofern der Traum, den man träumt, hier auf Erden beheimatet ist, muß er es vertragen können, daß man ihm den Garaus macht. Er muß neun Leben haben wie eine Katze.

In den zwanziger Jahren gab es in meiner Heimat eine unfehlbare Methode, jegliche Theaterbesessenheit zu heilen: man meldete sich bei der Schauspielschule von *Dramaten,* dem Königlichen Dramatischen Theater, zur Aufnahmeprüfung an. Falls man aus unerfindlichen Gründen oder Mangel an Gründen angenommen wurde – dann war dies ein begnadetes Schicksal. Die allermeisten freilich begegneten diesem ihrem Schicksal in Gestalt von Maria Schildknecht, der steinharten Diktatorin der Schule – und sie gingen ins Leben hinaus, um sich künftig etwas anderem als der Bühne zu widmen.

Warum in aller Welt bin ich wohl für diese Aufnahmeprüfung ausgerechnet auf Oscar Wildes *Salome* verfallen? Natürlich war ich nicht bei Trost, aber das bin ich ja auch heute noch nicht. Wahrscheinlich war ich nicht nur verdreht, sondern mir fehlte außerdem jegliches Urteilsvermögen. Die einzige Erklärung, die ich geben kann und die keine Entschuldigung sein soll, ist, daß es am Geschmack der Zeit lag, daß man damals eine *femme fatale,* ein edel-tragischer Vamp zu sein hatte. Uns allen schwebte Greta Garbo vor, die gerade unter G. W. Pabst *Die freudlose Gasse* in Berlin gefilmt hatte. Und trotz allem: ich mit meinen Füßen und meinem breiten Dialekt! Ich fiel mit Pauken und Trompeten durch, und das war nur gerecht.

Und dennoch … Ich habe ein Teilchen meines privaten Puzzlespiels entdeckt, und zwar in den Memoiren des Schauspielers Georg Rydeberg. Er wurde drei Jahre nach meinem Durchfall in die obengenannte Schauspielschule aufgenommen, im selben Herbst, als ich trotz allem meinen Beruf auf eigene Faust begann, wenn auch auf dürftigeren Brettern als den königlichen in Stockholm. Rydeberg schreibt:

»In der Schauspielschule von *Dramaten* herrschte Maria Schildknecht mit großer Macht und Selbstherrlichkeit. Eigentlich war ihr Mann, Helge Wahlgren, der Leiter der Schule, doch in Wirklichkeit regierte Maria Schildknecht allein in der Schule, beherrschte also auch uns Schüler. Wie bei den meisten ausgeprägten Persönlichkeiten und Individualisten, so gab es auch bei Frau Schildknecht sozusagen eine Kehrseite der Medaille. Sie hegte sehr starke Sympathien, respektive Antipathien für die Menschen ihrer Umgebung.«

Sehr viel später habe ich aus anderen und »gemeinhin wohlunterrichteten Kreisen« erfahren, daß Maria Schildknechts Sympathie im allgemeinen hübschen jungen Männern galt – eine Sympathie, mit der ich voll und ganz sympathisiere –, während junge Mädchen für unbegabt galten. Und ich stellte weiß Gott keine Ausnahme dar, ihr Urteil war kurz und bündig: »Sieht blendend aus, ist aber total unbegabt!«
Heute brauche ich diesem Urteil im Prozeß *Dramaten* gegen Zarah Stina Hedberg keine Bedeutung mehr beizumessen, im Lauf der Jahre habe ich ja Gelegenheit gehabt, zu beweisen, daß meine Unbegabtheit nicht total war. Damals empfand ich dieses Urteil als hart, was nur natürlich ist, aber es gab doch mildernde Umstände. Daß jemand 1926 fand, ich sähe blendend aus – das war mehr, als ich je erwartet hätte. Es bedeutete, daß das häßliche Entlein sich mauserte.
In diesen wirren Jahren erdreistete ich mich auch, dem allgewaltigen John Forsell, Chef der Königlichen Bühnen in Stockholm, der später mein »liebster Schwiegervater« werden sollte, vorzusingen. Damals hatte er noch keine irgendwie gearteten familiären Rücksichten zu nehmen und stellte

drastisch und einsichtig fest: »Apart anzusehen, schreit aber zu laut. Riet ihr, zur Operette zu gehen.«

Ich verließ *Dramaten* durch die Hintertür und habe nie in meinem Leben auf dieser königlichen Bühne gestanden. Mein Besuch in diesen heiligen Hallen war nur kurz, dennoch kann ich nicht behaupten, daß ich mit leeren Händen fortging. Die Folgen meines Fiaskos waren verblüffend genug: ein neuer Nachname, ein Kind unterwegs und später noch eins. Es war nicht gerade wenig, genaugenommen war es sogar viel zuviel.

All dies gehört zu der Geschichte mit Nils Leander. Dazu gehört aber auch eine seltsame Begebenheit im Herbst 1926. Später habe ich ausgerechnet, daß sie an einem Sonnabend stattgefunden haben muß, damals aber war ich mir dieses Ereignisses gar nicht bewußt. In der Nähe von *Dramaten* landete ich nämlich zwischen zwei Pfarrerssöhnen, beide haben in der Tragikomödie meines Lebens eine entscheidende Rolle gespielt. Es ist nicht ausgeschlossen, daß ich sie damals beide sah, zu der Zeit aber hatte ich nur Augen für den einen.

Der eine Pastorensohn vor dem *Dramaten* war Nils Leander, der andere hieß Arne Hülphers. Letzterer studierte damals in der nahe gelegenen Musikhochschule. Dort war er zwei Jahre zuvor im harten Konkurrenzkampf angenommen worden, sein Berufsziel war, Musiklehrer und wahrscheinlich Organist zu werden. In dem erwähnten Herbst hatte er ein seltsames Erlebnis, das im Grunde gar nicht so bemerkenswert war, das er aber nie vergessen konnte:

»Am Sonnabend spielte ich Professor Otto Olssen immer auf der Orgel vor. Es war die letzte Unterrichtsstunde der Woche zwischen zwölf und eins, aber sie endete meistens schon um Viertel vor eins. Der Professor leitete sonntägliche Beschaulichkeit nämlich damit ein, daß er es in der Orgel, wo er ein privates kleines Versteck hatte, hin und wieder gluckern ließ.

Ich schlich mich immer am *Dramaten* vorbei nach Hause, denn, um die Wahrheit zu gestehen, ich hatte mir angewöhnt, mir nach den Mühen der Woche in der Bar vom *Riche* einen hinter die Binde zu gießen.

An mehreren Sonnabenden hintereinander sah ich dort an der Ecke der Birger Jarlsgatan ein betrübliches Wesen stehen. Ein langes, schlaksiges Ding in einem langen schwarzen Mantel. Das Haar war rot und hing ihr bis auf die Schultern hinunter.

Sie sah zu jämmerlich aus!

Ein Sonnabend verging, dann der zweite, und ich dachte: ›Sie muß ja hier aus einem besonderen Grund stehen.‹ Am dritten Sonnabend postierte ich mich deshalb im diskreten Abstand, denn ich war neugierig geworden.

Es geschah nichts weiter, als daß eine Schar junger Leute aus dem Theater gestürzt kam, offensichtlich Schüler der Schauspielschule, doch das wußte ich nicht genau, denn ich kannte keinen von ihnen. Da verließ ein junger Mann die Clique, ging auf diese Jammergestalt zu und hakte sich verliebt bei ihr ein. Eng aneinandergeschmiegt wanderten die beiden auf den Stureplan zu und verschwanden.

›Das ist also die Erklärung‹, dachte ich bei mir, suchte die Bar auf und genehmigte mir einen.«

So weit der damals 24jährige Musikstudent Arne Hülphers, aufgewachsen in einem Pfarrhaus in Åbo in Finnland, aus einer Seitenlinie der deutschen Familie Hilpers von Hilpershausen in Westfalen stammend, einer Familie, die bereits 1632 nach Bergslagen in Schweden gekommen war, sich mit einem schwedischen Stamm vermischte und sich dann hierhin und dorthin verzweigte.

Wie bereits erzählt, sah ich Arne Hülphers bewußt zum erstenmal als Kapellmeister im Restaurant acht Jahre später. Solche Streiche spielt uns das Leben, wir sehen uns und wir sehen uns nicht, wir begegnen uns und wir begegnen uns nicht, und schließlich treffen wir uns vielleicht wirklich. Wir, Hülphers und ich, hüpften gewissermaßen im Dreisprung aufeinander zu, bis wir eines Tages aufeinanderprallten.

Es gab einen tüchtigen Bums.

Am Nybroplan 1926 hatte ich nur Augen für Nils Leander. Wir heirateten in Liebe – aber *aus* Liebe? Ich weiß nicht recht. Wie auch immer, es blieb uns gar nichts anderes übrig. Wir zogen nach Östergötland in sein Elternhaus, denn wir beide besaßen keinen Heller für einen eigenen Hausstand. Nils ging bald auf Tournee, während ich Kinder zur Welt brachte, im Pfarrhof zu Risinge ihre Windeln wusch und mich durch Tage und Jahre voller Tränen, Mißmut und schwarzer Verzweiflung dahinschleppte. Es war eine Zeit der tiefsten Armut, nicht nur pekuniär.

Im blassen Licht der Versöhnung, das die Jahre über alles werfen, könnte ich mir ja einreden, daß das, was geschehen soll, auch geschieht. Aber ich bin dessen nicht so sicher. Hinterher gibt es fast immer Erklärungen oder Ausflüchte, die das Unverzeihliche zu rechtfertigen scheinen. Wichtig in diesem Zusammenhang ist, daß das, was geschah, geschehen ist und sich nicht mehr ändern läßt. Solange mein erster Mann noch am Leben ist, möchte ich über meine erste Ehe nur das eine sagen: nie hätte ich geahnt, daß ein ländlicher Pfarrhof die Portierloge zur Hölle sein kann.

Und einen gedanklichen Seitensprung möchte ich hinzufügen: Auf dem Pfarrhof in Risinge gab es genau wie auf anderen Pfarrhöfen jener Zeit – mir ist jedenfalls nichts anderes bekannt – ein geheimes Örtchen, ein altes, prächtiges Plumpsklo. Die Behauptung, daß ich dort wohnte, wäre übertrieben, aber dort übte ich mich, mit Rücksicht auf den häuslichen Frieden und die Heiligkeit des Pfarrhofs, im Coupletsingen. In gewissen Kreisen äußert sich die Liebe zu Gott recht trübe, jedenfalls durfte das Tafelklavier des Pfarrhofs zu nichts anderem als zu sakraler Musik benutzt werden. *»Vill ni se en stjärna, se på mig!«* (Wollt ihr einen Stern sehen, seht mich an!) im Haus zu singen, wäre undenkbar gewesen.

Meine unschuldigen Schwiegereltern ahnten nicht, was ich dort auf dem gewissen Örtchen trieb, wunderten sich aber darüber, daß ich dort soviel Zeit zubrachte. »Ob es die Milz ist? Oder irgendwas mit der Leber?« Nein, es hatte etwas mit dem Herzen zu tun, ich sang aus Herzenslust – denn in meinem Schädel hatte sich eine Wahnsinnsidee festgesetzt: ich wollte Ernst Rolf in Norrköping vorsingen.

Und ich tat es. Es war am 22. oder 23. Oktober 1929.

Dann ging es, wie es ging. Und meine Jugend war vorbei.

Einmal einfach ab Risinge

Wo hatte ich bloß den Mantel mit dem großen Pelzkragen her? Staunend betrachte ich dieses Kleidungsstück auf einem Gruppenbild der »größten Revuetruppe, die je die schwedische Provinz bereist hat«. Die Zentralfigur der Revue, Rudolf Rhudin, lächelt milde in der Mitte des Bildes. Auf der einen Seite neigt sich Einar Fagstad der Gruppe zu, um auch bestimmt mit aufs Bild zu kommen, er war ja nicht sonderlich groß. Tutta Rolf sieht wehmütig und wie erstarrt durch die Kamera hindurch. Die erste glühende Liebe zu Ernst Rolf war am Erlöschen. Manch einer der Herren sieht aus, als sehne er sich nach einem Drink.

Genaugenommen war Ernst Rolf in *Rolfs revy* 1929, wie diese Tourneerevue betitelt war, niemals selber dabei, weshalb sie von säuerlichen Kritikern auch als »Rolfs Revue minus Rolf« bezeichnet wurde. Niemand war froher darüber als ich, daß der Chef es vorzog, sich anderweitig zu beschäftigen. Ich hatte nämlich in seiner Abwesenheit eine Nummer zu übernehmen, die so verteufelt schwierig war, daß sich nur ein Tausendsassa wie Rolf selber oder eine blutige Anfängerin, wie ich es war, daran wagen konnte.

Es war ein boshaftes Couplet über die Presse, das in so rasendem Tempo gebracht werden mußte, daß das Publikum die Satire kaum mitbekam, wohl aber die dazu erforderliche Leistung: »Dieses Couplet mit Schwung zu singen, dazu muß man gute Lungen haben«, schrieb ›Sundsvalls Tidning‹. Und ob! Und eine flinke Zunge außerdem.

Aber wo kam der Mantel mit dem Pelzkragen her? Ich erhielt 15 Kronen als Tagesgage, wie konnte ich mir dann so ein flottes Kleidungsstück leisten? Heutzutage Schauspielerin zu sein, ist bedeutend billiger, das Repräsentationskonto ist viel kleiner. Heute kann man sich in schäbigen Jeans und Großvaters altem Unterhemd öffentlich in der Stadt zeigen, aber 1929 schickte sich das nicht. Damals durfte man den Glauben des Publikums, daß ein »Star« auch außerhalb der Bühne glitzert und flimmert, nicht enttäuschen.

Wenn die Leute nur gewußt hätten! Wir hausten in den billigsten möblierten Zimmern, die sich finden ließen. Ein »gutes« Zimmer konnte aussehen, wie es wollte, Hauptsache, es hatte einen extra Stecker an der Wand oder an der Deckenlampe. Trotz strenger Verbote der Wirtinnen kochten wir – sofern wir bei Kasse waren – unsere magere Kost mit einem Tauchsieder im Zimmer. Hering und Speck waren verpönt, man hatte sich an das zu halten, was keine Essensdünste verbreitete. Unsere schäbigen Lumpen flickten wir, bis sie nur noch aus Flicken bestanden. Aber sonst waren wir bezaubernd anzusehen.

Dies war meine erste Tournee, es war überhaupt mein erstes Engagement. Das Foto in Falun wurde im November aufgenommen, und ich sehe darauf nicht nur »verführerisch« aus, meine Zufriedenheit ist unverkennbar. Sicherlich war ich glücklich, das glaube ich jedenfalls. Ich war ja »am Theater« – endlich! Doch Unendlichkeiten sollte es noch dauern, bis ich solch Ansehen genießen sollte wie Fridolf Rhudin.

Da wir beide aus Gösta Berlings Värmland stammten und im Grunde Amateure waren, schloß ich mich ihm an. Und er nahm mit mir vorlieb, weil er so herzensgut war. Es konnte sogar passieren, daß er mich arme Kirchenmaus ins Restaurant einlud. Freilich geschah das nicht ausschließlich aus Menschenliebe. Dazumal lebten wir im Norden nämlich in einer Zeit der Prohibition, da man in Zentilitern von Schnaps dachte, da den Herren der Schöpfung nach drei Uhr mittags anderthalb Deziliter plus zwei Kognak-Soda zustanden und dem schwachen Geschlecht die Hälfte davon. In jenen Tagen waren Damen im Wirtshaus als Begleitung sehr geschätzt, sie waren den Preis, den ihr Essen kostete, allemal wert. Heutzutage fällt dieser Grund für die Einladung von Damen weg.

Fridolf und ich, wir wanderten eine Straße entlang. Vielleicht war es Åsgatan in Falun, vielleicht Nygatan in Gävle. Alle Menschen grüßten Fridolf und winkten ihm zu. Und er grüßte und lächelte. Ich dachte: ›Wenn mir das je passieren, wenn ich je so bekannt werden sollte, daß die Leute mich auf der Straße grüßen – dann sterbe ich wohl.‹

»Fridolf, ist es nicht wunderbar, so berühmt zu sein?«

»Das wirst du sehr schnell werden, Zarah, aber dann wirst du stöhnen: ›Laß diesen Kelch an mir vorübergehn!‹ Denn es ist nicht zu ertragen.«

Danach gingen wir in eine gemütliche, warme Wirtschaft.

Doch auch das Glück wirft natürlich seinen Schatten. Es nagte an mir, so lange und so weit fort von den Kindern zu sein. Göran war noch nicht ein Jahr, Boel war etwas über zwei Jahre alt. Aber sie waren in guten Händen, und das war doch eine Art Trost.

Schlimmer waren die Schlagschatten über der Zukunft, die Sorgen, wie es weitergehen sollte. Ich war zum erstenmal aufgetreten, und das war so wunderbar. Doch ein Debüt ist nichts anderes als nur ein Anfang. Und danach? Ich hatte meinen Beruf gerade erst begonnen, irgendwie mußte es weitergehen. Ich mußte einen Job haben, ein Engagement, und wieder ein Engagement und so fort in endloser Reihe, sonst war der Start ja sinnlos. Und wenn es irgend ging, mußte ich dieses Engagement in Stockholm finden, denn in der Hauptstadt gingen die Sterne auf, das war ohne Frage. Ein Stern in der Provinz zu sein, ist wie Nordlichtgeflacker: es ist schön und wirkungsvoll, wärmt und schmückt aber nicht. Im übrigen war ich nicht einmal Star in der Provinz, ich war die allergrünste Anfängerin in Rolfs Tourneetruppe.

Auf allgemeinen Wunsch werde ich die wahre Geschichte »des großen Sprungs« vom Plumpsklo auf dem Pfarrhof in Risinge zu den Podien der leichten Muse, zur wundersamen Welt des Theaters erzählen.

Der König in der Unterhaltungsbranche war Ernst Rolf, ein volkstümlicher und beliebter König. Er war lang wie ein Mai-

baum in Dalarna, hatte ein Gebiß wie eine Zahncreme-
reklame und sang so, daß die Wände wackelten. Bald waren
es schmalzige Lieder, bald kesse Seemannsweisen.

Doch das Wichtigste von allem war: um ihn rotierte der
Amüsierbetrieb, in seinen Kreisen geschah alles von Bedeutung. Falls etwas mit mir geschehen sollte, mußte ich wenigstens in den äußeren Kreis gelangen. Kurz: Rolf war der
Mann der großen Möglichkeiten – und der einzigen Möglichkeiten, was mich betraf. Ich hatte es nämlich gründlich satt,
auf dem Pfarrhof in Östergötland die Sklavin zu spielen, und
ich hatte nicht vor, mit Zweiundzwanzig zu verkümmern.
Freilich war ich lang wie eine Föhre, aber durch die Gebur-
ten und Entbehrungen war ich gereift und abgemagert, was
mir keineswegs schlecht stand. Photos aus der damaligen
Zeit zeigen mir, daß ich sogar recht anziehend war. Und ich
wollte singen! Etwas mit Singen mußte es werden.

Nur ausnahmsweise kann man sich genau daran erinnern,
was man vor 40 Jahren dachte – oder können Sie's? Im
folgenden rekonstruiere ich nachträglich meine Überlegungen
in Risinge im Sommer und Herbst 1929.

Ernst Rolf hatte mit seiner ersten Revue in dem neuen *China*-
Kino in Stockholm einen außerordentlichen Erfolg gehabt.
Ich hatte darüber in ›*Östergötlands Dagblad*‹ gelesen. Im
Rundfunk hatte ich Margit Rosengren die Schlager dieser
Revue singen hören, darunter die reizende Garbo-Parodie
»*Wollt ihr etwas Schönes sehn, so schaut mich an!*«, die
bald heißen sollte »*Wollt ihr einen Star sehen*«. Die Noten
dazu hatte ich im Fenster einer Musikhandlung in Norrköping erspäht, wohin ich mich ab und zu einmal verirrte. Dieses Couplet wurde ein richtiger »Ohrwurm«, ich summte es
schon lange, bevor ich Grund hatte, es ernstlich zu lernen.

Durch die Presse ging von Stockholm ein Gebot aus, daß das
ganze Reich durch den Revuekönig gebrandschatzt werden
sollte. Die *China*-Revue dieses Sommers sollte im Herbst das
ganze Volk heimsuchen. Aber nicht Margit Rosengren sollte
mit auf Tournee gehen, sondern Tutta Berntzen sollte die geeigneten Nummern übernehmen, wie »*Wollt ihr einen . . .*«.

Vielleicht war es diese Nachricht, die mich auf Trab brachte: die kleine reizende Tutta war eine von Rolfs schönsten Entdeckungen, aber sie hatte kein Primadonnenformat, das war selbst mir klar. Dieses Format hat man, oder man hat es nicht. Zu einer Primadonnenerscheinung kann man nicht einen Zoll hinzufügen, sofern sie nicht von Anfang an da ist. Man kann viele Kilo hinzufügen, doch das ist natürlich nicht dasselbe. Ein hochaufgeschossener Revuecharmeur wie Ernst Rolf brauchte eben eine hochaufgeschossene Primadonna. Wie Margit Rosengren oder wie...

Ich besorgte mir die Noten zu »*Wollt ihr einen*...« und übte auf einem gewissen Ort, den man später trotz allem nicht zu den denkwürdigen Baulichkeiten zählte. Ich erfand eine Ausrede, um für meine endgültig letzten Öre nach Norrköping zu fahren. Begibt man sich in die weite Welt hinaus, kauft man sich eine einfache Fahrkarte, keine Rückfahrkarte. Zweifellos ein stolzer und imponierender Gedanke, in meinem Fall war er nicht so hochgestochen, denn mir fehlte ganz einfach das Geld für die Rückfahrt nach Risinge.

Die Rolf-Tournee sollte in Norrköping starten, und deshalb trat Ernst Rolf in seiner Revue dort selber auf, aber John Wilhelm Hagberg war schon bereit, die Nummer des Chefs zu übernehmen. Schon eine Woche später »erkrankte« Direktor Rolf, und die berühmte Versicherung trat in Kraft.

Und mir gelang es, in Norrköping vorzusingen.

»Glaubt man allen, die von diesem Ereignis zu erzählen wissen, dürften bei dieser besonderen Gelegenheit etwa fünfzig Personen anwesend gewesen sein, und alle waren sich darin einig, daß ein Weltstar geboren war. Jedenfalls ist man durch nachträgliche Überlegungen zu diesem Ergebnis gelangt«, schreibt Uno Myggan Ericson in seinem Buch über Rolf.

Am Klavier im Orchestergraben des Norrköpinger Theaters saß jedenfalls Karl Wehle, das steht fest. Im Parkett saß Ernst Rolf, das ist ebenso gewißlich wahr. Vielleicht saß neben ihm John Wilhelm Hagberg, das weiß ich nicht. Die dritte nachweisbar Anwesende war ich. Aber ich befand mich in einem Zustand großer Verzagtheit und Unsicherheit, einer so apathischen Nervosität, daß ich mich an nichts anderes erinnere, als daß ich bedeutend schlechter sang als sonst. Ich war wie ein einziger bibbernder Vanillepudding mit einem roten Klecks obenauf.

Wie immer ich auch sang, muß ich Ernst Rolf doch interessiert haben. Vielleicht hörte sein geschultes Ohr mehr als nur das in diesem Augenblick Vorgetragene, vielleicht faszinierten ihn meine Größe und mein rotes Haar. Er hatte es lange angestarrt und gefragt, ob es gefärbt sei. Nein, es war nur eine Laune der Natur. Meines Erachtens war Ernst Rolf nicht in erster Linie ein Mann des Theaters, sondern ein *showman,* der nicht wenig von einem Zirkusdirektor hatte. Ihm machte es Spaß, in eleganten Salons Rummelplatz zu spielen. Und er hatte die verrücktesten Ideen: Schwimmbassins auf der Bühne, die größten Zwerge der Welt oder die weißesten Neger. Und nun stand vor ihm die Riesendame Zarah mit dem tollen roten Haarschopf und einer höchst eigenartigen Stimme.

Rolf kaufte sich diese ausgefallene Person für 15 Kronen täglich. Ein paar Tage später hätte ich mich in Borås einzufinden (ich hatte noch allerlei mit den Kindern zu regeln). Ob ich Fahrgeld hätte? Nein, ich hatte nicht einmal das Geld für die Busfahrt nach Risinge. Daraufhin erhielt ich einen Vorschuß von 50 Kronen. Und diese Summe reichte, um mich nach Borås zu bringen – aber es ist ausgeschlossen, daß sie auch für den Mantel mit dem Pelzkragen gereicht hat. Ob ich ihn mir geliehen habe?

Es ist der 27. Oktober 1929, und es ist Sonntag. An diesem Tag der Woche gehe ich sonst immer in die Kirche und höre meinen Schwiegervater von seiner »Bühne« aus predigen und die »Vorstellung« damit beenden, daß er der Gemeinde die Kollekte des Tages ans Herz legt.

An diesem Sonntag aber warte ich hinter dem Vorhang der wunderbaren hölzernen Bühne in Borås, dieser herrlichen

Scheune, die auch nicht den leisesten Seufzer aus einer ge-
quälten Brust verlorengehen läßt, besonders dann nicht,
wenn dieser Seufzer von der »Bühne« kommt. Ich hoffe, daß
niemand im Zuschauerraum meine tiefen Atemzüge hört, die
man stets unwillkürlich tut, wenn man bange ist und die Luft
knapp wird. Atemnot ist ein Symptom einer anderen inneren
Not.

Jetzt soll ich mich also zum erstenmal in meinem Leben »für
Geld zeigen«. Ernst Rolf tritt vor den Vorhang, gebietet
Schweigen, hält eine Rede und sagt, daß er niemals junge,
unschuldige Menschen dazu ermuntere, zum Theater zu
gehen, falls sich ihnen im Leben ein anderer Weg biete. Dieses eine Mal aber habe er eine Ausnahme machen müssen,
und hiermit lege er seine Entdeckung den Zuschauern ans
Herz: »Sie heißt Zarah Leander, und diesen Namen muß man
sich merken!«

Ich habe meinen Auftritt, das heißt der Vorhang rauscht zur
Seite, denn ich selber bin kaum imstande, mich zu bewegen.
Ich singe. Das Publikum ist wohlwollend und klatscht don-
nernd Beifall, in den Kulissen steht Rolf und applaudiert
ebenfalls.

Hinterher ist alles eitel Wonne. Und ein wenig leer fühle ich
mich, aber es ist keine öde, sondern eine befreiende Leere –
etwas, das mit neuen Erfahrungen, neuen Liedern und einem
neuen Leben gefüllt werden soll.

Ernst Rolfs Segen schwebt während der ganzen Tournee
über mir, auch wenn er selber nicht dabei ist. Die Zeitungen
singen täglich mein Lob. ›Gefle-Posten‹ schreibt zusammenfassend: »Eine sympathische Debütantin mit einer kräftigen
Stimme, die die Rolf-Couplets fast mit der gleichen Bravour
sang wie Rolf selber.«

Wir bespielen die meisten größeren Orte in Mittelschweden
und im südlichen Norrland, wir machen sogar einen Abstecher nach Finspång, wo mein Schwiegerpapa und seine
Frau sich davon überzeugen können, daß es nicht »etwas
mit der Milz« war.

Mit einem Bündel guter Kritiken und Ernst Rolfs Namen als

Einführung suche ich eines Tages das alte *Folkteatern* in Stockholm auf und singe dort vor – was mir vorschwebt, ist die Karl-Ewerts-Neujahrsrevue. Der Direktor ist Robert Ryberg, die Säule des Ensembles Sigurd Wallén. In seinen 1944 erschienenen Memoiren, wo er sich Rickard nennt, schreibt er:

»Während dieser Zeit entdeckte Rickard Zarah Leander. Die Mitteilung dieser interessanten Tatsache erfolgt ohne jegliche falsche Bescheidenheit, denn so verhält es sich in der Tat.«

Ganz so verhielt es sich in der Tat nicht, denn Ernst Rolf hatte mich ja einige Wochen zuvor nachweislich »entdeckt«. Sigurd Wallén verhalf mir zu meinem ersten Auftreten in Stockholm, so verhält es sich in der Tat. Über das Vorsingen im *Folkan* erzählt er:

»Kaum hatte sie ein paar Takte gesungen, war es Rickard klar, daß er hier einen seltenen Vogel vor sich hatte, eine Entdeckung, wie sie sich jeder Direktor erträumt. Die junge, rothaarige Schönheit sang zwei, drei Nummern, und als sie fertig war, knöpfte sich Rickard sofort Robert Ryberg vor.

›Diese Puppe mußt du auf der Stelle engagieren‹, sagte ich, ›bevor jemand anders sie dir wegschnappt. Eine sagenhafte Entdeckung ist sie, merk dir meine Worte!‹

Robert Ryberg sah Rickard mit verhohlen skeptischen Blicken an:

›Das kann ich mir kaum vorstellen, oder glaubst du etwa, ich bin scharf auf eine Bassistin, die so lang ist, daß sie bis zu den Soffitten raufreicht? Das ist ja eine der rauchigsten Damenstimmen, die ich je gehört habe!‹

›Du bist verrückt, wenn du nicht tust, was ich dir sage! Es dauert nicht ein Jahr, dann ist sie ein Star, darauf gehe ich jede Wette ein!‹

Schließlich ließ sich Direktor Ryberg erweichen. Er nahm Zarah Leander-Hedberg unter Vertrag, und sie erhielt 400 Kronen Gage im Monat. Das – und mehr – war sie auch wert. Sie sang bei der Premiere, und am nächsten Morgen waren die Zeitungen ihres Lobes voll.«

Ungefähr so mag es gewesen sein. Die Revue, mit der ich in Stockholm debütierte, hieß *Det glada Stockholm* (Das heitere Stockholm) und hatte am 1. Januar 1930 Premiere.

So begannen meine dreißiger Jahre.

Angefangen von meinem Debüt bei Rolf am 27. Oktober 1929 bis zum 1. September 1930, wo ich im *Vasateatern* in Stockholm angeblich meinen Durchbruch hatte, spielte ich in nicht weniger als fünf Revuen. Ich hatte freundlichen Rückenwind, und das war mein kärgliches Glück, denn ich tanzte keineswegs auf rosaroten Wolken.

In der Torsgatan in Stockholm wohnte ich mit meinen beiden kleinen Kindern und Mutter Mathilda in einer Zweizimmerwohnung, wo auch zwei jüngere, noch schulpflichtige Brüder eine Zeitlang Platz fanden. Papa war tot, und ich hatte die Bürde der Versorgung zu tragen. Meine Ehe war schon längst in die Brüche gegangen, und wir hatten es recht mager. Boel und Göran mußten im Kinderwagen schlafen, für richtige Betten fehlten Platz und Geld.

Was an Geld fehlte, mußte durch Willenskraft ersetzt werden, ich mußte durch, ich mußte nach oben. Ich war wie eine junge, feurige Stute, die gerade aus ihrer Box ausgebrochen war und jetzt auf Teufel komm raus lostrabte. Ihre Bewegungen waren sicher noch ungelenk, ihr Wiehern noch recht wild und roh, aber darin lag etwas, das die Zuhörer fesselte. Und um die Hufe stoben Funken. Wie Sternenstaub. Wie Lichterglanz.

Zweites Buch
1929-1936

Die Gösta Ekman-Theater AG

Während meiner ersten drei Theaterjahre geschah alles. Wie ein junger Schnellzug raste ich mit einer Rauchfahne schwarzer Schlagzeilen durch Beifallstunnel. Das Leben war herrlich, und ich schlief selten vor Sonnenaufgang ein.

Mit mir selber geschah im Grunde gar nichts.

Was ich den Leuten zu bieten hatte, war angeboren und nicht erworben, doch da diese Anlagen und ihr Ausdruck für das Publikum neu und überdies recht anders waren als das Gewohnte, wurde ich zu einer Sensation. Meine Darstellungskunst blühte auf. Es war, als züchtete man Butterblumen im Treibhaus – natürlich werden sie anfangs prächtig. Und dann? Warum bleibt eine Butterblume eine Butterblume?

Von einer Entwicklung im Sinn berufsmäßiger Schulung, geistiger Vertiefung und menschlicher Reife konnte nicht die Rede sein. Alles brach über mich herein und fiel mir zu, und ich genoß es gierig, solange ich es bekommen konnte.

Ganz zu Anfang der spannenden, aber sorgenvollen dreißiger Jahre begann Gösta Ekman, sich in Schweden ein Theaterimperium aufzubauen. Dort herrschte er als milder Souverän mit uneingeschränkter Macht, aber auch mit alleiniger Verantwortung für etwa vierhundert Schauspieler, Musiker, Tänzer, Techniker, Bühnenarbeiter, Garderobieren, Portiers. Gösta Ekmans Kaiserreich war eingetragen als »Gösta Ekman-Theater Aktiengesellschaft«. Das größte Kapital dieser Gesellschaft war er selber. Seine Aktivposten an Können, Arbeitskraft, Sensibilität, Schönheitssinn und Popularität waren offensichtlich unbegrenzt. Nie zuvor hatte es in Schweden einen Menschen gegeben, der soviel vom Theater verstand und so geniales Theater machte wie Gösta Ekman. Doch die Haut, die all dieses umhüllte, war dünn, empfindlich und von feinen Nadelstichen perforiert.

Jetzt sollte Theater gespielt werden wie nie zuvor in Stockholm. Und zu allem Wunderbaren, was mir während dieser fiebrigen Jahre geschah, gehört, daß ich mich eine Saison lang zu diesen Vierhundert um Gösta Ekman zählen durfte.

Es muß irgendwann im Januar 1931 gewesen sein, als meine beste Freundin im *Vasa-Theater,* Maritta Marke, atemlos in meine Garderobe gestürzt kam:

»Zarah, Zarah! Telephon! Gösta Ekman will dich sprechen!«

Sie sagte Gösta Ekman, meinte aber Gott. Ich lachte höhnisch, denn daß Gösta Ekman mich anrief, war mehr als unwahrscheinlich.

»Das ist ein ziemlich dummer Scherz, Maritta.«

»Es ist kein Scherz, es ist Gösta Ekman. Du kannst ihn nicht warten lassen, das geht doch nicht!»

»Was mag er bloß von mir wollen?«

»Frag ihn!«

Der Vorschlag war vernünftig, und ich fragte. Wahrhaftig, er war es höchstpersönlich, die leicht nasale Stimme war unverkennbar. Er wünschte, daß ich zu ihm käme, um über eine Rolle zu sprechen.

Alle, die die dreißiger Jahre nicht miterlebt haben, finden vielleicht, daß ich von einem Anruf Gösta Ekmans zuviel Aufhebens mache. Aber er war der Schlüssel zu allem Schönen und Großen und Genialen im Theaterschweden. Er war DAS THEATER. Für eine junge Theaternärrin konnte er das Glück bedeuten, aber Glück kann in der eigenen Einbildung aufregende, geradezu beklemmende Formen annehmen. Wie wäre einer jungen Schauspielerin im heutigen Schweden zumute, wenn Ingmar Bergman sie aus heiterem Himmel anriefe und ihr ein Engagement anböte? Genauso war mir zumute.

Maritta Marke begleitete mich als Geisel im Taxi zu Ekmans Wohnung in der Artilligatan.

»Du, Zarah, wie lange soll ich denn auf dich warten?«

»Wenn ich innerhalb von drei Minuten zurück bin, war alles nur fauler Zauber. Dauert es länger, dann ist es wichtig.

Dann warte. Wenn nötig, bis zu einer Stunde.«

»Hast du denn überhaupt Geld fürs Taxi?«

Ich hatte überhaupt kein Geld, also auch kein Taxigeld, denn die Direktion des *Vasa-Theaters* bezahlte selbst ihre Primadonnen höchst schäbig. Aber ich hatte einen Bruder, der Ante hieß und Kunsthändler in Stockholm war. Er konnte uns aus der Patsche helfen – hinterher.

Welche Pläne Gösta Ekman mit mir hatte, konnte ich nicht ahnen. Zu jener Zeit strotzte er von Plänen: bald wollte er das *Dramaten* mieten, bald das *Konzerthaus,* bald das *Vasa-Theater.* Die Zeitungen berichteten laufend über seine Ideen, und dank der Illustrierten war er Eigentum des ganzen Volkes. Kurz zuvor hatte ich ein Interview mit ihm gelesen, worin er einen raffinierten Trick für ein Engagement verraten hatte: man sollte stets das Doppelte von dem verlangen, was geboten werde, denn man müsse stets davon ausgehen, daß ein Theaterdirektor ein geradezu unanständig niedriges Angebot macht. Dies sei eine Faustregel für alle Gagenverhandlungen. Als praktisches Beispiel erzählte er von dem »Heidenkrach«, den es gegeben habe, als er in der deutschen Verfilmung von *Faust* (1926) die Titelrolle spielen sollte – mit Emil Jannings als Mephisto und unter der Regie von Friedrich Murnau. Man habe ihm vierzigtausend geboten. Er habe geantwortet: achtzigtausend – und keine Mark weniger! Diese Frechheit habe ihn selber überrascht, doch er habe gesiegt.

Ich fand den Rat ausgezeichnet und hatte ihn durchaus im Bewußtsein, als ich bei Ekman läutete.

Gösta öffnete selber. Er war strahlender Laune, sein Charme war entwaffnend. Er half mir aus dem Mantel – und hätte mir jeden einzigen Fetzen vom Leib ziehen können, ohne daß ich hätte Widerstand leisten können. Aber er benahm sich höchst seltsam: schlich um mich herum, drehte mich nach allen Seiten, musterte jeden einzigen meiner 172 Zentimeter. Als er schließlich feststellte, daß »diese lange Leander« zum Glück nicht größer war als er selber, wirkte er fast rührend. Er brauche nur die Absätze seiner Lackschuhe um ein paar Zentimeter zu erhöhen . . .

Und dann sprach Gösta Ekman von der Operette *Die lustige Witwe*. Damit werde er die Saison in seinem neuen Theater eröffnen, und zwar mit uns beiden in den Hauptrollen. Ich war überrumpelt und sehr bange. Bisher hatte ich ja nicht ein einziges Wort auf der Bühne *gesprochen*. Ich hatte ausschließlich gesungen. In einer Operette genügt der Gesang nicht, man muß auch sprechen und sich bewegen, wirklich Theater spielen können. Gösta Ekman wischte alle Besorgnis beiseite, seine Begeisterung brach jeden Widerstand nieder.

»Und du kriegst eine gute Gage: dreitausend Kronen im Monat, also hundert pro Abend.«

»Sechstausend, und keine Krone weniger!«

»Das ist ja wohl das Unverschämteste ...«

3000 Kronen waren 1931 ein großzügiges Angebot, sogar eine Stargage. Kein Wunder, daß Gösta Ekman wirklich so außer sich geriet, daß er an seine elegante Bar stürzte, um sich mit einem Glas Sherry zu stärken, und danach einen kleinen Abstecher ins Nebenzimmer machte, um mit Frau Greta zu sprechen. Ich selber war, wie es in den Romanen heißt, »ein Raub einander widerstreitender Gefühle«. War ich zu frech gewesen, hatte ich über die Stränge geschlagen? Im Grunde hätte ich allein für die Gnade, mit diesem Abgott auftreten zu dürfen, umsonst gespielt. Aber ... nein, ich mußte fest bleiben, durfte nicht weich werden. »Man muß immer davon ausgehen, daß ein Theaterdirektor ein geradezu unanständig niedriges Angebot macht ...«

»Schließlich habe ich es von dir, daß man in Gelddingen frech sein muß«, sagte ich. »Ich habe deinen Artikel über *Faust* gelesen ...«

»Für diese Antwort kriegst du deine *Sechstausend*.«

Im Taxi tickte der Taxameter, und Maritta zerknüllte ihre Handschuhe. Wir fuhren zu Bruder Ante und pumpten uns das Geld auf die Neuigkeit hin, daß ich mit Gösta Ekman abgeschlossen hatte.

Das neue Konzerthaustheater mit der *Lustigen Witwe* zu eröffnen war ein Geniestreich. Es mußte ein Raketenstart sein, ein Programm, das wie ein Feuerwerk sprühte und funkelte.

Musik mußte es sein, also eine Operette, und da war nur das Beste gut genug. Eine bessere Operette als *Die lustige Witwe* gab es nicht, und seit acht Jahren hatten die Stockholmer ihr Lieblingsstück nicht mehr gesehen.

Wie ich zugeben muß, wurde dieses gewagte Theaterabenteuer meisterhaft geplant und durchgeführt. Gösta Ekman verstand es, schon lange vorher Gerede, Spannung, Erwartung dadurch zu erzeugen, daß er bekanntgab, er selber spiele den Danilo. »Und diese lange Leander wird meine Witwe!« Diese Nachricht machte die Sensation nicht weniger sensationell, ein Danilo, der nicht singen konnte, und eine Hanna Glavari, die keinen einzigen Satz sprechen konnte – das erzeugte schon im voraus das Getuschel eines hübschen Skandals, der sich ebenso leicht in einen Erfolg verwandeln konnte. Eine bessere Reklame war nicht denkbar.

In seinem Buch über den Vater erwähnt Hasse Ekman, daß die Ausstattung der *Lustigen Witwe* schwindelerregend teuer gewesen sei. Die fertige Produktion habe pro Vorstellung dreitausend Kronen gekostet. Doch Gösta Ekmans Politik sei richtig gewesen:

»Von mir aus kann es teuer werden, wenn es nur so wird, wie ich es haben will!«

Es wurde so, wie er es haben wollte, und sein Imperium lebte fast ein Jahr von dem, was *Die lustige Witwe* einspielte.

Die Proben waren für die Amateurin Leander mehr eine Zeit der Prüfungen als eine Lehrzeit. Wie man eine Rolle aufbaut, davon wußte ich nichts – und niemand brachte es mir bei. Wie mein Dialog zu bringen war, hatte ich zu erraten – niemand sagte es mir. Mir graute davor, über die riesige Bühne zu gehen – endlos wie die sibirische Tundra. Im großen und ganzen hatte ich Hanna Glavaris Probleme allein und so gut ich konnte zu lösen. Und das war recht schade, denn meine Hanna hätte weit besser sein können, wenn ein Regisseur Lust, Zeit und Erlaubnis gehabt hätte, sich meiner anzunehmen.

In Reichweite gab es beispielsweise den gescheiten Karl Gerhard, der den Text aufgefrischt und mit Witz bearbeitet hatte.

Er hätte sich meiner annehmen können. Da gab es den genialen Gösta Ekman, der alles über Schauspielkunst wußte. Mein Respekt vor ihm war aber viel zu groß, als daß ich gewagt hätte, ihn mit meinen Sorgen zu belästigen, wenn er irgendwann einmal an mir vorüberflatterte. Als die Premiere überstanden war, lernte ich ihn näher kennen. Er hatte jüngeren Kollegen gegenüber nicht die geringsten Allüren, im Gegenteil, er war verständnisvoll und großzügig. Er konnte es sich leisten, mit seiner Kunst nicht zu geizen. Ihn machte es nicht geringer, wenn er von seinem Können etwas abgab. Und das tat er – sofern man ihn darum bat. Und sofern er die Zeit dazu hatte . . .

Da gab es den hervorragenden Per Lindberg, einen der großen Neuschöpfer, einen Vorgänger von Alf Sjöberg und Ingmar Bergman. Nie wurde man das Gefühl los, daß Herr Dr. Lindberg, wenn er sich etwas so Leichtfertigem wie einer Operette widmete, seine Seriosität aufs Spiel setzte. Gösta Ekmans wegen verhielt er sich loyal, außerdem wollte er später gern in *Eine japanische Tragödie* Regie führen. Hanna Glavari interessierte ihn nur mäßig, und ich interessierte ihn gar nicht.

Nein, es war das Verdienst des herzensguten Jules Sylvain, der Hanna Glavari für die Erfolgsvorstellung im *Konzerthaus* 1931 doch ein wenig anleitete. Er war mir ein wirklicher Freund in der Not.

Jules, den wir Stig nannten, und ich waren schon immer dicke Freunde gewesen. Er war der erste Mann, der mir Blumen zu einer Premiere geschickt hatte, nämlich zu meinem Stockholmer Debüt im *Folkan* am Neujahrstag 1930. Er war es gewesen, der mir schon damals blitzschnell einen günstigen Schallplattenvertrag verschafft hatte, bevor ich selber überhaupt daran gedacht hatte. Und seither bin ich mit der Schallplattenfirma *Odeon* ein Leben lang in Leid und Freud vereint.

Stig Hansson-Sylvain riet mir auch, bei einem Sprechpädagogen Unterricht zu nehmen, um meinen värmländischen Dialekt loszuwerden. Die Sprechpädagogin war seine liebe

Mutter, Valborg Hansson, eine gute Schauspielerin und sicherlich ausgezeichnete Pädagogin. Doch mir war wenig damit gedient, denn ich erhielt nur eine einzige Unterrichtsstunde. Und diese Stunde benutzte meine Lehrerin zu dem Versuch, mich dazu zu überreden, ihren Sohn zu heiraten. Doch damals trug ich mich ganz und gar nicht mit Heiratsabsichten.

Jetzt stand Jules (Stig) im Orchestergraben des Konzerthauses und gab mir diskrete kleine Winke und Ratschläge: »Schrei nicht so, Zarah, hier paßt pianissimo besser.«

Oder: »Du darfst nicht über die Bühne gehen, als wärst du bange, in etwas reinzutreten.«

»Aber ich bin bange.«

»Na, dann sei es, aber zeig es nicht!«

Jules Sylvain hatte einen Riesenanteil am Gelingen der Vorstellung. Er gab Franz Lehárs frischer Fin-de-siècle-Musik maßvoll synkopierte Rhythmen in einem Arrangement, das die Grundvoraussetzung für diese »sachlich-moderne« *Witwe* war, und machte sie zu einem Ereignis in der Theaterwelt, den einen zum Verdruß, den anderen zu großer Freude.

Heutzutage, wo man in der *Lustigen Witwe* fröhlich Sauna badet, hätte kaum einer über unsere »gewagte« Version eine Miene verzogen. Damals aber war sie kühn. Per Lindbergs bleibende Leistung in der angenehmen, aber gekünstelten Welt der Operette war, daß er hier in der Bearbeitung des Textes alles »Hochachtungsvolle« ablegte. An Strindbergs Texte soll man vielleicht behutsam herangehen, doch das Libretto der *Lustigen Witwe* braucht, wenn es um eine Neufassung geht, eine starke Hand.

Außerdem trägt Lehárs Musik. Sie ist unverwüstlich und hält Mißhandlungen aller Art aus. Sie läßt sich sogar pfeifen, falls jemand auf den Gedanken kommen sollte. Gösta Ekman tat es, als wir im Mai 1932 im *Dagmartheater* in Kopenhagen ein Gastspiel gaben. Eines Abends war er so stockheiser, daß seine kleine Stimme nicht einmal bis über die Lippen kam. An jenem Abend mimte und flüsterte Danilo seine Textstellen und pfiff seine Lieder.

Fünf Jahre nach der »Stockholmer Witwe« begegnete ich Franz Lehár in Wien. Er war ein liebenswürdiger Herr von 66 Jahren, grauhaarig und chevaleresk. In meiner Garderobe erzählte er mir, daß er bis zu diesem Abend nicht habe glauben wollen, was er von dieser merkwürdigen Hanna Glavari in Stockholm gelesen und gehört habe. Als Gösta Ekman und Jules Sylvain ihn um die Erlaubnis gebeten hätten, Hannas Gesangspartie von Sopran in Kontraalt zu transponieren, habe er nur gelacht und geantwortet:
»Eine solche Stimme gibt es nicht, aber meinetwegen: transponieren Sie, soviel Sie wollen, Herr Sylvain!«
Jetzt hatte Lehár hier im Theater an der Wien gerade *Axel an der Himmelstür* mit mir und Max Hansen gesehen:
»Und da mußte ich ja meinen eigenen Ohren trauen, Frau Leander. Jetzt bereue ich, daß ich niemals nach Stockholm gekommen bin, um *Die lustige Witwe* zu hören. Und ich begreife, was mir entgangen ist . . .«
Kurz darauf hatte ich Gelegenheit, mich für seine Liebenswürdigkeit zu revanchieren. Es war auf einer Soiree, wo ich zu Ehren des Komponisten das »*Vilja-Lied*« in der Stockholmer Fassung sang. Lehár applaudierte herzlich.

Hat man Ohren, zu hören, und Augen, zu sehen, kann man hier im Leben auch ohne regelrechten Unterricht viel lernen. Gösta Ekman hat mir niemals etwas direkt beigebracht, aber ich lernte bei der Arbeit von ihm. Oft waren es – richtig verstanden – negative Lehren. Ich dachte niemals: Das will ich nachmachen! So werde ich es auch machen! Eher überlegte ich: Davor muß ich mich hüten, das bringe ich niemals fertig. Es paßt nicht zu mir! Einmal jedoch erteilte er mir wirklich eine Privatlektion. Freilich weiß ich bis heute nicht, was er damit bezweckte.
Mitten in dem schönen *Witwen-Walzer* des letzten Akts, bei dem das Publikum vor lustvollen privaten Assoziationen stets eine Gänsehaut kriegt – mitten im Walzer also, bekomme ich von meinem Danilo eine schallende Ohrfeige. Er schlägt zu, daß mir der Kopf wackelt. Ob ich böse wurde, weiß ich nicht

mehr, jedoch sind Ohrfeigen für mich mit das Demütigendste, was es gibt. Ich weiß nur noch, daß ich vollkommen baff war. Und der einzige vernünftige Gedanke, der sich in mir formte, lautete: »Ist er total verrückt geworden?« Doch wir tanzen und singen uns weiter durch den Walzer hindurch, obwohl Göstas Schlag mir auf der Haut brennt.

Nachher kommt er zu mir und sagt mit einem komischen Lachen:

»Du warst gut, Zarah, hast großartig reagiert. Auf der Bühne darf man nicht die Fassung verlieren, was auch passiert.«

»Was hätte ich denn tun sollen? Schreiend von der Bühne stürzen? Den Leuten das Vergnügen rauben?«

»Nein, ich sage ja, es war ausgezeichnet, daß du gar nicht reagiert hast. Jede andere Frau wäre vielleicht hysterisch geworden. Aber du hast dir nichts anmerken lassen. Ich wollte nur deine Selbstbeherrschung prüfen. Vielen Dank und gute Nacht!«

Noch heute glaube ich nicht an diese Erklärung. Daß er meine Selbstbeherrschung prüfen wollte, scheint mir gesucht. Er war ein viel zu routinierter Theatermann, um ein solches Risiko einzugehen, zumal er die Folgen gar nicht überblicken konnte. Und wenn ich zurückgeschlagen hätte?! Oder als schreiendes Bündel zusammengebrochen wäre? Freilich war Gösta Ekman eine Spielernatur, aber doch kein Hasardeur dieser Art.

Es gibt auch keinen vernünftigen Grund für die Vermutung, die Ohrfeige hätte persönlich gemeint sein können – ein hämischer Gruß von Gösta Ekman an Zarah Leander. Ausgeschlossen.

Mir schwebt eine Erklärung ganz anderer Art vor. Möglich ist, daß die Ohrfeige genau in die Stimmung des Augenblicks paßte, genau in den Walzerschritt jenes Abends. Vielleicht packte Danilo in dieser Sekunde eine Mordswut auf Hanna! Liebe schließt derartige Gefühlsäußerungen unter Liebenden nicht aus. Danilo versetzt seiner Hanna eine schallende Ohrfeige und singt dazu: »Behalt mich lieb!« – und durch das Publikum geht ein Raunen und Rauschen.

Gösta Ekman arbeitete unglaublich hart in hochgeschraubtem Tempo, und zwar an vielen Fronten gleichzeitig. Niemand begreift, wie er es aushalten konnte, und dann führt man das Kokain an und meint damit, das Geheimnis gelüftet zu haben. Ich aber glaube, daß einen wesentlichen Anteil an seiner unfaßbaren Fähigkeit zur Selbstverausgabung Greta Ekman hatte, eine starke, kluge und bewundernswerte Frau.

Allabendlich erschien sie im Theater mit einem Korb für Gösta. Darin waren Butterbrote und eine Flasche Champagner. In den ersten Wochen wollte Gösta mir immer davon abgeben, doch »alkoholisierte Limonade« ist mir von jeher zuwider gewesen. Ich lehnte dankend ab. Von Gösta Ekmans Gewohnheiten bei anderen Gelegenheiten weiß ich nichts, kann mir aber denken, daß der Sekt nur zur *Witwe* gehörte. Vielleicht wollte er sich dadurch in »Sektlaune« versetzen, vielleicht die schmetterlingsleichte Stimmung hervorzaubern, die diese Operette mehr als andere erfordert. Daß er bei seinem ersten Auftritt einen Stockbetrunkenen spielte, hat mit Gretas Champagner absolut nichts zu tun: niemand kann in betrunkenem Zustand einen Betrunkenen spielen, das ist ausgeschlossen.

Zu Gösta Ekmans vielen Nebenbeschäftigungen in diesem Herbst gehörte auch, für den illustrierten Fortsetzungsroman einer Illustrierten das Fotomodell zu mimen. Der Roman hieß, soviel ich weiß, *Leidenschaft,* und ein paar ausgeschnittene Illustrationen und Textstellen widerlegen diesen Titel kaum: »Mitwirkende auf den Fotos in dieser Nummer: Dina – Zarah Leander, Rassim – Gösta Ekman, Elis – Anna Lindahl.« Allein die Rollennamen verraten, daß es sich hier um etwas Sündiges und Orientalisches handelt.

Paul Melander schoß diese Aufnahmen nachts nach der *Witwe* in Greta und Gösta Ekmans schönem Heim in der Artilleri-gatan. Es waren fröhliche Nächte, leider aber auch die einzigen Gelegenheiten, bei denen ich Ekmans einigermaßen privat treffen konnte. Wir begannen immer mit einer gehörigen Abfütterung in der Küche, denn Gösta hatte um Mitternacht stets einen wunderbaren Appetit. Dann kam für den

Rest des Abends im klaren Licht der Scheinwerfer die »Leidenschaft« an die Reihe.

Ich habe mich oft gefragt, was wohl die Nachbarn auf der anderen Straßenseite dachten, wenn sie Nacht für Nacht das starke, weiße Licht in den Fenstern sahen – und vielleicht auch leichtfertiges, leidenschaftliches, lüsternes Lachen hörten. ›Orgien!‹ haben sie wohl gedacht, denn etwas anderes konnte man sich vom nächtlichen Leben der Schauspieler kaum vorstellen. Sie ahnten nicht, daß unser Leben selbst zu den unnatürlichsten Tageszeiten Arbeit und Essen heißt.

Die Tragödie meines Lebens

Karl Gerhard hat all seinen Schülern folgende lebendige Wahrheit eingeimpft: »Wenn man das Publikum nicht beim ersten Schritt auf die Bühne erobert, dann kehrt man am besten gleich wieder um und verschwindet.«

Wie so oft hatte er völlig recht und formulierte sein Wissen unerbittlich logisch und drastisch. Ein Künstler muß auf die Sekunde genau siegen, oder er erleidet eine Niederlage. Diese Forderung gilt vor allem für die »Alleinunterhalter«, diese ewig bangende, aber unverzagte kleine Schar derer, die allein im Rampenlicht stehen. Mutterseelenallein müssen sie im Blitzangriff gegen ihr Publikum kämpfen. Für die Revue gelten fast die gleichen harten Bedingungen. Spielst du den Hamlet, hast du immer noch ein paar fette Stunden vor dir, wo du siegen kannst, und wenn es auch erst im letzten Akt durch deinen Tod ist. Wie schlecht dein Hamlet auch gewesen sein mag, irgend jemand wird deinen Tod immer beweinen. Das Publikum kann grausam und herzlos sein, aber vor dem Tod hat es doch Achtung.

Ein Lied, ein Revuecouplet oder ein Chanson, aber dauert nur einige wenige Minuten und darf auch gar nicht länger sein. Sobald du den Mund öffnest, mußt du den Publikumsgeschmack auf der Zunge spüren! Schluck ihn rasch hinunter, hier geht es um fressen oder gefressen werden, um das Publikum oder dich!

Ich pflege zu sagen, daß es, sobald man die Bühne betritt, jedesmal ums Leben geht, und dieses einzige Leben hängt von der ersten Minute ab, wo du dem Publikum Auge in Auge gegenüberstehst. Daher kommt es auch, daß man die Minute vor dem Auftritt wie einen Todesaugenblick empfinden kann.

66

Das Herz schlägt noch immer seine pochenden Schläge, aber in einer Minute? Je älter man wird, desto tiefer sitzt der Schrecken. Herrgott, eine Debütantin hat nichts zu verlieren, eine Debütantin hat ja noch nicht angefangen, eine Debütantin kann es sich leisten, keine Angst zu haben. Wir Alten jedoch haben in der nächsten Minute alles zu verlieren. So ist das!

Niemand soll uns bemitleiden, denn wir haben uns freiwillig auf dieses blutige Spiel eingelassen. Nichts anderes als unsere eigenen Triebe haben uns gezwungen, zur Bühne zu gehen. Nichts anderes als unser Exhibitionismus, unsere Lust zu gefallen und zu verführen, unsere Freude am Singen, Tanzen und Spielen. Wir hätten ja im Büro sitzen und ein ruhiges Leben führen können.

Statt dessen sitzen wir in einer Theatergarderobe und warten auf den Auftritt. Was wir in diesen Minuten empfinden, nennt man Lampenfieber oder »Schmetterlinge im Magen«. Lampenfieber – das ist reine, unverfälschte Todesangst. »Schmetterlinge im Magen« – dabei ist einem zum Kotzen, und man tut es auch!

Als ich herkam, hatte ich fast fünf Liter Blut in mir. Sonst hätte ich ja nicht kommen können. Wo ist mein Blut geblieben? – Ich habe keinen Tropfen mehr in den Händen. Fühl mal! Eiskalt. In meiner Nähe knarrt und knirscht etwas. Ich höre es nur, wenn ich spreche, aber ich spreche ja gar nicht. Doch, jetzt sage ich etwas: »Vielen Dank, keinen Kaffee für mich!« Als ich es sage, knirscht es, als schabe ein Messer über ein Backblech. Ich kenne dieses Geräusch von früher: Zunge und Zähne sind so trocken, daß es knarrt.

Ich sage immer, daß ich ohne Brille kaum 40 Zentimeter weit sehen kann. Das ist ein unbefriedigendes Maß – »kaum 40 Zentimeter«. Das ist nicht exakt. Jetzt weiß ich genau Bescheid. Meine Sehweite beträgt 18 Millimeter, weder mehr noch weniger. Am Rand meines Gesichtsfelds, 18 Millimeter von mir entfernt, sind die Spitzen meiner angeklebten Wimpern. Näher kann man sich selber nicht kommen.

Still, jemand ruft etwas. Daß sie einen nicht in Ruhe lassen können! Was sagt er da: »Frau Leander – bitte! Auf die Bühne!« Das geht mich nichts an. Ich heiße Frau Hülphers, so steht es auf meinem Trauschein. Von Frau Leander habe ich reden hören, wer hat das nicht?

Wer setzt meine Füße in Bewegung? Wirklich komisch. Der eine tritt vor den anderen, immer wieder, links, rechts, links, rechts. »Vorsicht! Stufen!« flüstert jemand. Was geht das mich an, innerhalb meiner achtzehn Millimeter Sichtweite gibt es keine Stufen.

Jetzt ist es ja plötzlich ganz hell. Als wir hier ankamen, war es noch trübe und bewölkt. Und nun ist die Sonne da. Eigentümlich, daß die Sonne hier in Laxå im November um zehn Uhr abends scheint. Oder ist es in Berlin, auch egal. Dabei sind Sonnenbäder doch nichts für mich, da kriege ich nur neue rosa Sommersprossen zwischen all den alten braunen. Tja, aber ein Arzt, der mich im Fernsehen gesehen hat, glaubte, ich *schminke* mir Sommersprossen!

Apropos Wetter: im Augenblick wäre ein tropischer Taifun mein Traumwetter. Oder ein krachendes Gewitter mit Blitzeinschlägen. Hier und jetzt. Aber an einem sonnigen Abend im November kann man wohl kaum darauf hoffen.

Auf der Probe habe ich nachgemessen, daß es bis zum Mikrophon zehn Schritte und eine Drehung sind. Mal sehen, ob es wirklich stimmt: eins . . . zwei . . .

Was ist denn das für ein Lärm? Können die Leute denn nicht ein klein wenig Rücksicht nehmen? Keine wahre Rücksicht, keine Höflichkeit – und von Takt ganz zu schweigen. Aber kürzlich habe ich doch wirklich noch einen echten Gentleman getroffen, einen ritterlichen Mann, aber er war wohl schon sehr alt . . . Stammte aus Finnland, glaube ich.

Ach, aber das ist ja gar kein Lärm – das ist Musik. Die Art von Musik, die man Applaus nennt. Eine schönere gibt es nicht. Was für ein reizendes Publikum es hier in Oskarshamn gibt. Oder Zürich – auch egal! Warum klatschen sie eigentlich? Vielleicht, weil ich nichts anhabe? Ha, ha! Mir wär's ja wurscht, aber was wird Hülphers dazu sagen?

68

... acht ... neun ... zehn ... Hier, gleich rechts blinkt jetzt etwas; Donnerwetter, das ist doch wahrhaftig das Mikrophon! Schön, wenn alles klappt. Na, jetzt muß gleich der Flügel zu hören sein. Richtig, da klimpert es. Hülphers spielt. Nett, daß er kommen konnte, hab' ihn ja eine Ewigkeit nicht mehr gesehen. Eine Ewigkeit von zwei Minuten.
Und jetzt fängt doch bei Gott jemand an zu singen. Das ist doch die Höhe. Und obendrein mein eigenes Auftrittslied! Na, warte, du Kanaille, dir werd' ich's zeigen! Tief Luft holen. Und lächeln, lächeln auf Teufel komm raus! Und jetzt loslegen, singen, daß diesem Luder das Hemd vom Leibe rutscht. Die soll bloß nicht denken, sie wäre wer! So muß es klingen: »Ichchch binnnnn einn SCHTAARRR!«
So, jetzt hab ich ihr's gegeben! Jetzt hält sie den Mund! Mich übertönt man nicht ...

Ich will nicht behaupten, daß dies eine genaue oder wahrheitsgetreue Schilderung des verwirrenden Chaos ist, das sich hinter dem zahmen Wort Lampenfieber verbirgt. So kann es aber sein. Oder vielleicht auch ganz anders. Ich weiß es einfach nicht, denn in diesen toten Minuten bin ich außer mir in einem schaukelnden Unbewußtsein. Von dorther ist mir nie etwas anderes geblieben als eine vage Erinnerung an Entsetzen. Nur wenn ich »medial« begabt wäre, könnte ich diese Stunden schildern, wie sie sind.
Ich möchte hier nur klarstellen, daß es sich dabei nicht um »Schmetterlinge im Magen« handelt. Daß man diesen Schrecken tausend- und abertausendmal durchsteht, liegt daran, daß er nachläßt und verschwindet, sobald der Kontakt mit dem Publikum da ist, ja sobald die Leitungen aneinandergekoppelt sind und der Wechselstrom zwischen Bühne und Zuschauerraum pulsieren kann. Dann gelangt man in einen Zustand großen Friedens und Glücks, der gleichfalls nicht zu beschreiben ist. Er gleicht nichts anderem Erlebbaren, möglicherweise nur einer großen Liebe. Und deshalb stellt man sich dem Schrecken. Nicht alle stehen dies durch, viele zerbrechen, manche gehen daran zugrunde. Niemand kann ihnen helfen.

In meiner Jugend habe ich sehr viel Angst ausgestanden, und auch heute habe ich immer noch Angst. Am größten ist meine Angst dann gewesen, wenn die Leute mir mehr zugetraut haben als ich mir selber. Zu Beginn meiner ersten Karriere habe ich mir eingebildet, ich könnte alles. Doch das stimmte nicht, ich drehte mich nur mit im Karussell. Am liebsten aber wäre ich abgesprungen.

Meine innere Unsicherheit ließ mich stets zuerst sagen: »Nein, ich kann nicht«, aber ich meinte: »Ich will nicht!« Dann überredete man mich mit List und Schmeicheleien, und in meiner unglaublichen Einfalt dachte ich: »Vielleicht kann ich doch ... Ich muß es doch wenigstens versuchen – um festzustellen, ob ich es kann oder nicht.« Und so ist es dazu gekommen, daß ich einmal Tragödie gespielt habe.

Gösta Ekmans Pläne mit mir liefen darauf hinaus, daß ich einfach alles spielen sollte. Ich erinnere mich zwar nicht, daß er das je zu mir gesagt hätte, aber ich habe auch keinen Grund, Per Lindbergs Worten zu mißtrauen:

»Er wollte Zarah Leander nicht nur zur Operettendiva, sondern auch zur Tragödin und Vollblutkomödiantin machen. Daß er diese Pläne nicht durchführen konnte, lag nicht an ihm, sondern daran, daß sie sich mehr für den finanziellen Erfolg als für den künstlerischen interessierte.«

Peinlicherweise hatte Dr. Lindberg mit seinem bissigen Kommentar völlig recht. Doch was mich antrieb, war nicht allein der Wunsch nach Geld, sondern ebensosehr Selbsterhaltungstrieb, der Cleverness freilich täuschend ähnlich sah. Ich ahnte mit ziemlicher Sicherheit, wo meine Grenzen waren. Sich innerhalb dieser Grenzen zu bewegen, war am sichersten.

Außerdem: ich hatte nicht die geringste Lust, Tragödin zu werden, und ohne Lust ist unser Beruf eine sinnlose Qual, ohne Lust wird das Ergebnis nicht nur miserabel, sondern für das Publikum beleidigend. Schon damals zog es mich zum Lied, zum Chanson – meine frühen Zeitungsausschnitte bestätigen es. Immer wieder spreche ich in den Interviews von *Liedern*. Nicht von Couplets, nicht von Operettenarien, sondern vom kleinen intimen Lied.

Trotz ausverkauftem Haus konnten wir *Die lustige Witwe* nicht jeden Abend spielen. Hin und wieder sollte der Raum auch seiner eigentlichen Bestimmung dienen. Deshalb machten wir an den Konzertabenden schnelle Abstecher nach Västerås, Norrköping, Örebro und Jönköping. Tagsüber probten wir das nächste Stück, *Eine japanische Tragödie* (wie die Übersetzung lautete) von John Masefield. Wie immer bei Ekman konnte die Ausstattung nicht kostspielig genug sein, selbst das Beste genügte ihm kaum. Otte Sköld zeichnete Bühnenbild und Kostüme, Hilding Rosenberg schrieb die Musik – darin ein Lied für mich. Es war ein Lied, das ich mir nie erträumt hatte, eine japanische Weise mit modernistischen Klängen. Es lag weit über meinem damaligen musikalischen Niveau, oder zumindest abseits davon.

Gösta Ekmans Idee war es, daß ich die »Butterblume« spielen sollte, ein japanisches Mädchen, das im Stück Carl Ström liebte. Es war eine winzig kleine, zweitrangige Rolle. Sie erschien mir von Anfang an schief, allein der Name des Mädchens brachte mich zum Kichern. »Sumpfdotterblume« hätte besser gepaßt. Doch das war nicht das Schlimmste, das Schlimmste war, daß sich vor meinen Füßen ein Abgrund auftat, und das sagte ich Gösta auch.

»Du weißt, daß ich nie behauptet habe, Schauspielerin zu sein. Der bloße Gedanke, ich könnte Tragödie spielen, ist schon lächerlich. Gib die Rolle einer andern.«

Doch das tat er nicht.

Bei der ersten Leseprobe ist stets das ganze Ensemble versammelt, und man liest mit verteilten Rollen. Viele Kollegen lieben diese Leseprobe, sie haben das Gefühl, zu einem festlich gedeckten Tisch zu schreiten. Für mich sieht die Sache anders aus. Um das Rollenheft lesen zu können, brauche ich meine Brille. Habe ich die Brille auf der Nase, sehe ich manchmal mehr, als ich sehen will. Manchmal aber bilde ich mir ein, Dinge zu sehen, die in Wahrheit gar nicht existieren: ich sehe die Kollegen und den Regisseur am Tisch sitzen, und in meiner Unsicherheit glaube ich, sie sähen mich hämisch an. Sicherlich tun sie es gar nicht, doch ich empfinde, sehe es so.

Die Probenarbeit später ist erträglicher. Mir fällt das Text-
lernen leicht, und ich kann bald Rollenheft und Brille weg-
legen. Dann sehe ich nur das, was ich in dem engen Rund-
horizont meines Gesichtsfeldes sehen will.

Aber im großen und ganzen verabscheue ich Proben, mit oder
ohne Brille. Hülphers behauptet, das sei nur Faulheit, aber es
ist wirklich nicht nur Trägheit. Ich mag kein langes Herum-
gekaue auf Text und Dialogen, sie schmecken dann so rasch
fade.

Da saßen wir also um einen Tisch im *Konzerthaus* und lasen
die tragische Tragödie. Alle waren anwesend, außer Gösta
Ekman. Er war stets irgendwo anders. Immer gerade mit
etwas noch Dringlicherem beschäftigt.

Einen Satz aus der kleinen Rolle der »Butterblume« kann
ich noch immer fließend. Ich habe so lange damit gearbeitet,
daß ich ihn noch heute mit allen denkbaren und undenkbaren
Betonungen aufsagen kann:

»Wenn du mich nicht liebst, so wie ich dich liebe – warum
soll ich dich dann lieben?«

Aus seinem düsteren Zusammenhang gerissen, klingt dieser
Satz wie aus einer Schnulze bei einem Schlagerfestival – wohl-
gemerkt, einer Edelschnulze aus einer Tragödie. Damals, im
Herbst 1931, hielt ich ihn für unendlich feinsinnig und tief
empfunden, ich wagte diese Worte nur zu flüstern. Doch auch
dann noch ließ sich mein breiter värmländischer Dialekt nicht
verleugnen. Da dieser Satz im Schwedischen sehr viel Ä-Laute
hat, schien es mir selber, als rollten meine Äs an den Wänden
entlang und blökten mir wieder entgegen.

Dr. Lindberg: »So geht das nicht, Frau Leander. Sie sind für
die Rolle ungeeignet. Es tut mir leid, es Ihnen sagen zu müssen. Hjördis Petterson wird die Rolle übernehmen.«

Das Ganze war alles andere als spaßig. Genaugenommen
sah es so aus, als sollte die erste Tragödie meines Lebens auf
der Bühne auch zu einer persönlichen ausarten. Im stillen
schluchzte ich vor Scham und Zorn: »Nein, so darf es nicht
enden! Ich habe doch gerade erst angefangen!«

Abends kurz vor der Ouvertüre zur *Witwe* pflegte Gösta

Ekman bei mir in die Garderobe hereinzuschauen und einen kleinen Schwatz zu halten – eine Freundlichkeit seiner jungen Primadonna gegenüber. Es war immer sehr reizend, wir plauderten über dies und das und klatschten ein bißchen Theaterklatsch. Auch dann noch, als ich den wahren Grund für seine Stippvisiten erfahren hatte, genoß ich sie: Bei mir, die ich noch jung und grün und unverdorben war, konnte er sich ungestört und in aller Ruhe eine Spritze verpassen. Ich merkte nichts. Eines Tages aber entdeckte ich auf meinem Schminktisch eine Injektionsspritze, und die Garderobenfrau erklärte mir alles. Vielleicht war ich erschüttert, doch schließlich war es nicht meine Angelegenheit, und abgesehen davon – nichts konnte meine Bewunderung für Gösta Ekman ins Wanken bringen. Ich hatte ihn schon vor Jahren, als er noch jünger und schöner war, im Theater von Karlstad gesehen und vergöttert. Und jetzt war ich seine Primadonna. Es war ein Märchen der Wirklichkeit, und das konnten keine Spritzen trüben. Gerade in den schönsten Märchen gibt es immer ein wenig Gram und Schmerz.

Am Abend nach der Leseprobe für diese verflixte japanische Tragödie war ich düsterer als Medea in ihren düstersten Augenblicken. Und ich sagte es Gösta.

»Aber was um Himmels willen ist denn passiert?«

»Man hat mir die Rolle weggenommen.«

»Was sagst du da?«

»Ja, Hjördis Petterson hat sie gekriegt.«

»Wer hat sich das ausgedacht?«

»Dr. Lindberg. Weil ich so värmländisch spreche . . .«

»Unsinn! Ich kann diese Stelle, und Du wirst mir jetzt nachsprechen: ›Wenn du mich nicht liebst . . .‹«

Später übten wir diese elende »Butterblumen«-Rolle gründlich. Gösta las sie vor, und ich sprach sie nach. Es klang gar nicht so dumm, im Gegenteil, es klang sogar ganz annehmbar. Ich kriegte meine Rolle wieder. Die Tragödie meines Lebens war zwar eine tragikomische Geschichte, aber sie war nicht vergeblich. Ich lernte auf meine Aussprache zu achten, unterdrückte meinen Dialekt aber nicht völlig. Ich habe mein ziemlich breites »Ä« immer behalten, und deswegen bin ich auch gelobt worden, nämlich von niemand Geringerem als von Anders de Wahl, einem Mimen, dem man ja nicht nachsagen kann, er hätte mit der Aussprache geschludert:

»Neulich abends habe ich Zarah gehört«, sagte er. »Es ist erfreulich, auf einer Bühne hier in Stockholm eine junge Frau zu hören, die das Wort ›käärlek‹ (Liebe) richtig aussprechen kann. Denn es heißt nun mal ›käärlek‹ und nicht ›tjarleek‹.«

»Ä« wie in meiner »Butterblumen«-Rolle . . .

Ich gehe zum Film

Dreißig Jahre lang haben sich Filmautoren ständig den Kopf zerbrechen müssen: »Wie kann man diese lange Person mit der merkwürdigen Stimme in der Story einigermaßen akzeptabel unterbringen? Spielen kann sie ja nicht – aber die Leute laufen sich die Hacken ab, nur um sie singen zu hören.«
Auf der Bühne hat man solche Probleme recht elegant gelöst, bei der Kombination Drama und Musik/Gesang hat man keine Hemmungen. Die illusorische Welt des Theaters gibt einem freie Hand.
Pfeift man auf Realismus und gesunde Vernunft und läßt die Darsteller von der Wiege bis zur Bahre singen, dann nennt man das *Oper*. Reicht die Musik nicht aus oder findet man, das Publikum müsse wenigstens ein wenig von der Handlung verstehen, dann singt und tanzt man in passenden Zeitabständen und spricht zwischendurch im Falsett. Das nennt man dann *Operette*. Die moderne Forderung nach Vernunft, gedanklich anregendem Inhalt und »engagierter Mitteilung« hat das *Musical* geschaffen, wo Gesangsnummern auf beinahe natürliche Weise in den Handlungsablauf eingefügt sind. Held oder Heldin könnten natürlich ebensogut sprechen, doch können sie von ihren Gefühlen auch so überwältigt werden, daß sie zu singen beginnen, das ist nicht unglaubwürdig.
Sehr viel schwieriger ist dies alles im Film. Das Filmbild an sich ist ja schon realistisch (wie abstrakt das Motiv auch sein mag). Man muß also erst ein wenig überlegen, ehe man die Heldin singen läßt. Das Lied muß irgendeine Funktion haben, muß zu einem gewissen Grad motiviert sein – in dieser Hinsicht ähneln die Musik- und Gesangsfilme den Musicals.

Man braucht aber beileibe nicht alles genau zu motivieren: der Held kann ohne weiteres mit einem Lied auf den Lippen im Schneesturm durch die meilenweite Steppe pilgern. Aber das Sinfonieorchester, das ihn begleitet, muß dann schon im Schlitten hinter der Kamera herfahren.

Vor diesem Hintergrund ist es ganz in der Ordnung, daß ich auf der Leinwand fast alle Arten und Abarten berufsmäßiger Sängerinnen darzustellen hatte. Die Liste ist recht interessant:

Revueprimadonna
Music-hall-Sängerin
Filmstar mit gesanglicher Vergangenheit
Varietébesitzerin, die noch bei Stimme ist
Barkönigin
Kabarettistin
Chansonette
Opernsängerin
ehemalige Opernsängerin auf dem absteigenden Ast
Schülerin an der Musikhochschule
»gefeierte« Sängerin ganz im allgemeinen
Sängerin ohne nähere Ortsbestimmung

Außerdem habe ich Frauen dargestellt, die das Singen nicht als Beruf hatten:

unglückliche Königin mit Gesangstalent
Bildhauerin und Vamp mit dito
schwedische Adlige in den Tropen mit Gesang im Freundeskreis.

In meinem ersten schwedischen Film mimte ich eine Variante zu all diesen Sängerinnen, eine Variante, die nicht von dieser Welt war. Ich stellte eine Hexe dar, die auf einem Besenstiel saß und ein Couplet sang! Mehr ist von diesem Filmdebüt nicht zu sagen. Doch das Vorspiel dazu war recht amüsant.

Das eine ergibt sich aus dem anderen. Natürlich hätte man mir Neujahr 1931 kein Filmangebot gemacht, wenn ich nicht in der Presse zufällig die »Frau des Tages« gewesen wäre. Nach neun Monaten im Beruf hatte ich im ganzen »heiteren

Stockholm« einen durchschlagenden Erfolg. Dieser Durchbruch fand im September im *Vasa-Theater* statt, dessen
Geldgeber damals der norwegische Konfektionär Franz
Engelke war. Wie so viele Amateure liebte er das Theater
bis zum Wahnsinn, und bisweilen wurde seine Liebe auch
beantwortet.

Die Presse beschrieb die Herbstpremiere als »Zarah Leanders Abend« und als »Abend ihres Lebens«. Und das hatte
seine Gründe. In dieser Revue sang ich nämlich Marlene
Dietrichs *Ich bin von Kopf bis Fuß auf Liebe eingestellt«*,
das in der schwedischen Version *»Kärleksstundens barn«* (Ein
Kind der Liebesstunde) hieß. Hier sang ich außerdem *»Det
vore nåt för mig«* (Das wäre was für mich). Und hier sang
ich auch *»Stockholm blir Stockholm«* (Stockholm bleibt
Stockholm). Wenn man *einen* solchen Schlager in der Saison findet, ist man glücklich, hat man *drei* in ein und derselben Revue, ist man ein Erfolg.

Ein großer und plötzlicher Erfolg kann für eine junge und
noch etwas ratlose Künstlerin von Nutzen sein, er kann
nämlich Mut machen. Der erste große Erfolg ist so gut wie
nie gefährlich, außer man ist sehr dämlich, dann hat man
ohnehin selten mehr als einen Erfolg im Leben.

Für mich war der Erfolg im *Vasa-Theater* eine kleine Wie-
dergutmachung für die almosenähnliche Gage, und das
Sprungbrett, das mich fast unmittelbar darauf zu dem wirklich großen Abenteuer emporschleuderte. Durch die Herbst-
und Neujahrsrevuen im *Vasa-Theater* wurde Gösta Ekman
aufmerksam auf mich. Und innerhalb eines Jahres hatte
sich das *»Kind der Liebesstunde«* zur *Lustigen Witwe* gemausert. Und durch einen Zufall führten mich die Revuen
auch in die verblüffende Welt des Films.

Vilhelm Bryde war der Produktionschef der *Svensk Filmindustri* (SF), die 1930 den Schritt vom Stummfilm zum
»Sprech- und Tonfilm«, wie es damals hieß, vollzog. Während der Übergangszeit unterschied man zwischen Tonfilm,
der Musik- und Gesangseinlagen, aber keinen gesprochenen
Dialog hatte, und Sprechfilm, worin also gesprochen wurde.

Im Jahre 1930 machte man fünf derartige Tonfilme und war dafür ständig auf der Jagd nach Geräuscheffekten. Man lebte in einem akustischen Rausch, der sicherlich häufig den Verstand benebelte – aber das Publikum war ja nicht weniger berauscht. Der erste schwedische »Sprechfilm« hieß *För hennes skull* (Ihretwegen) mit Inga Tidblad, Gösta Ekman und Sture Lagervall in den Hauptrollen. Was den größten Eindruck machte, war nicht, daß Inga Tidblad sittsam nackt in der Badewanne badete, sondern das naturgetreue Wassergeplätscher und das Tropfen aus dem Wasserhahn.

Direktor Bryde fragte mich am Telephon:

»Haben sie Lust, morgen mit mir im *Cecil* zu lunchen?«

»Ich lunche eigentlich nie. Handelt es sich um etwas Wichtiges?«

»Ich glaube schon«, sagte Vilhelm Bryde, und folglich saßen wir am nächsten Tag beim Lunch im *Cecil*.

»Würden Sie bei *Svensk Filmindustri* in einem Film mitwirken?«

»Ich weiß nicht recht, ich kann so was nicht. Ich bin Revuesängerin und keine Filmschauspielerin. Was ist es denn für ein Film?«

»Er heißt *Dantes mysterier* (Dantes Mysterien) und handelt natürlich von Dante und seinen magischen Künsten. Sie sollen darin eine junge schöne Hexe darstellen, die Dante hervorzaubert. Sie haben auf einem Besenstiel zu reiten und dabei einen Schlager zu singen. Das werden Sie schon hinkriegen. Ich zahle auch gut.«

Dante war nicht etwa der italienische Dichter, sondern der dänische Zauberkünstler Harry Jansen, der Stockholm in jenem Herbst begeisterte.

Ich überlegte schnell. Das Ganze schien eine »Postscheckangelegenheit« zu sein, wie meine zynischen Theaterkollegen zweitrangige Filmrollen bezeichneten. Es gab gutes Geld für wenig Mühe und ohne jegliche künstlerische Anstrengung. So konnte man damals den Film sehen! Es war mitten im Winter, die Kinder mußten etwas zum Anziehen haben, und ich brauchte dringend einen warmen Mantel. Und die Möbel im Wohnzimmer müßten endlich mal neu gepolstert und bezogen werden. Vielleicht konnte diese Filmhexe einen Tausender hervorzaubern? Oh, was für wundervolle Aussichten!

»Wieviel Zeit brauche ich, und was kriege ich dafür?«

»Zehn Tage, mehr nicht. Und was die Gage betrifft: Ihre Verhandlungen mit Direktor Ekman vor der *Lustigen Witwe* sind mir bekannt. Das ist ja Stadtgespräch. Ich weiß also, daß Sie hohe Ansprüche haben, erkläre aber klipp und klar: Sie kriegen kein Öre mehr als bei Gösta Ekman! Die Szene ist eigens für Sie nachträglich geschrieben worden, im Budget also nicht vorgesehen. Ich kann ganz einfach nicht mehr als tausend Kronen pro Tag bezahlen!«

Plötzlich überfiel mich, die ich sonst nie lunche, ein ungemein gesunder Appetit. Zehntausend Kronen! Das bedeutete gute Winterkleidung für Boel und Göran, einen Pelzmantel für mich, neue Möbel – und vielleicht reineweg ein Auto . . . Na, und ob ich die Rolle übernahm!

Ab und zu einmal kann ein Gerücht auch nützliche Folgen haben. Bei Ekman hatte ich ja zweihundert Kronen pro Tag gefordert und bekommen. Aus diesem Federchen war inzwischen eine prächtige Ente geworden, die bei den Journalisten und Filmdirektoren munter herumwatschelte. 1000 Kronen täglich zehn Tage lang . . .

Was mich betraf, wurde es ein durch und durch jämmerlicher Film, ich war umwerfend schlecht, aber ich hatte Vilhelm Bryde ja gewarnt, und außerdem war die Rolle eine solche »Wurzen«, daß das Fiasko mir nicht weiter schadete – es war eben eine reine »Postscheckangelegenheit«. Erstaunlich war nur, daß SF mir noch im selben Sommer eine nicht unbedeutende Rolle in *Falska millionären* (Der falsche Millionär) mit Fridolf Rhudin und Karin Swanström gab. Ich wurde noch besser bezahlt, war aber als Filmschauspielerin keinen Deut besser. Da diese Rolle größer war, wurde mein privates Debakel es auch.

Mein Verhältnis zur Filmkunst war eine kurze und peinliche Episode. Ich ging zum Film, machte eine Kehrtwendung und spazierte wieder hinaus. Glaubte ich. Tatsächlich erhielt ich noch einmal eine Chance, wenn sie auch noch vier Jahre auf sich warten ließ.

Äktenskapsleken (Ehereigen) schrieb Karl Gerhard im Auftrag von Lorens Marmstedt, dem Filmkritiker, der jetzt als Produzent seinen Einzug in den schwedischen Film hielt. Zu dieser Zeit hatte Karl Gerhard mich schon fünf Spielzeiten lang unter seiner Obhut und Fuchtel. Er hatte mich Operette spielen sehen und mich mit List und Tücke überredet, ohne einen einzigen Ton zu singen, Komödie zu spielen – sogar mit beachtlichem Erfolg. Er war fest davon überzeugt, daß ich zu mehr taugte als nur zum Singen. Die muntere Amateurin des Jahres 1930 mit der stillen Wehmut und der fatalen Ausstrahlung hatte sich 1935 zu einer recht routinierten Bühnenkünstlerin gemausert. Gerhard hielt die Zeit für gekommen, daß ich auch im Film die einzige Rolle meines Lebens gestalten sollte – die Rolle als Zarah Leander. Und das war es, was mich an *Äktenskapsleken* reizte.

In diesem eleganten Lustspiel hatte ich eine erfolgreiche Bildhauerin darzustellen, die Männer so gierig in solchen Mengen vernascht, wie sie Ton auf dem Modellierbock verknetet. Wenn ich mich recht erinnere, kamen in dieser Geschichte nicht weniger als vier Ehemänner und ein modellstehender Jüngling vor – vielleicht ein Geliebter. Die Anlage einer solchen Rolle erfordert zwangsläufig einen Scheidungsanwalt, und diese Schwadroneursrolle teilte Karl Gerhard sich selber zu.

Für mich war das Wichtigste, daß sich im Atelier Ragnar Hyltén-Cavallius meiner annahm. Er war ein erfahrener Filmemacher und guter Dialogregisseur und hatte bereits eine lange und ehrenvolle Laufbahn als Drehbuchautor hinter sich. Daraus ergaben sich gewisse Reibereien zwischen ihm und Gerhard, der zwar ein großer Wortkünstler, aber weit davon entfernt war, ein durchtriebener Filmautor zu sein. Genaugenommen hatte er bisher nur ein einziges Filmmanuskript geschrieben, *Hennes lilla majestät* (Ihre kleine Majestät, 1925), das jedoch nur eine Überarbeitung seiner gleichnamigen Bühnenkomödie darstellte – und das im übrigen 1939 neu verfilmt wurde, jetzt aber mit einem gewissen Hyltén-Cavallius als Drehbuchautor! Diese filmhistorische Abschweifung soll nur ein neutrales Licht auf die Seitenhiebe werfen, die Gerhard und Hyltén-Cavallius einander in den folgenden Zitaten versetzten.

Mein Regisseur war ein liebenswürdiger und eleganter Gentleman, er lächelte stets, wenn er mit jemand sprach, unter ihm fiel einem das Arbeiten leicht. Er lehrte mich in diesem Filmsommer sehr viel, was mir später in der großen Filmwelt zustatten kam – doch davon ahnte ich im Sommer 1935 ja noch nichts. In einem seiner Bücher hat er unsere Zusammenarbeit geschildert. Ich möchte meinen Lesern ein paar Ausschnitte daraus nicht vorenthalten:

»Zarah entwaffnete mich auf der Stelle mit zwei offenherzigen Äußerungen: ›Schauen Sie mich doch an‹, sagte sie mit ihrer schönen tiefen Altstimme, ›sehe ich nicht aus wie eine Riesendame, die sich am liebsten in ein Mauseloch verkriechen möchte?‹ und ›Im Vertrauen gesagt, bin ich nur eine hochgespielte Revueprimadonna, die nichts kann. Sie müssen mir erst alles beibringen!‹

Ich fand Zarah bezaubernd, sowohl was ihr Ex- als auch ihr Interieur betraf, reell, kameradschaftlich und voller Humor und Selbstironie, und wir machten uns also daran, ihre Filmrolle zu zweit im voraus einzustudieren. Und es stellte sich heraus, daß sie begabt und formbar war wie Wachs – es war ein Vergnügen, mit diesem ein wenig vernachlässigten, aber ursprünglichen Talent zu arbeiten.«

Das Vergnügen war ganz gewiß auch meinerseits. Daß Karl Gerhard weniger erfreut war, steht fest. Wenn mich Hyltén-Cavallius in diesem 1960 geschriebenen Zitat als »vernachlässigtes« Talent bezeichnet, dann ist klar, an welche Adresse dies gerichtet war. Wer sonst als Karl Gerhard hatte dieses Talent während der letzten fünf Jahre betreut oder aber vernachlässigt? Und wie lauten Gerhards Kommentare zu *Äktensklapleken* in seiner stattlichen Buchproduktion? In einem Liederzyklus mit Abbildungen, einem 1950 herausgegebenen Album, das als Karl Gerhards bestes Buch bezeichnet wird, eine vom Autor eingeleitete Auswahl von Liedern, entdeckt man ein Bild, das mit den Liedern nicht das geringste zu tun hat. Die Unterschrift lautet:

»Es gab eine Zeit, da Karl Gerhard und Zarah Leander eine Konstellation von seltener Bühnenattraktion bildeten. Hier (auf dem Bild) sieht man die beiden in Karl Gerhards Villa in Saltsjöbaden. Karl Gerhard schreibt gerade an seiner bisher einzigen Filmkomödie, *Äktenskapsleken,* worin Zarah die Hauptrolle kreierte. Leider und zum Nachteil für alle Beteiligten schrieb der Regisseur Hyltén-Cavallius dieses Manuskript um.«

Trotz vieler guter Voraussetzungen wurde *Äktenskapsleken* nur ein halber Erfolg. Dies gehört zum Verständnis eines Interviews, das die Zeitschrift ›Scenen‹ in ihrer Weihnachtsnummer 1935 veröffentlichte. Ich gebe einen Teil dieses Interviews hier wieder, weil es dazu beiträgt, mir eine Art Gerechtigkeit widerfahren zu lassen. Memoiren zu schreiben heißt schließlich nicht nur, sich in seinen Erfolgen zu suhlen, seine Selbstverherrlichung hinter falscher Bescheidenheit zu verstecken, in harmlosen Zusammenhängen mit Selbstkritik zu kokettieren, billige Punkte mit Selbstironie einzuheimsen . . .

Man kann auch ehrlich wünschen, absolut gerecht gegen sich und andere zu sein. In dem genannten Interview sage ich Dinge, die im Licht dessen, was später geschah, nicht unwesentlich sind:

»Etwas an diesem Film (*Äktenskapsleken*) scheinen alle Kritiker übersehen zu haben, nämlich daß der ganze Film ein Versuch, sozusagen ein Erstlingswerk war. Karl Gerhard hat nie zuvor ein Drehbuch geschrieben (ausgenommen *Hennes lilla majestät*), und abgesehen von meiner kleinen Rolle im Film *Falska millionären* vor ein paar Jahren – worin ich nebenbei bemerkt mit Pauken und Trompeten durchgefallen bin – war diese Rolle für mich tatsächlich ein reines Filmdebüt. (*Dantes mysterier* mit der Hexe wollte ich offenbar um jeden Preis vergessen.) Erst soll man mich doch fünf

Filme machen lassen, dann mag man mit strengen Maßstäben kommen! Der Unterschied zwischen Revue und Film ist größer als ein Laie glaubt.«

Ich finde, ich habe das 1935 gut gesagt. Man spürt meine unverbrüchliche Loyalität Karl Gerhard gegenüber, aber die nüchterne Betrachtung meiner selbst finde ich beachtlich.

»Man lasse mich erst fünf Filme machen!«

Der fünfte Film nach *Äktenskapsleken* war ein Film, der *Heimat* hieß. Seltsamerweise ist *Heimat* derjenige meiner neunzehn Filme, zu dem ich voll und ganz stehe. Für die damalige Zeit war es ein ausgezeichneter Film – und ich war nicht übel!

Ich gehöre nicht zu denen, die verpatzten Dingen eine Träne nachweinen, ich bin froh darüber, in meinem Leben wenigstens *einen* guten Film gemacht zu haben.

Mit mir verheiratet - das muß die...

Zur Zeit der *Lustigen Witwe* kam eines Tages ein junger Mann zu mir, um mich zu interviewen. Der Auftrag machte ihm nicht den geringsten Spaß, um der Wahrheit die Ehre zu geben, verabscheute er ihn sogar. Aber Befehl ist Befehl, das gilt für Reserveleutnants und Journalisten. Der Theaterkritiker vom Dienst war erkrankt, und da man niemand anderen hatte, schickte man Vidar Forsell, es kam also »der Auserwählte«, wie es in alten sinnigen Romanen heißt.

Der Redakteur Forsell hatte durchaus ehrenwerte Versuche unternommen, aus der Kulissenwelt, in der er aufgewachsen war, auszubrechen. Alles, was Theater hieß, hing ihm zum Hals heraus. So wurde der zweite Sohn des berühmten John Forsell, Schwedens Don Juan Nummer eins, Journalist. Aber mit größtmöglichem Abstand von der Feuilletonseite mit ihren Theaterkritiken. Vidar wurde Gerichtsberichterstatter. Ob er in seinem Beruf tüchtig war, konnte ich nicht sagen, ich weiß nur, daß er, wenn er Lust hatte, einen ausgezeichneten Stil schrieb und im übrigen eine Art Phantast mit absurder Phantasie war. Ob diese Eigenschaften einen guten Journalisten ausmachen, entzieht sich meiner Beurteilung.

Er war groß, hatte schöne, intensive Augen und war einer der bestaussehenden Männer, die mir bis dahin begegnet waren. Außerdem war er Leutnant der Reserve, was zu jener Zeit nicht notwendigerweise eine kriegerische Gesinnung voraussetzte. Eher war es eine Statusfrage und berechtigte überdies, bei festlichen Gelegenheiten in flotter Uniform aufzutreten. In Vidars Fall war es auch so etwas wie erbliche Belastung. Die militärische Laufbahn seines Vaters John Forsell hat nicht nur in scherzhaften Zeichnungen und Anek-

doten, sondern auch in der Dichtung ihre Spuren hinterlassen. Alle Schweden kennen die erste Strophe von Evert Taubes »*Den glade bagarn i San Remo*« (Der lustige Bäcker von San Remo), wo es heißt:
Er singt vor dem Ofen sein heit'res Ritornell
so stolz, als wär' er Leutnant John Forsell.

Heute ist John Forsell für gewöhnliche Sterbliche nur ein lustiger und etwas unbegreiflicher Reim auf Ritornell. Aber als Evert Taube sein Lied schrieb, war es ein geistreiches Reimpaar, und der Leser begriff sofort, was für ein Mensch der lustige Bäcker war: ein stattlicher Weiberheld mit der Stimme eines Eroberers.
Redakteur Forsell und ich lunchten zusammen, aber während des Essens kam nichts vor, das einem Interview ähnelte. Vielleicht wollte er sein Versäumnis später wiedergutmachen, denn er sagte:
»Darf ich Sie nach der Vorstellung abholen?«
»Weshalb?«
»Vielleicht können wir tanzen gehen?«
»Gut, kommen Sie!«
Vielleicht wollte er mich ja beim Tanzen interviewen, das wäre jedenfalls originell. Wir gingen in eine erst vor kurzem eröffnete, schicke Bar namens *Embassy Club,* wo sich ganz Stockholm traf.
Wir aßen. Vidar sprach kein Wort.
Wir tranken etwas. Vidar sagte noch immer nichts. Er hatte aber sehr schöne Augen. Plötzlich kam es:
»Wollen Sie mich heiraten?«
»Sind Sie nicht ganz bei Trost? Ich kenne Sie ja überhaupt nicht.«
»Gut. Ich frage nicht noch einmal. Wundern Sie sich aber nicht über das, was geschieht.«
»Warum sollte ich? Was geht mich das denn an?«
Es war ein überrumpelnder Heiratsantrag und hatte etwas von strindbergischer Bizarrerie: »Wollen Sie ein Kind von mir, Fräulein Bosse?« Vielleicht dachten wir beide an diese

verblüffenden Worte, jedenfalls hingen sie dort im *Embassy Club* gleichsam in der Luft. Danach sahen wir uns nicht wieder. Ein Interview erschien nicht in den Zeitungen. Es war eine seltsame Geschichte mit einem wunderlichen Menschen.

Ein paar Tage vor Weihnachten stand Vidar plötzlich vor meiner Garderobe im Konzerthaus. Er war so weiß im Gesicht wie ein Clown, schneeweiß wie sein Frackhemd.

»Was willst du hier?«

»Ich wollte dir vorschlagen, mit mir auszugehen.«

»Hier im Theater habe ich kein Kleid, das zum Frack paßt. Warum hast du überhaupt einen Frack an?«

»Es ist mein Hochzeitstag, ich habe gerade geheiratet . . .!«

Und das war wirklich wahr. Er hatte an diesem Tag geheiratet, vielleicht aus Verzweiflung. An jenem Abend im *Embassy Club* hatte er mir versichert, er werde mir nie wieder einen Heiratsantrag machen. Jetzt wollte er zeigen, daß es ihm damit ernst gewesen war. Und er behielt ja auch recht, denn kurz danach war ich es, die ihm einen Antrag machte, übrigens eine gute Gewohnheit, die ich beibehalten und zur Routine gemacht habe. Irgendwann 1955 in einem Flugzeug auf dem Weg von Europa fragte ich Arne Hülphers:

»Arne, willst du mich heiraten?«

Sie wissen vielleicht auch, was dieser verrückte Kerl antwortete:

»Auf diese Frage warte ich schon jahrelang!«

Männer!

Eines schönen Tages im September 1932, als es vom Himmel nur so schüttete, heirateten wir, Vidar Forsell und ich, in der Engelbrektskirche. Die Schwiegereltern gaben das Hochzeitsessen. Die Hochzeitsreise machten wir nach Berlin, das ich damals zum erstenmal sah. Wir bezogen eine reizende Achtzimmerwohnung am Karlavägen. Vidar adoptierte meine Kinder. Mein bürgerliches Leben sah schmuck und wohlgeordnet aus, mein Berufsleben ebenfalls: seit mehr als einem Jahr war ich die wohlbestallte *leading lady* bei Karl Gerhard. Vidar gab seine Journalistentätigkeit auf und widmete sich mit Geschick, Natürlichkeit und Souveränität seiner neuen Rolle als mein Manager und Impresario. Diese Rolle übernahm er im rechten Augenblick, denn das große Karussell drehte sich schon ganz flott, und Vidar wußte von Kindesbeinen an viel mehr als ich von dem Ränkespiel in der wunderbaren Welt des Theaters. Er hatte gute Augen und konnte das »Kleingedruckte« in den Verträgen sowohl bildlich gesprochen als auch buchstäblich lesen. Jeder weiß, wie schwer es ist, sich selber zu bewerten. Das brauchte ich jetzt nicht, denn Vidar war in Verhandlungen beträchtlich zäher und härter, als ich es je zu sein vermochte. Ich verlor also nichts dabei. Karl Gerhard hat geschrieben: »Sie war Geschäftsfrau, die größte, die ich neben der Mistinguett in der Theaterbranche kenne.« Das ist nicht ganz richtig, denn in Geschäften war Vidar weit geschickter als ich. Er half mir, meine Karriere auf kluger wirtschaftlicher Grundlage aufzubauen, ohne ihn hätte ich das nicht fertiggebracht.

Gleichzeitig war er verschroben und voller verrückter Ideen, man wußte nie, woran man bei ihm war. Fedor Schaljapin gab an der Stockholmer Oper ein Gastspiel in einer seiner Glanzrollen als Mephisto in Gounods Oper *Margarete*. In seiner frühen Jugend war er zusammen mit Maxim Gorki aus irgendeinem ländlichen Nest des gewaltigen Rußland ausgerissen. Jetzt war er der große russische Bassist mit dem weitaus berühmtesten internationalen Namen, und sein Besuch in Stockholm war ein Ereignis. Für Schwiegermutter Gurli, die für Schaljapin und die Creme der Kunst und Gesellschaft ein Diner geben wollte, war die Tischordnung ein verzwicktes Problem. Als Dame des Hauses mußte sie selber natürlich den Ehrengast als Tischherrn haben.

»Aber ich spreche nicht Französisch, und Schaljapin kann kein Englisch, das wird mühsam.«

»Setze doch Zarah an seine Linke«, schlug Vidar da vor, einer seiner typischen unberechenbaren Einfälle, »sie spricht doch fließend Russisch!«

»Oh, wie gut! Das ist ja wunderbar«, rief Schwiegermama glücklich.

Bei Tisch begann Schaljapin sofort, sich mit mir auf russisch zu unterhalten. Ich antwortete mit einem »dada« hier und einem »nitschewo« da, wenn ich es für passend hielt, denn darin bestand mein »fließendes Russisch«. Schaljapins Augen leuchteten auf, mein großer Tischnachbar glaubte wohl, ich verstände ihn. Er plauderte unverdrossen weiter. Mir gegenüber saß der grinsende Vidar, dem ich rachedurstige Blicke zuwarf, was ihn nur noch mehr amüsierte.

Es wurde ein ausgedehntes Festessen. Solange Schaljapin Anekdoten erzählte und über seine Pointen selber lachte, war es noch einfach, man brauchte nur mitzulachen. Doch damit bugsierte ich mich selbst unerbittlich in eine Sackgasse. Einmal mußte sein Vorrat an Geschichtchen und Witzen sich ja erschöpfen, und dann konnte er in einem Anfall von Interesse für andere als für sich selber – für mich zum Beispiel – gar mit Fragen kommen. Dann würde die Seifenblase platzen.

Doch ich hatte Glück, ich hielt aus, bis die Tafel aufgehoben wurde. Bevor ich aber die Schwiegereltern verließ, holte ich meinen letzten Strohhalm hervor.

»Monsieur Schaljapin«, sagte ich, »ja vas ljublju!« Und dann küßte ich den Gewaltigen auf die Wange und entwischte wie eine vergiftete Maus.

Über die Familie Forsell ließen sich Romane schreiben. Schade, daß mir dazu das Talent fehlt. Was für Menschen! Vidars älterer Bruder Jacob ist noch immer einer meiner »Leibmedici«, Björn erbte vom Vater die herrliche Stimme, Anna war mit einem Mann verheiratet, der an einer Austernvergiftung starb, und Loulou, die so vielseitig begabt war – ihr wurde im Tierpark von einem Bären ein Arm abgerissen. Es war schon eine Familie voller Dramatik; Stoff zum Erzählen gab es dort in Hülle und Fülle. Im Mittelpunkt aber müßte unbedingt John Forsell stehen, alles andere wäre undenkbar und falsch.

Er war mein liebster Schwiegervater, wir hatten uns sehr gern. Er war offenherzig und geradeheraus – und hatte ein ziemlich loses Mundwerk. Vielleicht schätzte er es, daß ich nicht bange vor ihm war, weshalb sollte ich es sein? Übertriebene Ehrerbietung und unterwürfiger Respekt bilden keine gute Voraussetzung für menschliche Beziehungen. Und wir hatten eine Beziehung. Wir zankten und kabbelten uns, daß es nur so rauchte. Und wir lachten. Nur ein einziges Mal hat er mich auf der Bühne gesehen, es war in *Eine Frau, die weiß was sie will* in Göteborg 1933. Was er sah und hörte, gefiel ihm, und er hörte sich auch alle meine Platten aufmerksam an. Das meiste war in seinen Ohren wohl nur Kitsch, aber es gab immerhin einiges, was er großartig fand – und er sprach es auch aus:

»Du hast zwar keine Stimme, liebe Zarah, aber was du singst, klingt verdammt gut.«

Ich habe wohl nie eine bessere Zensur bekommen.

Plötzlich verabschiedete sich Vidar Forsell wieder aus meinem Leben. Er verschwindet daraus ebenso schnell, wie er gekommen ist, jedoch nicht ebenso unversehens. Es war bei Kriegsende, der jahrelange Bereitschaftsdienst hatte Tausende von Ehen zermürbt, besonders solche, in denen beide Partner berufstätig waren. Vidar war halbjährig oder länger als Hauptmann eingezogen. Ich arbeitete anfangs halbjährig oder länger in Berlin, und es war ein reiner Glücksfall, wenn meine freien Wochen mit seinem Urlaub zusammenfielen. Nach meiner Heimkehr aber geschahen entscheidende Dinge, die keiner von uns meistern konnte. Unsere Ehe hatte sich überlebt.

Nachdem ich meinen Vertrag mit der Ufa gebrochen und mich auf Lönö zur »Ruhe« gesetzt hatte, hörte Vidars Tätigkeit als mein Manager auf, es gab für ihn einfach nichts mehr zu »managen«, denn ich war arbeitslos.

Statt dessen machte er ehrliche Versuche, umzusatteln und Gutsbesitzer zu werden, doch für diese Rolle fehlte ihm die Begabung. Und außerdem war ich ja auch da. Mir paßte es nicht, in die Ecke gestellt zu werden. Lönö gehörte mir, und was mir gehörte, darüber wollte ich auch bestimmen. Von unser beider Willen war meiner der stärkere.

Vidar konnte auch nicht recht begreifen, wie schrecklich es

für mich war, meine Karriere mit sechsunddreißig Jahren abbrechen zu müssen, ohne eine neue in Aussicht zu haben.

Für viele Schauspielerinnen treten die Wechseljahre des Berufs in der Zeit zwischen dreißig und vierzig ein. Man fühlt sich noch viel zu jung, um auf der Bühne oder im Film Mütterrollen zu übernehmen, ist aber für die jugendliche Naive schon zu alt, selbst wenn man erst jetzt genügend Lebenserfahrung hat, die »Junge« glaubwürdig zu spielen. Von allen Schauspielerinnen, die ich kenne, ist es einzig und allein Inga Tidblad, die noch im Pensionsalter die Illusion jugendlicher Unschuld vermitteln konnte. Wir anderen können es nicht.

In diesen ohnehin heiklen Jahren arbeitslos zu werden – das ist die wahre Katastrophe. Und genau das passierte mir, und Vidar brachte kein Verständnis dafür auf. Ich mache ihm daraus keinen Vorwurf, nur man selber versteht seine Situation wirklich. Doch all dies gehört mit ins Bild. Eines Tages spürte ich: es geht nicht weiter. Viele Lawinen beginnen mit einem unschuldigen kleinen Schneeball. In meinem Leben sind es Bagatellen gewesen, die verheerende Erdrutsche ausgelöst haben. Das habe ich wohl von meinem Papa, der wegen einer Kleinigkeit einen Kachelofen einreißen wollte.

Links ab – Vidar Forsell. Kein anderer betritt die Bühne. Ich bin völlig allein in meiner Einsamkeit. Es geschieht mir recht – und doch bin ich nicht schuld daran.

In letzter Zeit, nachdem ich erfahren habe, daß Vidar tot ist, habe ich oft über das Thema »Prinzgemahl« nachgedacht. Ich glaube nicht, daß ein Mann mit einer Frau glücklich sein kann, die stärker ist als er selber. Wenn er nur mit dem Gedanken spielt »sie kann mehr, sie ist stärker als ich«, dann fängt er an, sich selber zu demoralisieren. Er braucht sich nur ein wenig als der Schwächere zu fühlen, und schon nagt es an ihm, zernagt ihn. In Wirklichkeit braucht er gar nicht weniger stark zu sein als sie, und er geht doch daran zugrunde, denn um zu zerbrechen, reicht es schon, daß ein *Gefühl* der Unterlegenheit einen Keil in sein Selbstvertrauen treibt.

Deshalb glaube ich, daß Prinz Philip oder Prinz Bernhard, um nur ein paar bekannte Namen zu nennen, nur dem Titel nach Prinzgemahle sind. Ich stelle mir vor, daß sie als Menschen ebenso stark sind wie ihre Königinnen. Doch was weiß ich, ich kenne weder sie noch ihre Frauen.

Wenn ich einen Menschen einigermaßen gut kenne, dann ist es wohl Zarah Leander. Über sie kann ich mich sachkundig äußern. Ich weiß, daß ihr jegliche Begabung dafür fehlt, ein Schlinggewächs zu sein, ein lebendes Eichhörnchenfell um den Hals eines Mannes. Vielleicht hätte sie lernen sollen, sich wenigstens so zu benehmen, doch daraus wurde nichts. Sie wuchs in vorwiegend männlicher Umgebung auf. Sie hatte eine robuste Konstitution und einen eisernen Willen und wollte als ebenbürtig betrachtet werden. Sie hat Mannsleute unter den Tisch getrunken und ihnen beim Pokern das Hemd vom Leib gespielt. Freilich ist sie mit ihnen nie handgreiflich geworden, vor allem deshalb, weil sie Gewalttätigkeiten haßt, aber mehr noch, weil sie so schlecht sieht. Aber sie hat mit Männern harte Geschäfte gemacht und ist dabei nur selten übers Ohr gehauen worden. Der Wilde Westen während der Pionierjahre hätte diesem Weibsbild perfekt gepaßt.

Die Tatsache, daß ich von Männern und mit Männern aufgezogen worden bin, hat mir meinen weiblichen erotischen Appetit auf sie nicht verdorben – im Gegenteil! Doch ich verstehe auch, daß es die Hölle sein muß, mit einer solchen Person wie mir verheiratet zu sein.

Vielleicht werde ich im nächsten Leben ein männchenfressendes Spinnenweibchen . . .

Er, der mit dem Hirn fühlte

Man sieht ihn vor sich: 183 Zentimeter rank und schlank, in späteren Jahren ein wenig vornübergebeugt. Um sich zu uns anderen hinabzubeugen? Wegen Herzschmerzen? ... Keiner trägt den Frack, von Schneidermeister Lidvall »gebaut«, so wie er ... Keiner vermag sein linkes Ohr so zu »stählen« wie er, denn auf diesem Ohr ruht seine Krone, der glänzende Zylinder ... Doch bis hinab zu den Füßen reicht sein Interesse nicht immer. Oder aber Göthe Ericssons Zeit nicht, denn Göthe ist es, der dafür sorgt, daß der Chef nicht wie ein Liederjan aussieht. Ein Bewunderer, der sich über die rissigen Lackschuhe seines Idols entsetzte, schickte fünf Kronen unter Blumen versteckt, als Beitrag für neue Schuhe ... Sein Haar wird im ungleichen Kampf mit Jahren und Hüten schütter, doch, solange es gute Friseure gibt, wird es nie richtig grau ...

Das Wichtigste sind immer die Augen und der Blick. Seine Augen müßten eigentlich giftig grün sein, sind aber meergrau, so wie das Meer an einem trüben Tag. Der klare Blick ist nicht der glänzende, prüfende Blick eines Kindes, sondern der Blick eines Mannes, der mit dem Gehirn fühlt. Doch kein Gehirn kann ohne Herz als Dampfmaschine funktionieren, sein Herz ist also doch nicht nur eine medizinische Angelegenheit.

Man hört ihn – und man hört alles, was er sagt, wenn er so tut, als singe er. Und das ist gut so, denn seine Worte verdienen, gehört zu werden. Sie haben eine einzigartig reiche Nuancierung, sie sind nicht als Massenauflage in der Wortfabrik in Form gegossen worden. Jedes einzige ist geschmiedet, geschliffen, geputzt, geschärft – von der Zunge zurechtgeschmiedete Wörter eigener Herstellung. In seinem Lager gab es nur wenige Wörter für Kummer, Sorge, Verzweiflung und überhaupt keine für Jammern und Klagen – vielleicht einige sinnverwandte für Wehmut. Wie alle anderen hat er auch einen Vorrat von Allerweltswörtern: »entzückend« und dann das Lachen »Ö . . . . ö . . . . ö . . . .«. Kein biergrunzendes »Hö – hö – hö«, sondern das »Ö–ö–ö« der feinen Welt, mit einer starken Neigung zu »O–o–o«.

Frauen liebten ihn, und Männer liebten ihn – und er liebte sie alle wieder. Vielleicht war sein Herz beteiligt, wenn es um Liebe ging, ich weiß es nicht, denn bei den letzten, innerlichsten Stunden war ich nie dabei. Ich war nicht sein Frauentyp, und er war nicht der Typ Mann, dem ich gleich ins Bett fiel. Wir hatten ein langwährendes und herzliches, aber völlig unerotisches Verhältnis, es war ein berufsmäßiges, inniges Einvernehmen. Doch ich weiß, daß sich viele, viele junge Menschen in ihn verliebt haben, denn er war ein Mensch, der zu der Art Verliebtheit auffordert, die in Bewunderung wurzelt.

Während unserer unkörperlichen Theaterehe war er zweimal eifersüchtig. Eifersüchtig ist vielleicht das falsche Wort, »eigentumssüchtig« wäre richtiger. Ich war eine teuer erkaufte und kostspielige Nummer in seinen Sammlungen, und er glaubte auch, das Besitzrecht auf meine Gefühle zu haben. Als ich mich dann gefühlsmäßig für andere Männer engagierte, geriet er ins Hintertreffen. Er verabscheute Forsell, und Hülphers mochte er noch weniger leiden. Im übrigen hatte er als stolzer Sammler nichts dagegen, mich woanders »auszustellen«. Er ermunterte mich zu Gastspielen an anderen Theatern, es verschaffte mir günstige Luftveränderung – und heilsames Heimweh. Natürlich sollte der ausgeliehene Gegenstand mit einem unauffälligen Etikett: »Aus Karl Gerhards Sammlung« versehen sein.

Dieser Tage wies jemand darauf hin: »Karl Gerhard war ja sechzehn Jahre älter als du!« Daran habe ich zu seinen Lebzeiten nie gedacht. Als ich 1932 bei ihm im *Vasa-Theater* anfing, war er etwas über vierzig, und ich stand kurz vor mei-

nem fünfundzwanzigsten Geburtstag. Als wir 1956 die letzte
Revue gemeinsam machten, ging ich ins neunundvierzigste
Jahr, folglich war Gerhard fünfundsechzig. In Kalender-
jahren gedacht, scheint es unbegreiflich, doch damals war es
völlig uninteressant. Als Isaac Grünewald seinen Freund Karl
Gerhard als »Histrion« malte, das berühmte Porträt in
Ganzformat mit dem hohen, eingebeulten Hut, da malte er
im Grunde Dorian Grays Porträt.

Ich arbeitete bei Karl Gerhard von 1932 bis 1936. Neunmal-
kluge wissen, daß ich schon im Frühjahr 1930 in einer seiner
Revuen mitwirkte, es war jedoch ein Engagement ohne jegliche Bedeutung – ich hätte ebensogut ein singender Seelöwe
sein können. Meine eigentliche Arbeit begann mit *Tidens
ansikte* (Das Gesicht der Zeit). Zu diesem Gesicht sollte ich
Züge beisteuern, für die Karl Gerhard selber keinen Ausdruck fand: pathetische, sündige, romantische.

Die Vorgeschichte dazu erfordert ein paar Zeilen. Die alten
Freunde Gösta Ekman und Karl Gerhard hatten in der *Lustigen Witwe* zusammengearbeitet: Gerhard hatte sie moder-
nisiert, ich glaube, er hat auch ein paar Szenen eingefügt. Nun
hegten die beiden stolze Pläne. Gemeinsam wollten sie im
Konzerthaus die erste anspruchsvolle, wirklich literarisch-
musikalische Revue unseres Landes herausbringen. Es sollte
sozusagen eine Revue »auf höchstem Niveau« werden. Hilding Rosenberg sollte die Musik schreiben, was schon Qualität garantierte, und Karl Gerhard sollte sich in seinen Texten
durch keine finanziellen Erwägungen beengt fühlen.

Ob es Zufall war oder ein Glied in der Untermauerung dieses
stolzen Revuegedankens, weiß ich nicht, jedenfalls hielt Karl
Gerhard, während die Pläne im Herbst 1931 Gestalt an-
nahmen, einen programmpolitischen Vortrag. Er sprach über
die »Revue als Kunst«, einen Stoff, den er beherrschte und
den er in seinem Kampf gegen die Vergnügungssteuer gern
heranzog. Die Vergnügungssteuer war seiner Meinung nach
eine Unverschämtheit, er sah darin eine persönliche Beleidi-
gung und den plumpen Ausdruck barbarischer Gesinnung.

Die literarisch-musikalische Revue im *Konzerthaus* fand nie statt. Die Leitung sagte nein, denn vor dem Hochaltar Revue spielen, heiße den Musentempel entweihen. »Ja, aber Hilding Rosenberg?« wandte man ein. »Hilft nichts, Revue bleibt Revue, vom Staat als niedere Vergnügungsart im Rang von Schwertschluckern eingestuft.« »Ja, aber *Die lustige Witwe?* Wenn man Rosenberg mit Lehár vergleicht?« »Hilft nichts! Operette ist eine höhere Kunstform, was daraus hervorgeht, daß die Vergnügungssteuer niedriger ist. Egal, ob es sich um gute oder schlechte Operette handelt.«

Und damit basta! Gegen Dünkel der Machthaber kämpfen Götter selbst vergebens.

Statt dessen gab es also die übliche Neujahrsrevue im *Vasa-Theater*, das auf Grund verzwickter Mietverhältnisse zu Ekmans Konzern gehörte. Dort konnte Karl Gerhard seine Theorien von der Revue als Kunstart verwirklichen. Die Musik dazu schrieb aber nicht Hilding Rosenberg, sondern Jules Sylvain zusammen mit anderen. Einige Schlager: »*En doft infrån den fina världen*« (Ein Duft der feinen Welt), »*Kärlekens höga visa*« (Das hohe Lied der Liebe), »*Vi är soldater i samma armé*« (Wir sind Soldaten derselben Armee), »*Gerhard Twins*«, »*Det bundna ordet*« (Das gebundene Wort), »*April, april*« – man kann zu Recht fragen, ob es je eine Revue mit so vielen guten Chansons gegeben hat.

Es wurde ein so elender Jahreswechsel, wie ich ihn noch nie erlebt hatte. Ein paar von uns spielten zur üblichen Zeit Theater, viele wirkten in Neujahrsvorstellungen mit, also konnte die Generalprobe erst nach Mitternacht beginnen. Sie dauerte *acht* Stunden. Die Ballettmädchen fielen vor Müdigkeit wie Fallobst zu Boden. Karl Gerhard weinte vor Zorn und Verzweiflung. Wir anderen heulten vor Ermattung. Nichts war fertig, nichts klappte. Und außerdem waren zu viele Regisseure am Werk, was darauf hinauslief, daß niemand Regie führte. Natürlich sollte Per Lindberg »seine Hand über dem ganzen halten«, aber er verstand nichts von Revue und wurde verhältnismäßig früh ausgebootet. Sandro Malmquist, Valle Dalquist ung Karl Gerhard führten gemeinsam Regie, und das Ergebnis war ein einziges Durcheinander.

Karl Gerhards Anteil an der drohenden Katastrophe war nicht gering. Er machte stets den Fehler, zuviel Material bringen zu wollen, zu lange Sketche, zu viele Strophen in den Chansons. Viele, die mit dem Wort arbeiten, sind in die Kinder ihres Geistes verliebt, und wenn Gerhard gezwungen war, ein paar seiner Strophen zu streichen, kam er sich vor wie ein Abtreiber. Im Radio kann man seine Lieder bis zum vierzehnten Refrain mit Genuß anhören, auf der Bühne aber hat er sich häufig dadurch geschadet, daß er nie aufhören konnte. Dennoch wissen alle, daß ein von der Rampe gesungenes gutes Lied höchstens drei Strophen mit Refrain verträgt, jeder zusätzliche Vers ist wie ein Spatenstich, mit dem sich der Künstler das eigene Grab gräbt.

In der muffigen Dämmerung des Neujahrsmorgens war alles ein einziges Chaos mit Geheul und Gefluche. Plötzlich tauchte Gösta Ekman in der Direktionsloge auf, die ewige Baskenmütze auf dem Kopf. Er hielt eine Ansprache an seine Truppe. Zunächst wandte er sich an die Bühnenarbeiter und Techniker, die sich gegenseitig schon zerfetzt hatten. Danach erweckte er die ohnmächtigen Ballettmädchen zu neuem Leben. Tröstete die in ihre Posaunen schluchzenden Musiker. Flehte uns alle auf Knien an, nicht schlappzumachen. Es gehe um so viel, so wesentliche Dinge ständen auf dem Spiel – nicht nur finanzielle, sondern in erster Linie künstlerische. Es war eine glänzende Rede, Karl XII. hätte sie vor Poltawa halten sollen.

Als Ekman fertig war, war die Bühne besät mit Butterbroten, mit Scheiben restlichen Weihnachtsschinkens, mit Käse, Wurst und Leberpastete. Bierflaschen blinkten. Wir aßen, tranken, schluckten und weinten, und schließlich lachten wir.

Und dann fingen wir wieder von vorn an.

Stockholm erwachte aus dem Rausch der Neujahrsnacht, schüttelte sich das Konfetti aus den Haaren, zog sich an, ging zur Kirche, machte Neujahrsbesuche, lunchte, hielt Mittagsschlaf und hatte vor, abends zur Revuepremiere ins *Vasa-Theater* zu gehen. Und Stockholm konnte wirklich zur Premiere gehen, denn wir wiederholten die Hauptprobe zwischen

9 und 15 Uhr, gingen nach Hause, tobten und kreischten vor Hysterie, nahmen ein Beruhigungsbad und ließen die Premiere abrollen, als sei nichts geschehen. Nie zuvor habe ich das Mirakel Theater so intensiv erlebt wie an diesem Schrekkenstag: ein katastrophales Fiasko verwandelte sich in strahlenden Erfolg – dank der unergründlichen Loyalität der Theaterleute zu ihrem Beruf, dank ihres zutiefst unerschütterlichen Stehvermögens jenseits aller Tränen und Nervenzusammenbrüche.

»Vielleicht die amüsanteste Karl-Gerhard-Revue«, schrieb ein Kritiker. Amüsant vielleicht deshalb, weil sie unter Heulen und Zähneklappern zustande gekommen war.

Was wollte Karl Gerhard denn eigentlich von dir als Künstlerin? hat man mich gefragt. Vielleicht wußte er es selber nicht. Zu Beginn unserer Zusammenarbeit verhielt er sich sehr abwartend, ich spürte nichts von seiner behutsamen Führung und hatte keine Ahnung, in welche Richtung er mich überhaupt zu führen gedachte. Die Frage ist, ob es überhaupt eine Führung gab, ich glaube, sie setzte erst nach einer guten Weile ein.

Wenn Gerhard auf der Bühne war, stand ich immer in den Kulissen, und diese Gewohnheit behielt ich all die Jahre bei. Ich lernte, mich blitzschnell umzuziehen, nur um keine seiner Nummern zu versäumen. Karl Gerhard war nicht gerade der Bescheidendste, die besten Stücke behielt er selber – und warum auch nicht? Was er daraus machte, war phänomenal. Seine Diktion. Seine Art, eine Pointe zu servieren. Seine fast schlüpfrige Art, einen Satz zu entblößen. Seine trockene Knappheit.

Diese Knappheit war ein intelligenter Schachzug. Karl Gerhard war ein erfahrener Darsteller, alles andere als ein vitaler Komödiant. Sicherlich besaß er jegliche nur wünschenswerte szenische Phantasie, aber ihm fehlten die Gestaltungsmittel. So machte er aus der Not eine Tugend: er nahm zurück, schränkte ein, überzog lieber eine Pause als eine Geste, die er nicht beherrschte. Das war gekonnt, war meisterhaft. Das Einsparen, die Beschränkung kann man nicht nachahmen, dachte ich, das wäre ja wie Falschsingen. Knappheit liegt mir nicht. Aber die Diktion! Die Dialogtechnik. Karl Gerhard entdeckte mich bald auf meinem Beobachterposten und fragte lachend:

»Zarah, warum stehst du denn Abend für Abend in den Kulissen?«

»Ich lerne.«

Wer steht am nächsten Abend, als ich meinen Abgang habe, an derselben Stelle?

»Und warum stehen Sie, Karl Gerhard, den ganzen Abend in den Kulissen?«

»Ich studiere!«

Man beachte die wichtige Nuancierung zwischen »lernen« und »studieren«. Ein guter Lehrer hört niemals auf, sich selber und andere zu studieren. Gerhard hatte wohl entdeckt, daß ich ein der Bearbeitung und Veredlung werter Rohstoff war. Die Pygmalion-Idee war in ihm aufgetaucht und sollte lange in seinem Gehirn hängenbleiben.

Mit der Zeit brachte er mir so gut wie alles bei, was ich kann. So gut wie alles – außer der Musik, denn er war nicht sonderlich musikalisch und besaß wenig Gefühl für Rhythmus. Er hörte mit der Nase! Doch, das ist wahr! Er hatte nämlich eine gute Nase für zugkräftige Musik, die zu seinen Texten paßte, und er liebte Musik. Gern erzählte er von sich, daß er für die Musikhändler von Paris auf seiner Jagd nach geeigneten Coupletmelodien eine Pest und Plage gewesen sei. Bisweilen schrieb er unter dem Decknamen Kaj Stighammar die Melodien auf eigene Faust, denn er kannte alle Einzelheiten seines Berufs und wußte, wie man eine Melodie macht. Wie stets war es auch hier der Verstand, die Intelligenz, das Gehirn, das arbeitete.

Er nahm sich sogar die Zeit, mich auch ohne erhobenen Zeigefinger für das Gesellschaftsleben auszubilden, wir waren ja fast ständig beisammen. Anfangs hielt er mich wohl nur gerade für stubenrein, gezeigt hat er es freilich nie. Zu seiner Erziehungsmethode gehörte es, so zu tun, als hätte ich ebensoviel gelesen, gesehen und gehört wie er. Er sprach von

Anatole France, Noel Coward, Spinoza oder Breughel, als seien es seine vertrauten Kumpels, denn er war ein sehr belesener und literarisch gebildeter Mann. Man machte gute Miene – und ging später in die Bibliothek oder schlug im Konversationslexikon nach. Auch das Publikum behandelte er betreffs Kultur und Wissen als ebenbürtig. Er setzte einen »Bildungsrahmen« voraus, den das Revuepublikum der dreißiger Jahre keineswegs besaß. Aber auch die Leute im Parkett ließen sich nichts anmerken, lachten häufig an der richtigen Stelle, und schlugen zu Hause im Konversationslexikon nach. Um mich zu schulen, lud er mich zusammen mit der vornehmen Gesellschaft bei sich ein, und ich lernte sehr schnell, daß Schweigen das Wichtigste war. Hat man nicht etwas zu sagen, das genau ins Schwarze trifft, hält man besser den Mund. Das Risiko dabei ist, daß man dann für fad und langweilig gehalten wird, aber dieses Risiko wird durch die Chance aufgewogen, durch das Schweigen interessant oder gar unergründlich zu wirken. Wer die Kraft zum Schweigen hat, macht den Schwätzer unsicher.

Also schwieg ich bei Karl Gerhard, hörte zu und lernte. Einmal aber mußte ich doch nach einer Etikettenfrage Erkundigungen einziehen. Ein exklusives Essen mit Alma Söderhjelm, Wenner-Grens und anderen »feinen« Leuten sollte stattfinden. Ich kam früh – wie es seit jeher meine Gewohnheit gewesen ist, überpünktlich zu sein –, vielleicht half ich der alten Maria ein wenig in der Küche, jedenfalls hatte ich Zeit genug, den mit edlem Porzellan und schwerem Silber gedeckten Tisch zu inspizieren. Für das Dessert hatte man sowohl Löffel als auch Gabeln bereitgelegt.

»Jetzt muß ich aber was fragen: zu Hause essen wir den Nachtisch immer mit dem Löffel. Was soll man mit der Gabel machen?«

»Man wartet ab und sieht verstohlen auf die anderen Gäste«, sagte Gerhard, »man schielt zu denen hin, von denen man annimmt, sie wissen es.«

»Ja, aber wenn es keiner weiß, wenn jeder auf jeden schielt, wenn niemand anzufangen wagt?«

»Dann nimmt man die Gabel, das ist nie falsch.«

»Also weißt du es auch nicht?«

»Ich? Tja ... hm ... öh ...«

Da packte mich der Argwohn: vielleicht weiß überhaupt kein Mensch, wozu die Gabel da ist, wenn nicht einmal Karl Gerhard es weiß? Vielleicht hat man jahrzehntelang eine extra Gabel zum Dessert hingelegt, ohne zu wissen, warum? War die Gabel bloß so eine Art Blinddarm? Ein Anhängsel, dessen Zweck niemand kennt? In den fünfundsechzig Jahren meines Lebens habe ich jedenfalls niemanden getroffen, der es wirklich gewußt hätte. Damals gab ich jedenfalls keinen Deut für Karl Gerhards zweifelhaften Rat, und auch heute noch esse ich den Nachtisch mit dem Löffel, egal, was passiert.

Karl Gerhard hat selber sein Verlangen bekannt, das Leben stets zu einem Fest zu machen, diese Lust lag in seiner Natur und begleitete ihn im Beruf. Der Sommer, als wir Haus an Haus am Norr Mälarstrand wohnten, war eine Zeit, in der sich die Feste aneinanderreihten wie Perlen auf einer Schnur. Wir waren eine wunderbare Clique, die den ganzen Sommer lang ununterbrochen feierte, bald hier, bald da. Einladungen gab es nie, abends fragte man im Theater:

»Und wo gehen wir heute hin?«

»Zu mir.«

»Zu dir.«

Tag für Tag hatte Mutter Mathilda den gleichen Kummer wegen meiner hausfraulichen Unbekümmertheit:

»Kommt Karl Gerhard heute abend?«

»Weiß ich nicht, Mama.«

»Aber *ich* muß es wissen. Ich muß doch was zu essen kaufen. Ich kann doch nicht immer nur Fleischklößchen und Anchovisgratin anbieten, wenn ein Herr wie Karl Gerhard kommt!«

»Das ist doch nicht so wichtig, Mama!«

»Sag das nicht! Für mich ist es wichtig, für eine richtige Hausfrau ist so etwas wichtig.«

Im Nachbarhaus fand der gleiche Dialog zwischen Karl Gerhard und seiner Maria statt. Aber Essen hin, Essen her, wir hatten einen Heidenspaß. Wir aßen irgend etwas aus der

Speisekammer, wir tranken, was vorhanden war – Karl Gerhard trank nur Champagner, nie etwas anderes. Erst in späteren Jahren ging er auf ärztlichen Rat und der Herzkranzgefäße wegen auf Whisky über. Wir aßen, tranken und tanzten zu Grammophonmusik.

So vergnügt und ausgelassen, wie wir damals waren, waren wir nie wieder. Dieser Sommer war unwiederholbar. Jeder Versuch, unsere damalige Stimmung und unsere Einfälle zu beschreiben, ist vergeblich, nur wer selber die hitzigen Vergnügungen der dreißiger Jahre, während derer sich alles Elend der Welt und der Zorn des Himmels gleich einer Gewitterwand am Horizont auftürmten, miterlebt hat, weiß, wovon ich spreche.

Vielleicht war unsere Clique ausgelassener, frecher, verrückter als andere – wie soll ich das wissen? Dazu gehörten jedenfalls die besten und die meisten aller gescheiten, witzigen, boshaften und munteren Komödianten: Tollie Zellman, Valle Dalquist, Carl Hagman, Eric Abrahamson, Jules Sylvain, Eric Gustafson – was für ein Klüngel! Eine Sammlung schöner Juwelen.

»Mit der Zeit brachte er mir so gut wie alles bei, was ich kann«, habe ich auf einer der vorhergehenden Seiten geschrieben. Im Grunde aber gab mir Karl Gerhard nie auch nur die kleinste Regieanweisung oder persönliche Instruktion. Er selber schreibt irgendwo, daß es mir leichtgefallen sei, mich der Regie zu fügen. Welcher Regie? Wenn es eine gab, dann war es nur die des Vorbilds, nie zwang er mir seine Auffassung auf, indem er sagte: »Tu das ... und das!« Statt dessen konnte er mir nachdenklich zusehen und kommentieren: »Gut so, Zarah, aber schraub ein bißchen zurück, ja vielleicht ... doch nicht auf Kosten der Intensität!« Seine persönlichen Anleitungen lagen indirekt in den bildenden und bereichernden Gesprächen, die wir häufig miteinander führten und die er anregte und lenkte.

Nie hob er die Stimme. Nie verwandte er Zeigefinger oder Peitsche. Mir gegenüber war er nachgiebiger, als es ein Vater sein kann, und seine Erziehungsmethoden waren höchst fort-

schrittlich: man läßt das Kind so lange gewähren, bis es hin-
purzelt und sich das Näschen stößt. Dann reicht man ihm
eine helfende Hand und ein Pflaster. Er handelte psycholo-
gisch klug, denn es ist ja eine alte Weisheit, daß man aus den
Erfahrungen anderer nichts lernt, sondern nur aus den eigenen Dummheiten.

Ein einziges Mal während unserer fünf gemeinsamen intensiven, von Arbeit und Freude erfüllten Jahre zeigte er doch,
was für ein ausgezeichneter Regisseur er sein konnte, wenn
er nur wollte und es für nötig hielt. Er war auf die Idee
gekommen, ein paar leere Wochen damit auszufüllen, das
arbeitslose Revue-Ensemble im alten *Volkstheater* in Göteborg eine französische Boulevardkomödie spielen zu lassen.

»Ohne mich! Das kann ich nicht. Und das will ich auch
nicht!«

»Du wirst«, sagte Gerhard, »und du kannst!«

Ich habe mich immer gesträubt und widersetzt, wenn man
mir etwas Neues und Ungewohntes vorgeschlagen hat. Diesmal aber tat ich es mit einer gewissen Berechtigung. Allein
der Gedanke, drei Stunden lang auf der Bühne stehen zu müssen, ohne ein Lied auch nur summen zu dürfen, ohne ein Lied
als Rettungsanker, war einfach grauslich. *Die Schule der
Kokotten* ist eine Variation des Pygmalion-Themas. Eine
junge Pariser Schlampe wird drei Akte hindurch in der harten
Schule der Erotik geformt, zunächst zur Dame von Welt und
danach zur Mätresse auf höchster gesellschaftlicher Ebene –
man kann auch der Auffassung sein, daß es mit dieser Ginette
bergab geht, daß sie immer tiefer sinkt . . .

Ihr Lehrmeister ist ein alter herabgekommener Graf, Karl
Gerhard selber spielte den Grafen Stanislaus de la Ferronière,
Emy Hagman war die Freundin der zukünftigen Edelkokotte,
und die Liebhaber meiner drei Akte waren Gustaf Wally,
Ernst Brunman und Benkt-Åke Benktsson. Das Los der Be-
rufsliebe ist schwer, hier wird sie, wie ersichtlich, mit jedem
Akt schwerer. Fast wörtlich erinnere ich mich an Karl Ger-
hards Instruktionen, die weniger dem Spiel galten als dem
Wort und der Stimme.

»Im ersten Akt darfst du nicht mit deiner gewöhnlichen Stimme sprechen, sondern höher, nicht im Falsett, aber ziemlich hoch. Du darfst kreischen und benimmst dich ungehobelt und schlecht. Aber lieben mußt du!

Im zweiten Akt bist du halbwegs am Ziel. Beinahe eine feine Dame, aber nicht ganz. Geradezu auffallend salonfähig, doch in Ausdrücken und Gesten mit dem einen oder anderen wirkungsvollen Tritt ins Fettnäpfchen. Du kannst fast mit deiner eigenen Stimme sprechen. Und es wird weitergeliebt.

Aber im dritten Akt, da nimmst du die Stimme zurück, da bist du die große Dame. Überdehnst die Pausen, so lange du kannst. Jetzt beherrscht du die Salons und den Fleischmarkt. Jetzt weißt du alles über Etikette und guten Ton, oder eher schlechten Ton. Liebe, wenn du kannst . . .«

Das war einfach, effektiv und zeitigte ein Resultat, das ich schamhaft verschweige. Es war Karl Gerhards Verdienst.

Als Chef war Karl Gerhard der unvergleichlich beste, den ich jemals gehabt habe. Er hatte es nicht nötig, den Chef herauszukehren, er besaß angeborene Autorität, die durch die langsam reifende Freundschaft – privat und im Theater – nicht erschüttert werden konnte. Sie äußerte sich selten in Worten und Taten, sondern in einem ganzen Katalog von Blicken:

»Ich sehe, wie es mit dir steht, du bist traurig, Zarah. Aber ich sage nichts, Worte können so plump sein.«

»Ich sehe es dir an, daß du erkennst, wie schwer ich es habe, aber nichts sagen willst. Ich sage auch nichts, es reicht, daß wir beide es wissen.«

»Wir beide wissen, daß wir wissen. Und wir wissen miteinander zu schweigen.«

Er drängte sich nie auf, sondern übte seinen starken Einfluß mit dem für ihn so bezeichnenden behutsamen Takt aus. Und das gab einem die Zuversicht, daß man sich ihm, wenn es wirklich darauf ankam, ruhig anvertrauen konnte. Er würde einen nie im Stich lassen. Doch so weit kam es fast nie. Es war schon Geborgenheit genug, zu wissen, daß man bei ihm geborgen war. Selten entsteht gerade dort eine Feuersbrunst, wo der Feuerlöscher hängt.

Ich weiß, daß viele Jüngere Karl Gerhard für knauserig hielten und daß er seinen Rechnungsführer Gösta Larsson dafür den Buhmann spielen ließ. Ich kann nicht beurteilen, was daran wahr ist, wenn es stimmt, dann muß es nach meiner Zeit gewesen sein. Gegen mich war er alles andere als geizig: er war großzügig und fürsorglich. Kein anderer Chef hat je freiwillig mehr gezahlt, als wozu er vertraglich verpflichtet gewesen wäre. Karl Gerhard aber überraschte mich dreimal mit einem *Soulagement,* wie er es nannte. Ich erhielt eine Prämie, weil er fand, ich sei in der Schule tüchtig gewesen. Einmal bekam ich sogar eine große Summe. Ein andermal lud er mich zu einer Theaterreise nach Paris und London ein. Also von Geiz keine Spur! Jedenfalls damals nicht.

Man munkelt, daß er Ein-Öre-Stücke zählte ... Doch was andere tuscheln, brauche ich nicht zu wiederholen. Wenn er zu meiner Zeit Ein-Öre-Stücke zählte, dann vielleicht deshalb, um meine todschicken Toiletten bezahlen zu können. Sie wurden stets bei Pelle Ljunggren und Kurt Jakobsson in *Nordiska Kompaniets* französischer Abteilung genäht, von diesen hervorragenden Künstlern der Kreide und der Schere. Eine einzige Kreation konnte 7000, 8000, ja 9000 Kronen kosten, und Gerhard seufzte nicht einmal. Ihm machte es wohl Spaß, mich anzuziehen und herauszuputzen, denn ich verstand es, große Toiletten zu tragen – eine Kunst für sich. Er war es auch, der mir und Generationen von Künstlern nach mir eingeschärft hat, es sei eine Todsünde, außerhalb der Bühne im Bühnenkostüm zu *sitzen*. Nie und nimmer, mit welcher Begründung auch immer. Konnte man nicht mehr aufrecht stehen, dann konnte man sich allenfalls irgendwo anlehnen. Manchmal hatte ich so böse Schmerzen in meinem ewig schmerzenden Knie, daß ich einfach nicht stehen konnte. Aber ich stand.

Nur dann, wenn irgendeine gedankenlose Schauspielerin sich in einem kostbaren Theaterkostüm hinsetzte, konnte man ihn mit erhobener Stimme sprechen hören. Sich nie im Kostüm zu setzen, sofern es die Rolle nicht ausdrücklich vorschreibt, ist nicht nur altfränkische Chefdespotie, sondern reine Vernunftsache. Ein Bühnenkostüm muß noch nach hundert Abenden genauso frisch und neu wirken wie am Premierenabend, schließlich bezahlt das Publikum Abend für Abend den gleichen Eintrittspreis und hat somit das Recht, am letzten Abend das gleiche zu fordern wie am ersten. Waschen und Plätten macht kein Kleidungsstück besser, auch nicht die Bühnengarderobe. Das ist unabänderlich. Berufliches Können und Theaterroutine erweisen sich nicht nur auf der Bühne, sondern auch hinter den Kulissen: nur Amateure sitzen, während sie auf ihren Auftritt warten!

Karl Gerhards angeborene Autorität erlaubte es ihm, sich bei der Ausübung seiner Chefrolle einer eleganten, fast angenehmen Technik zu bedienen. Kurz vor der Ouvertüre kommt der Kapellmeister, Gösta Alenius, zu mir und erzählt mir ganz zerknirscht, daß einer der Musiker, wir wollen ihn Lindström nennen, so betrunken sei, daß er nicht spielen könne.

»Was mach ich bloß, Zarah? Gerhard wage ich es nicht zu sagen, denn er ist schon aufgeregt genug wegen seiner neuen Texte.«

»Vielleicht merkt er nichts, wenn er so nervös ist. Setz doch Lindström irgendwohin, wo er nicht zu sehen und zu hören ist und man seine Fahne nicht merkt!«

Und so geschah es. Die Vorstellung verlief großartig, das Orchester spielte wie nie zuvor. Natürlich hört ein musikalischer Mensch, wenn eine Stimme fehlt. Aber vielleicht hatte Gerhard nichts gemerkt? Der Kapellmeister wurde nach dem Finale zum Chef gerufen.

»Herr Alenius, mein Kompliment, heute hat das Orchester hervorragend gespielt. Ein herrlicher Klang . . . Ich verstehe das nicht recht. Gibt es irgendeine Änderung im Orchester?«

»Nein, eigentlich nicht«, stammelte der Kapellmeister. »Es war nur . . . ja Herr Lindström war etwas unpäßlich und konnte nicht spielen . . .«

»Ach, war Herr Lindström nicht dabei? Soso . . . Jaa . . . Es klang ja trotzdem hervorragend. Ich finde, wir behalten diese Besetzung bei, in Zukunft also ohne Herrn Lindström.«

Er sah und hörte alles, dieser Fuchs.

Zufälligkeiten können sich zu Gewohnheiten und Riten entwickeln, das ist oft so beim Theater. Zwischen 1933 und 1936 betrat Karl Gerhard die Bühne nur, wenn ich ihm seine weiße Frackschleife gebunden hatte. Es begann durch Zufall in *Oss greker emellan* (Unter uns Griechen). Gerhards Arbeitskostüm war ein Frack, darüber trug er, wenn nötig, andere Kleidungsstücke, in diesem Fall eine wallende Toga. Doch die Schleife mußte gebunden werden. Er stand vor dem Spiegel und zerrte an der Fliege, doch es ging nicht.

»Ich werde verrückt, ich kriege die Fliege nicht hin!«

»Kauf dir doch eine gelötete wie alle andern. Vom Parkett aus ist das doch nicht zu sehen.«

»Eine gemauerte Fliege! Nie im Leben! Ist eines Gentlemans unwürdig. Kommt nicht in Frage. Kannst du mir nicht helfen?«

Die Episode wurde zu einer ritenähnlichen Gewohnheit, uns beiden hätte etwas gefehlt, wenn wir sie übersprungen hätten. Im Knüpfen von Frackschleifen habe ich jedenfalls Übung.

Was aber wollte er mit mir als Künstlerin?

Um diese Frage bin ich wie um den heißen Brei herumgeschlichen, vielleicht deshalb, weil ich sie nicht beantworten kann. Ich weiß nicht, was er vorhatte, damals verriet er nie irgendwelche Absichten. Doch durch Nachdenken wird vielleicht trotz allem einiges klar.

Tiefe Gefühle, starke Leidenschaften konnte Karl Gerhard auf der Bühne nicht ausdrücken, das wußte er selber. Und falls er es konnte, dann wollte er es nicht. Seine Erfahrung und sein sehr klarer Verstand sagten ihm aber, daß das Theater und nicht zuletzt die Revue die ganze Gefühlsskala von Kummer über Zorn und Haß bis zur Freude widerzuspiegeln habe. Das Publikum mußte weinen, sich erregen, lachen. Bei mir fand er einiges von dem, was ihm selber fehlte, meiner Meinung nach bestätigte er das in einem seiner Bücher: »Am überzeugendsten war sie, wenn sie Gefühlen Ausdruck verlieh. Ihr Ton war nie so echt wie dann, wenn sie Schmerz und Kummer darstellte. Gerade in der ernsten Situation fiel es ihr leicht, den schlichten, wahren Ton zu finden.«

Das ist sehr gut gesagt, und das Beste daran ist, daß es wohl auch wahr ist. Mag man von Karl Gerhard sagen, was man will, ein schlechtes Herz hatte er, aber der Verstand war ausgezeichnet.

Was ihm fehlte, war meine Stärke. Wir ergänzten einander. Sonderbarer war es nicht.

Und wir mochten einander. Auch das ist nicht weiter sonderbar, aber recht wichtig. Es *war* wichtiger als ich ahnen konnte.

Drittes Buch
1936-1943

Die Glasveranda in Grinzing

»Auf Holz klopfen!« ist eine Redensart, die wir Theaterleute als Beschwörung verwenden, freilich ohne den winzigsten Splitter von Christi Kreuz zu besitzen, den man berühren könnte. Der Ausdruck stammt aus der Zeit, als man noch an die Kraft von Reliquien glaubte. Hatte man keine Reliquie aus Holz, konnte man auch an eine hölzerne Wand klopfen. Heute baut man Theater aus Beton; es bleibt einem also nichts anderes übrig, als sich an die Stirn zu fassen, an den eigenen Holzkopf zu klopfen.

Holz ist feuergefährlich. Das ist ja auch der Grund, weshalb Theater selbst hierzulande nicht mehr aus diesem Material gebaut werden. Die Brandgefahr verhindert auch den Bau von intimeren Räumlichkeiten mit mehreren Rängen, wo sich Publikum und Schauspieler nahe kommen. Doch Holz ist auch ein akustisch lebendiges Material. In alter Zeit konnten sich Schauspieler auch ohne Mikrophone und Verstärker gut Gehör verschaffen. Einerseits konnten sie selber *sprechen,* andererseits war das Theater ein Resonanzboden, der keine einzige Schwingung eines Tons oder Seufzers verlorengehen ließ. Das Theater war wie ein gewaltiges Cello.

Das neue pompöse *Folkan* – das Theater am Östermalmstorg – wurde Neujahr 1936 mit Karl Gerhards auswendiger Revue *Köpmännen i Nordens Venedig* (Die Kaufleute im Venedig des Nordens) eingeweiht. Alles war großartig, es gab nur ein kleines Aber: das Publikum konnte nichts hören! Wir auf der Bühne hatten das Gefühl, als agierten wir in der Markthalle von Östermalmstorg. Die Akustik war nicht nur niederschmetternd schlecht, sie war überhaupt nicht vorhanden. Den ganzen Winter und das Frühjahr über liefen geschäf-

III

tige Sachverständige im Theater umher und kosteten Geld. Der eine hängte irgendwelche Dinge an die Wände, der andere riß sie wieder herunter und hängte andere auf. Schließlich kam man zu dem Ergebnis, die Akustik sei eigentlich ausgezeichnet – es durften sich nur keine Menschen im Zuschauerraum befinden.

In meiner Garderobe aber war die Akustik nicht schlecht, sie war sogar so gut, daß ich hören konnte, was ich dachte. Es waren wirre Gedanken, unausgegorene, die meisten völlig nutzlos: »Warum habe ich damals nicht so gehandelt statt so?« Zugrunde aber lag ein konstruktiver Gedanke, wenn er mir damals auch recht verzweifelt vorkam:

»Jetzt habe ich in einem Dutzend Revuen, Operetten und Lustspielen gespielt. Ich hab dies und das und jenes gesungen. Soll es bis in alle Ewigkeit so weitergehen? Muß ich immer auf Liebe eingestellt sein, eine Madame de Pompadour? Soll ich bis zu meinem Tode wiederkäuen, daß jede Frau ein Rätsel, das ganze Leben eine heitere Operette, die Liebe jeden Tag neu ist? Das ist ja gar nicht wahr! Die Liebe ist durchaus nicht wie dunkelroter Burgunder, außer in ihren schönsten Augenblicken. Sie ist wie Magermilch, die man täglich trinkt. Um nicht dick zu werden. Für die Liebe. Oder fürs Theater. Und das Theater? Nach sieben Jahren schmeckt es wie zum siebentenmal aus dem gleichen Satz aufgebrühter Kaffee!« Und ich weinte.

Mitten in meine Verzagtheit und die Kaffeelurche hinein platzte Edvard Persson. Wir kannten einander nicht besonders gut, wir arbeiteten zum erstenmal in einer Revue zusammen. Weil er sah, daß ich traurig war, fragte er nach dem Grund.

»Ich weiß nicht, was mit mir ist«, klagte ich. »Ich sitze fest. Ich habe das Gefühl, daß ich auf der Stelle trete, daß ich nichts kann.« Und dann vergoß ich wieder ein paar Tränen.

»Wein doch nicht, Kindchen«, sagte Edvard und streichelte mir die Wange. »So ist es nun mal! Immer wieder hat ein Künstler das Gefühl: ›Ich sitze fest.‹ Aber das löst sich. Das renkt sich alles ein. Es geschieht immer etwas Neues. Und du mit deinem Talent – du wirst es noch weit bringen, weit in der Welt herumkommen. Glaub mir!«

Ich glaubte ihm nicht.

Das hoffnungslose Weinen saß in mir, denn ich wußte, daß ich etwas anderes tun wollte, was es aber war, das wußte ich nicht. Da lag der Grund für meine Verzweiflung, die Verzweiflung vieler: Nicht das hier, sondern etwas anderes, aber nicht etwas X-Beliebiges, sondern . . . Ja? Sondern was?

Im Sommer fuhren wir nach Kopenhagen, eine Stadt, die sich auf dem Weg über das Theater nicht leicht erobern läßt. Durch Gösta Ekman und *Die lustige Witwe* hatte ich dort schon einen Fuß zwischen Tür und Schwelle gezwängt, und Karl Gerhard hatte durch Reinfälle, Hartnäckigkeit und gute Freunde einen exklusiven Teil des Publikums gewonnen. Wir gastierten dort, es ging gut, und wir waren bester Stimmung. Karl Gerhard, Vidar und ich waren zum Lunch bei einem Bühnenverleger und verdarben uns durch allzu gutes Essen sowohl Figur als auch Moral. Als wir noch bei den Vorgerichten waren, kam ein Ferngespräch aus Karlsbad.

Es war Max Hansen, der mich sprechen wollte. Ich kannte ihn nur aus der unbeschwerten, vergnüglichen Zeit am Norr Mälarstrand, wo er hin und wieder in unserer Clique aufgetaucht war. Jetzt sagte Max in seinem skandinavischen Mischmasch:

»Guten Tag, Zarah. Kannst du deutsch sprechen?«

»Doch, kann ich. Wieso?«

»Also dann sprechen wir deutsch, ein bißchen.«

»Bitte schön, was ist los?«

»Möchtest du in Wien mit mir im Herbst eine Rolle in einer neuen Operette von Ralph Benatzky spielen, *Axel an der Himmelstür*?«

»Was für ein Axel?«

»Die Operette heißt so: *Axel an der Himmelstür*. Hast du Lust?«

»Ja–a«, sagte ich auf schwedisch-dänisch-deutsch.

»Gut«, antwortete Max. »Kannst du im August hierher nach Karlsbad zu den Proben kommen?«

»Ich komme.«

Max Hansen war ein Däne, der in jungen Jahren nach Deutschland gegangen war, wo man ihn wegen seines wunderbaren Tenors »den kleinen Caruso« nannte. Wir kannten uns, waren gute Freunde, und als er mir anbot, nach Wien zu gehen, bedurfte es nicht längerer Überlegungen. Ich bin nie ängstlich gewesen, etwas Neues zu beginnen – und mit Max Hansen in der Nähe schon gar nicht. Er war ein großartiger Künstler, der auf enorme Erfolge in zahlreichen Operetten zurückblicken konnte – und zugleich ein rührender, hilfsbereiter Mensch. Mitten bei einem Happen hausgemachter Leberpastete fragte Karl Gerhard nun, was passiert sei, ich sähe so komisch aus. Ich erzählte.

»Was sind denn das für Dummheiten«, sagte Gerhard. »Du hast mit Max nicht länger als drei Minuten telephoniert. Du weißt nichts über das Stück. Du weißt nichts über die Rolle. Habt ihr über die Gage gesprochen? Wie kann man bloß!«

»Ich begreife es selber nicht. Ich hatte nur das Gefühl, daß ich es tun muß. Nein, von Geld war nicht die Rede.«

Vidar wurde wütend, und Gerhard versuchte einzulenken: »Na ja, schließlich sind es Benatzky und Max Hansen. Was Besseres ist so leicht nicht aufzutreiben. Aber trotzdem . . . Es ist ungeheuer riskant. Ein Engagement für eine Operette am *Theater an der Wien* – per Telephon anzunehmen!«

Man könnte meinen, ich lege es mir nachträglich zurecht, wenn ich sage: So ist es stets in entscheidenden Augenblicken meines Lebens zugegangen. Als ich die Anzeige in ›Östergötlands Dagblad‹ sah, daß Ernst Rolf im Oktober 1929 in Norrköping gastieren werde . . . Als ich mich entschloß, 1958 ein Bühnen-Comeback in *Madame Scandaleuse* zu machen . . . Als ich ohne Bedenken Max Hansens telephonisches Angebot annahm . . .

Ehe ich überhaupt zur nüchternen Überlegung komme, macht es bei mir im Gehirn »knack«. Es klingt, als knacke man eine taube Haselnuß auf. Man mag es Intuition nennen, oder auch anders. Jedenfalls geht es so zu. In anderen Fällen aber geht es durchaus nicht so zu, denn unsere Eigenheiten wechseln.

Ich fuhr nach Karlsbad, um mich einer Reihe verblüffter Personen vorzustellen: Benatzky, Paul Morgan – dem Autor und Regisseur, Artur Hellmer – dem neuen Chef des alten Theaters.

Ralph Benatzky hatte nicht nur die Musik zum *Weißen Rössl,* sondern auch zur Operette *Axel an der Himmelstür* geschrieben, für die Max Hansen mich gewonnen hatte. Benatzky hatte daneben hunderttausend Takte Unterhaltungs- und Filmmusik komponiert, unter anderem auch zu meinem ersten deutschen Film, *Zu neuen Ufern,* mit den zu Evergreens gewordenen Titeln wie *»Ich hab' eine tiefe Sehnsucht in mir«, »Ich steh' im Regen«* und *»Yes, Sir«.* Auch die Texte stammten von Benatzky. Er war ein vornehmer Mann, vor dem alle, die mit ihm zu tun hatten, große Achtung hatten. Und das mit Recht, denn er beherrschte sein Metier perfekt.

Als ich ihm in Karlsbad vorgestellt wurde, sagte er zu mir: »Ich habe diese Lieder für Sie geschrieben, singen Sie sie mir doch bitte einmal vor.« Es handelte sich um ein paar typisch wienerische Lieder mit Tralala und Jodeltönen. Das war nicht gerade mein Fall. »Die kann ich leider nicht singen«, entgegnete ich ihm. »Können Sie wenigstens Noten lesen?« fragte er daraufhin. »Das schon, aber diese Lieder kann ich trotzdem nicht singen.« – »Was haben Sie denn für eine Stimme? Ich setze mich an den Flügel, und Sie singen bitte die Tonleiter.«

Ich sang, brach dann aber ab und sagte: »Höher kann ich nicht mehr, dafür aber tiefer, viel tiefer, bis zum Baßbereich.«

Da schlug Benatzky den Deckel des Flügels zu, sah mich verblüfft an und sagte: »Ich werde erst einmal nach Hause gehen und völlig neue Lieder schreiben, ganz speziell für Sie, denn Sie sind der erste Kontraalt, dem ich in meinem Leben begegnet bin.«

Nicht Alt, sondern Kontraalt, hatte er gesagt. Seitdem regt es mich immer ungeheuer auf, wenn Journalisten – aus welchem Land auch immer – über meine *Baß*stimme schreiben. Wenn ein *Baß* meine Stimme hätte, brauchte er sich erst gar nicht auf die Bühne zu wagen – er hätte keinen Erfolg.

Nach jener unvergeßlichen Begegnung hat Benatzky für mich die Lieder geschrieben, die dann große Erfolge wurden: *»Ich bin ein Star«*, *»Gebundene Hände«* und viele andere mehr.

Ich unterschrieb den Vertrag mit 64 Schilling Gage (32 Reichsmark) täglich. Natürlich war es idiotisch und grenzenlos naiv, doch mein Manager Vidar war nicht dabei, und außerdem ist es fraglich, ob er etwas hätte ändern können. Ich war es nämlich nicht allein, die damals *va banque* spielte. Das *Theater an der Wien* nahm mit einer völlig unbekannten Revuesängerin aus Stockholm gleichfalls ein großes Risiko auf sich.

Schließlich war dieses Theater kein x-beliebiges. Es hatte seine glänzende Ära bereits 1800 begonnen. 1805 fand dort die Uraufführung von Beethovens einziger Oper, *Fidelio,* statt, und genau 100 Jahre später wurde dort Franz Lehárs *Lustige Witwe* zum erstenmal aufgeführt – um nur ein paar markante Ereignisse und Meilensteine aus der ruhmreichen Vergangenheit des *Theaters an der Wien* zu nennen. Ich konnte es mich schon ein paar Scheine kosten lassen, wenn ich dadurch die Möglichkeit zu einem Start im Ausland bekam – man konnte ja nie wissen, wohin es führen würde. Das Risiko mußte eingegangen werden. Und vielleicht war es diese Chance, der ich in meiner Garderobe im *Folkan* nachgeweint hatte.

Als die Proben in Wien begannen, kam Vidar in unserem stolzen La Salle, einem mit Film- und Schallplattengagen gekauften Auto für Primadonnen. Für 18 Schilling pro Tag mieteten wir eine Glasveranda in Grinzing, einschließlich Frühstück für uns beide und mit Grammophonbenutzung. Wenn ich Glasveranda sage, meine ich wirklich eine Glasveranda. Wir mieteten das obere Stockwerk einer Villa, und diese Wohnung bestand vorwiegend aus der Glasveranda, wo wir nun unser Privatleben mit kostenloser Aussicht verbrachten. Wenn ich Freunden oder Bekannten erzähle, daß wir in einer »Glasveranda« gewohnt haben, scheint man mir nicht immer so recht glauben zu wollen. »Sie, die große Zarah Leander, haben in einer so bescheidenen Bude gehaust? Das ist doch unvorstellbar!« Bescheiden hin, bescheiden her: Wir wohnten dafür im traumschönen Grinzing. Ich erinnere mich gern an diese Zeit, und manchmal denke ich mit Sehnsucht an Grinzing, an Wien, an Österreich – es war herrlich dort.

Dabei habe ich gar nicht einmal viel von Wien und seinen Schönheiten gesehen. Wir Künstler werden oft beneidet, weil wir so viel in der Welt herumkommen.

Unsere Welt besteht aber doch – man möge es mir glauben – oft nur aus der Bühne, dem Atelier und dem Hotel. Wir wandern von einem Theater zum anderen und haben nur selten Zeit und Muße, das Besondere und die Attraktionen der Städte und Länder zu bewundern, in denen wir gastieren. Ich stimme aus vollem Herzen einer schwedischen Künstlerin zu, die nach dem Abschluß ihrer Karriere einem Journalisten auf die Frage, was sie nun für Pläne habe, antwortete: »Ich möchte reisen, und zwar in so viele Länder wie möglich.« – »Reisen? Aber Sie sind doch Ihr ganzes Leben lang unterwegs gewesen?« – »Unterwegs schon, aber nur von Hotel zu Hotel. Ich habe immer nur ›aus dem Koffer gelebt‹. Jetzt will ich endlich etwas von der Welt sehen.«

So ist es mir selbst mein halbes Leben lang ergangen.

Für die restliche Notdurft des Lebens in Wien blieben uns also 46 Schilling. Armut erfordert unerbittlich regelmäßige Gewohnheiten. Sie bildeten sich bei uns schnell heraus: ich lunchte jeden Tag mit Max Hansen. Die Mahlzeit bestand aus einer Tasse Schokolade mit Schlagobers sowie zwei Schinkenbrötchen, niemals etwas anderem. Vidar aß mittags nichts. Abends schlugen wir beide uns dann im Ratskeller den Wanst voll und teilten eine Flasche billigen Wein. Das noch verbleibende Geld verschlang unser Kleinod in Form von Benzin. Wollten wir eine längere Autotour machen, mußten wir eine Mahlzeit überspringen. Oder umgekehrt. Unsere einzigen Kleidungsstücke waren die, die wir am Leib trugen.

Folglich ist die alte Anekdote über Richard Tauber und seinen Ball wirklich wahr. Tauber war damals, wie alle älteren

Musikfans wissen, Europas wohl populärster Tenor. Er war nicht nur ein großartiger Künstler, er war auch ungemein beliebt und mehr als »prominent«. Er lud Vidar und mich zu seinem Herbstball ein. Auf der Einladungskarte war Gala-toilette vorgeschrieben – wobei als selbstverständlich voraus-gesetzt wurde, daß man in eigener Garderobe erschien. Wir hätten uns nicht einmal entsprechende Kleidung leihen kön-nen, dazu reichte das Geld nicht. Ich rief bei Richard Tauber an und sprach mit seinem Sekretär:

»Mein Name ist Zarah Leander. Herr Tauber hat meinen Mann und mich freundlicherweise zu seinem Ball eingeladen. Leider können wir nicht kommen, denn wir haben keine Abendgarderobe.«

»Madame belieben zu scherzen, ich werde es jedoch ausrich-ten.«

Er tat es so gründlich, daß die Geschichte am nächsten Tag in den Zeitungen stand. Und Wien tanzte und lächelte über den höchst seltsamen neuen Star aus Stockholm, der nicht nur eine Bühnensensation war, sondern sich auch privat sehr originell zeigte.

Aber noch waren wir erst im August, und ich war am *Theater an der Wien* alles andere als eine Sensation, eher schon so etwas wie eine Katastrophe. Wir probten intensiv, und ich arbeitete sehr an meinem Deutsch. Seit den Jahren in Riga sprach ich es zwar ziemlich fließend, aber auf deutsch Theater zu spielen – das war etwas ganz anderes. Ja, ich weiß nicht, ob ich, die ich Proben so verabscheue, je wieder in meinem Leben eine so lange und mühsame Plackerei freiwillig auf mich genommen habe.

Das Ensemble bestand aus einem Weltstar – Max Hansen, einer großen Unbekannten – das war ich, ferner einem recht bekannten Mann – Paul Morgan, Mitautor des Lustspiels, Regisseur und dazu Filmdirektor im Stück. Die übrigen waren fähige und versierte Komödianten. Am lebhaftesten erinnere ich mich an ein blutjunges, theaterbesessenes Ding aus Villach in Kärnten, das in dem Stück die farbige Garderobiere spielte. Ich schätzte sie aus zweierlei Gründen. Erstens jodelte sie nie, und zweitens ehrte sie mich dadurch, daß sie mich zu später nächtlicher Stunde im Kabarett am Naschmarkt ganz reizend parodierte. Sie hieß Heidemarie Hatheyer und war erst achtzehn Jahre jung, aber schon damals eine vielversprechende Begabung.

Öffentlich imitiert oder parodiert zu werden, mag zwar in gewissen Fällen als niederträchtig empfunden werden, aber große Aufmerksamkeit wird einem damit immer erwiesen. Sogar Politiker, die ja selten supergescheit sind, sehen ein, wie nützlich es ist, durch Imitationen und Karikaturen verhöhnt zu werden. Eine »öffentliche Person«, die die herzlosesten Parodien nicht mit schlecht verhohlenem Entzücken genießt, hat ihren Beruf verfehlt. Es lohnt sich nämlich nur das Parodieren einer dünnen Schicht bekannter Personen. Alle, das gesamte Publikum, müssen das Opfer kennen, sonst verpufft die Wirkung. Gösta Ekman hat es einmal treffend ausgedrückt, obgleich ich glaube, daß der Ausspruch älter ist als Ekman: »Was die Leute über mich schreiben, ist mir egal, Hauptsache, sie buchstabieren den Namen richtig!«

Zu den Gewohnheiten, die ich mir in den Jahren mit Karl Gerhard zugelegt habe, gehört auch die Technik, sich auf Proben nie zu verausgaben, sondern nur zu markieren. Gerhard selbst ging mit einem dicken Schal um den Hals nur murmelnd umher, und vor der Generalprobe wußte eigentlich kein Mensch, was er auf der Bühne überhaupt zu suchen hatte. Natürlich ist diese Technik außerordentlich egozentrisch. Möglicherweise kann sie sich ein Revuedirektor gestatten. Jeder andere, der sich in einem Ensemble diese Unart erlaubt, sollte auf der Stelle an die Luft gesetzt werden.

Auch ich hätte es verdient, denn ich hatte mir dieses »Markieren« des Meisters angewöhnt, weil es mir ausgezeichnet in den Kram paßte: ich will mir die Frische eines Liedes, eines Textes stets aufsparen, bis ich ein Publikum habe. Ich selber riskiere dabei nicht viel, denn das Lernen von Texten fällt mir leicht, und ich habe ein ausgezeichnetes Gedächtnis. Aber es ist rücksichtslos den Kollegen gegenüber. Dumm, scheu und ein wenig hochmütig murmelte ich mich also durch die

Proben am *Theater an der Wien* hindurch. Daß sie mich damals nicht totschlugen! Daß der Regisseur das durchgehen ließ! Vielleicht ist diese Tatsache noch erstaunlicher als meine eigene Begriffsstutzigkeit. Allmählich überfiel das ganze Ensemble Mißstimmung und schleichendes Unbehagen, und im Sekretariat soll die Theaterleitung wütende Verwünschungen ausgestoßen haben. »Hat denn diese verschrobene Schwedin, die hier in Hausschuhen und Männerkleidung – Marlene aus Karlstad, bei Gott! – und dunkler Brille umherlatscht, nicht mehr zu bieten? Was hast Du uns denn da angedreht, Max? Das gibt doch eine Katastrophe, einen entsetzlichen Reinfall!«

Im *Theater an der Wien* gab man eine ganze Reihe von Generalproben vor geladenem Publikum. Wie viele es waren, weiß ich nicht mehr genau, erinnere mich aber sehr gut an die Nacht vor der ersten öffentlichen Probe in Maske und Kostüm. An diesem Abend rief Max Hansen in unserer Glasveranda an:

»Zarah, was jetzt kommt, ist gemein, aber ich muß es dir sagen! Ich habe stundenlang mit Dr. Benatzky und Direktor Hellmer zusammengehockt und geredet, und wir sind uns einig. Wir riskieren lieber einen Skandal mit einem Vertragsbruch als einen Durchfall bei der Premiere. Wenn du dich morgen nicht ins Zeug legst und richtig auf die Tube drückst, fliegst du. Wir haben eine Tschechin, Lily von Hatvany, die hat die ganze Zeit über in den Kulissen gestanden und kann deine Rolle perfekt. Sie ist bereit, einzuspringen. Zarah ... heute mußt du es ihnen zeigen!«

Endlich begriff ich. Und schämte mich so, daß ich von Kopf bis Fuß blutrot wurde. Wie hatte ich nur so töricht sein können? Wie hatte ich mir einbilden können, daß ich mit Diva-Allüren von Stockholm nach Wien kommen konnte? Und vor allem: wie hatte ich nur so unkollegial sein können? Alle waren entweder außer sich vor Angst oder schon völlig apathisch, sie konnten ja nicht wissen, daß ich schon recht lange dahintergekommen war, wer der Superstar namens Gloria Mills in *Axel an der Himmelstür* sein sollte. Greta

Garbo natürlich. Sie hatte Modell gestanden. Und ich wußte noch mehr: nämlich, wie sie aussehen, wie sie sprechen und singen und wie sie sich jeweils zu benehmen hatte: genau wie Zarah Leander! Eine deutschsprechende Zarah Leander.

Ich hatte nie vorgehabt, andere über meine Begabung oder mein Können hinters Licht zu führen, am wenigsten meine Kollegen. Ich hatte mich nur zurückgehalten, an dem gespart, wovon ich so völlig abhängig bin: dem Einswerden mit der Rolle. Technik und Kniffe, Routine und Tricks sind mit der Zeit gekommen, Einfühlungsvermögen aber habe ich von Anfang an besessen. Ohne diese Gabe hätte ich noch immer auf dem Plumpsklo des Pfarrhofs in Risinge gesessen und mir selber etwas vorgesungen.

Gloria Mills' erster Auftritt ist geschickt geschrieben, gut vorbereitet und wurde durch die Ausstattung überdies wirkungsvoll unterstützt. Auf dieser Generalprobe am *Theater an der Wien* spürte ich, daß die Situation im Stück und die Stimmung im Theater beklemmend genau übereinstimmten.

In einem Filmatelier der Filmstadt Hollywood sind eine Menge Menschen versammelt, Direktoren, Produzenten, Regisseure und andere Filmbonzen. Die Atmosphäre ist gespannt, man schwankt zwischen Furcht und Zorn. Gloria macht Schwierigkeiten, ist bockig und in einer verteufelten Laune. Der höchste Filmboß (Paul Morgan) poltert los:

»Wer wagt mir zu widersprechen? Niemand, natürlich! Niemand!«

In diesem Augenblick soll Gloria Mills die Tür aufreißen, vor die versammelten Herren treten und mit Donnerstimme rufen:

»Doch! Ich!«

Und das tat sie – endlich, nach monatelangem Gemurmel und Gebibbere. Es hätte nicht viel gefehlt, und ich hätte die Klinke aus der Tür gerissen, gleichzeitig holte ich Luft bis hinunter zu den Eierstöcken, marschierte ins Scheinwerferlicht und brüllte:

»Doch!!! (Pause) ICH!!!«

Diese himmlischen Ach- und Ich-Laute der deutschen Sprache! Ich lutschte förmlich daran wie an einem Sahnebonbon. Meine Vorliebe für Konsonanten war schon immer groß, diesmal aber berauschte ich mich daran. Ich machte eine frechere Pause, als ich es nach Mut und Können eigentlich hätte wagen dürfen, starrte jedem einzelnen der Reihe nach stur in die Augen, machte einen Schritt vorwärts, dann noch einen – und die Menge wich staunend zurück wie die Wellen des Roten Meeres vor Moses. Das Ensemble hatte einen Schock bekommen, es erkannte mich nicht wieder: zum erstenmal trat ich in voller Kriegsausrüstung auf mit einem Dekolleté bis unterhalb des Nabels, mit flammender Mähne und grüner Schminke – dick wie Senf – auf den Lidern. »Marlene aus Karlstad« hatte eine Metamorphose erfahren, deren sich Ovid nicht hätte zu schämen brauchen.

Mit weitausholenden Schritten trat ich an die Rampe und sang aus voller Kehle das Lied, mit dem ich noch immer alle Konzerte im Ausland einleite: »*Ich bin ein Star, ein großer Star mit allen Launen!*« Es ist nicht gerade das Lied eines Mauerblümchens, enthält aber eine gute Portion Wahrheit...

Nach diesen ersten fünf Minuten von *Axel an der Himmelstür* herrschten eitel Frieden und Freude im *Theater an der Wien,* sowohl auf der Bühne als auch beim Publikum. Max Hansen hat von dem folgenden Abend berichtet, als 1500 sachkundige und musikalisch anspruchsvolle Leute im Parkett saßen. Es war die Presse, Leute von der Bühne und aus dem Musikleben und im übrigen die ganze Wiener Hautevolée:

»Zarah sang mit einer Stimme, die bis in den hintersten Winkel des Zuschauerraums drang. Ich stand in der Kulisse und beobachtete sie und das Publikum. Die Menschen horchten auf, setzten sich kerzengerade in ihren Sesseln zurecht. Was war denn das? Eine Primadonna, die kein Sopran war, nicht einmal ein Alt? Die ersten fünf Minuten waren ein einziges allgemeines Abwarten, aber allmählich begann man, miteinander zu flüstern, zu nicken und vielsagende Blicke auszutauschen. Bald hatte Zarah ihr Publikum völlig besiegt – man begriff, daß dies etwas Ungewöhnliches und Wertvolles war, und vor allem, daß dort eine Künstlerin auf der Bühne stand.«

Vielen Dank für die Worte, Mäxchen, sie sind mir lieb und wert und von der Art, wie man sie selber nicht vorbringt, wie man sie nicht einmal zu denken wagt, aus Aberglauben – toi, toi, toi!

An diesem Abend konnte ich zur Glasveranda heimfahren und den sanften Schlaf des ermatteten Gewissens schlafen. Wäre ich jetzt, wo ich alles hergegeben hatte, gescheitert, dann hätte ich nach Schweden zurückkehren und mich in Sack und Asche hüllen können.

Max Hansen war an Lebensjahren zwar nur zehn Jahre älter als ich, hatte mir aber dreißig Bühnenjahre voraus. Alle wissen, daß er der »kleine Caruso« war, ehe er das große »Mäxchen« wurde. Er hatte eine reizende Stimme und beherrschte dazu alle Tricks eines Clowns, er war ein Tausendsassa. Wenn ihm danach war, zauberte er Kniffe und Gags ohne Ende hervor, und man hatte alle Mühe, sich von ihm nicht an die Wand spielen zu lassen. Ich hatte jedoch eine Geheimwaffe – falls er zu weit ging.

In Filmen hat man mir oft eine Grube geschaufelt und mich hineingestellt, damit ich in Liebesszenen meine Partner nicht allzusehr überragte. Wurde im Atelier gedreht, wo man ja keine Gruben ausheben konnte, legte man Bohlen aus, auf denen der Held neben mir einherschreiten konnte. Im Theater aber gibt es keinen anderen Graben als den Orchestergraben, und bisher hat noch niemand von mir verlangt, von dort unten her zu singen.

Max war stets bemüht, größer zu wirken, als er war. Die Bühnenbilder waren bis in die kleinste Einzelheit so berechnet, daß er neben der Walküre aus dem Norden nicht wie ein Zwerg aussah: ich spielte meistens im Sitzen – und er stand aufrecht und wirkte stattlich. Wenn ich unbedingt aufstehen oder ein paar Schritte gehen mußte – sofort huschte Max wie ein Wiesel auf eine Treppe. Ich drohte ihm niemals, doch er spürte es instinktiv, daß ich meine Geheimwaffe anwenden würde, falls er mir meine Pointen allzu frech stahl: Ich würde mich vor ihm in voller Größe aufrichten. Das zu riskieren wagte er nie.

Doch beim Verneigen konnten wir das Publikum nicht länger bluffen. Max Hansen aber löste auch dieses Problem und erhielt dafür Extrabeifall. Eines Abends kletterte er auf einen Schemel und küßte mich unter dem grenzenlosen Jubel des Publikums auf die Stirn. Eine Zeitung schrieb: »Das nächstemal wünscht man sich für die Leander einen Partner, der ihr weiter reicht als bis ›an die Himmelstür‹ . . .«

War es in Wien nicht wunderbar, damals vor dem Krieg? War es nicht ein tolles Leben? fragte man mich zu Hause in Schweden. Darauf kann ich ja und nein antworten. Was damals wunderbar war, ist längst vorbei: ich konnte in der Stadt herumschlendern, inkognito in Geschäfte und Konditoreien gehen, wurde in Frieden gelassen. Die Kehrseite aber war, daß wir uns in den Geschäften oder Konditoreien nichts kaufen konnten, weil wir kein Geld hatten. Erst als das Geld von meiner ersten ausländischen Grammophonplatte hereinzuträufeln begann, und das dauerte einige Monate, wurde es anders.

Auch ein Film sollte in Wien gedreht werden.

»Tja«, meinte mein Manager Vidar, »das lohnt doch kaum die Mühe. Sie zahlen viel zu schlecht.«

»Aber wir machen im Vertrag eine Zusatzklausel: Sie beide dürfen während Ihres Aufenthalts in Wien auf unsere Kosten ein Luxusappartement im *Hotel Imperial* bewohnen. Na, wie wär's?«

Die Glasveranda gegen ein Appartement in Wiens elegantestem Hotel zu tauschen, paßte uns ausgezeichnet. Die Filmgesellschaft hieß bedeutsamerweise *Gloria-Film,* der Film hatte den vieldeutigen Titel *Premiere* und war vielleicht nicht so übel. Es war ein Kriminalfilm im Luxusrevuemilieu mit einem Mord im Theater während einer Premiere. Das Ganze war ebenso kostspielig inszeniert, als hätte man es in Hollywood gemacht. Innerhalb von vierzehn Tagen peitschten wir meine Szenen durch (ich war die Primadonna der Revue), denn ich wollte Weihnachten nach Haus zu Kindern, Tannenbaum und Weihnachtsschinken. Am Heiligabend kamen wir gerade zu dem in Schweden traditionellen Stockfisch und Reisbrei im Haus des Schwiegervaters zurecht. Die Torte hatten wir bei Sacher gekauft.

Man suchte eine Garbo

Als ich am 15. März 1957 meinen fünfzigsten Geburtstag feierte, schrieb man hier und da in den Zeitungen ein paar Zeilen, nicht zuletzt in den deutschen. Zwei dieser Zitate bewahre ich in fröhlicher Erinnerung:

»Auch die Leander hat im Grunde nie verschiedene Rollen, sondern nur verschiedene Toiletten gespielt . . .«

»Wenn sie sang, vergaß der kleine Mann, daß er im Grunde auf dem Pulverfaß des Krieges saß . . .«

Was in dem ersten Zitat behauptet wird, ist völlig korrekt. Ich habe nie in die Seele, die Gedanken und Gefühle eines anderen Menschen kriechen können. Im Film und auf der Bühne habe ich stets nur eine einzige Rolle gespielt, in vielerlei Kostümierung und wechselndem Milieu: die Rolle der Zarah Leander. Entsprach die Rolle in irgendeiner Weise einem Teil meines Ichs, spielte ich sie passabel, versuchte ich aber, den Rahmen meines eigenen Ichs zu sprengen, fühlte ich mich auf verlorenem Posten, alles schien falsch und unmöglich. Das Ergebnis war dementsprechend. Ich habe es bereits gesagt: eine Schauspielerin bin ich nie gewesen, und ich habe nie vorgegeben, eine zu sein – manchmal freilich konnte man meinen, daß das, was ich getan habe, der Schauspielkunst täuschend ähnlich war. Wer so dachte, hat mich nie in voller Freiheit am heimischen Herd erlebt. Da ist alles vorhanden – alles ohne Ausnahme. Doch bisweilen beherrsche ich mich . . .

Meine Schwäche als Schauspielerin ist meine Stärke als Sängerin. Auch in meinen Liedern habe ich stets versucht, ich selber zu sein. Das heißt, ich habe den Inhalt jeder einzigen Strophe *erlebt,* gleichgültig, ob es ein schlichtes, reines Volkslied oder eine trübe und schwülstige Liebesschnulze gewesen ist. Bitteschön, man darf mir gern schlechten Geschmack vorwerfen, aber niemand darf behaupten, daß ich nicht echt bin. »So bin ich und so bleibe ich«, heißt es in dem nicht unbekannten »*Yes, Sir!*« Ich bin, wie ich bin . . .

Ich selber sehe meine Filme am liebsten als Vorwand für meine Lieder. Deshalb glaube ich auch dem Kritiker so gern, der den zweiten Ausspruch formuliert hat. Ich hoffe, daß es die Musik und die Lieder waren, die das Publikum in meine Filme lockte.

Sollte es etwas anderes gewesen sein, würde mich das wirklich bedrücken: so viele Millionen Menschen können unmöglich ein so schlechtes Urteilsvermögen gehabt haben, daß sie die Filme (abgesehen von einigen wenigen) schätzten. Es wäre eine trostlose Vorstellung.

Wenn man seine Erinnerungen ausgräbt und darüber nachdenkt, wie das Schicksal gespielt hat, damit gerade sie meine Erinnerungen wurden, kann man sich mit gutem Grund verdutzt fragen: »Ist das nicht seltsam? Daß ausgerechnet ich der ›Star von Babelsberg‹ werden sollte? Es kann nur ein Glücksfall gewesen sein.«

Die Voraussetzungen waren nicht sonderlich gut. Namen und Ruf hatte ich durch die Bühne bekommen; meine Filmversuche waren nicht vielversprechend. In Schweden zwei Reinfälle und eine recht anständige Leistung. In Österreich ein Film mit der Note ›ausreichend‹ oder meinetwegen auch ›genügend‹. Doch davon konnte man in Berlin nichts wissen. Als ich meinen Kontrakt mit der Ufa unterschrieb, war der österreichische Film *Premiere* nämlich noch gar nicht gedreht worden.

Man kaufte praktisch die Katze im Sack.

Irgendwo ist einmal geschrieben worden, die beiden größten deutschen Filmgesellschaften, die Ufa und die Tobis, hätten von mir Probeaufnahmen gesehen, die man vor den Dreharbeiten zu *Premiere* gemacht hatte. Solche Probeaufnahmen gehören zwar zur Routine, ich kann mir jedoch kaum vorstellen, daß Filmproduzenten verschiedener Länder und konkurrierender Gesellschaften sich ihre Entdeckungen gegenseitig zeigen. Wie es sich nun in meinem Fall verhielt, weiß ich nicht, und es ist schließlich auch egal.

Interessanter und einleuchtender ist eine andere Mitteilung, die ich gleichfalls weder bestätigen noch dementieren kann. Danach soll der junge und wendige Lorens Marmstedt, der den schwedischen Film *Äktenskapsleken* (Ehereigen) 1935 produziert hatte, daraus einen kleinen Vorführungsstreifen zurechtgeschnitten und verschiedenen ausländischen Filmgesellschaften zugeschickt haben, wohl nicht so sehr meinetwegen, sondern als Werbung für den Film. Lorens Marmstedt war bereits frühzeitig auf internationale Zusammenarbeit aus. Wer weiß.

Eins ist jedoch klar: die Wiener Uraufführung einer Operette von Benatzky findet ihr Echo in Berlin, zumal dann, wenn die Welturaufführung ein Bombenerfolg ist. Und die Kritiken sprachen notwendigerweise von dieser eigenartigen Schwedin in der Hauptrolle, die in dieser Operette Greta Garbo parodierte. Die eine Assoziation löste die andere ab, und die Talentjäger machten sich auf zur Treibjagd nach Wien.

Damals und noch Jahrzehnte später war man auf der Suche nach einer Garbo. Einer neuen Garbo. Einer deutschen Garbo. Einer Garbo, die lachen konnte. Einer Garbo, die sang. Einer männlichen Garbo. Einer weiblichen Garbo (falls man sich das vorstellen konnte). Einer rothaarigen Garbo, obwohl der Farbfilm noch in den Kinderschuhen steckte.

Die ganze Filmwelt hatte einen Garbo-Komplex, und die deutsche Filmwelt obendrein noch einen Hollywood-Komplex. Und dieser Komplex war nicht geringer geworden, nachdem die einzige Europäerin von Format mit einem gut Teil der Anziehungskraft, dem Reiz und der Ausstrahlung einer Garbo der Ufa zugunsten der USA den Rücken gekehrt hatte. Sie hieß Marlene Dietrich. Diese Jagd der Talentjäger war nicht frei von einem gewissen Rachegelüst.

In unserer Glasveranda in Grinzing geschahen nun wunderliche Dinge. Es konnte passieren, daß wir uns bei Krabbenfleisch und einer halben Flasche Wein Briefe vorlasen, die in Los Angeles, Paris und London abgestempelt waren. Die

Situation war närrisch: wir hatten nicht das Geld, in ein Restaurant zu gehen, warfen uns in unserer Armut aber sechsziffrige Gagen an den Kopf. »Nein!« beteuerten wir. »Nicht Hollywood. Jedenfalls jetzt nicht. *Skål* – kein schlechter Wein für 4 Schilling, was?«

Den Briefen auf vornehmem Firmenpapier mit bekannten Namen wie Pathé, Metro-Goldwyn-Meyer, Ufa folgten manchmal Besuche eleganter Herren in meiner Garderobe. Dieser Betrieb war uns neu, er zwang uns jedoch zur Stellungnahme und sogenannten reiflichen Überlegungen.

Das Allerwichtigste war: meine Arbeit durfte mich nicht allzuweit von zu Hause, das heißt von Schweden und den Kindern, entfernen. Bereits nach vierzehn Tagen in Wien setzte mir das Heimweh zu, und das ging auch ständig so weiter. Lieber London als Hollywood, lieber Berlin als London – das war unser Gedanke.

Dann das Zweitwichtigste: nicht noch einmal wollte ich ohne angemessenem Anteil am Gewinn für Theater- und Filmdirektoren die Goldgrube spielen. Abend für Abend leuchtete vor dem *Theater an der Wien* die rote Leuchtschrift »Ausverkauft«. Das bedeutete 1500 verkaufte Karten und schätzungsweise 12 500 Schilling in klingender Münze für die Direktion. Von diesen 12 500 durften Vidar und ich uns 64 teilen! All right, das war meine eigene Schuld. Aber noch einmal wollte ich nicht so dumm sein. Am 15. Dezember ging mein Vertrag mit Direktor Hellmer zu Ende. Er bot mir die zehnfache Gage und eine Luxusvilla, falls ich verlängerte. »Nein, vielen Dank«, sagte ich freundlich, aber bestimmt. »Es ist in vieler Hinsicht eine phantastische Zeit gewesen, unter anderem habe ich acht Kilo abgenommen. Aber ich bleibe nicht einmal für sechstausend pro Abend.«

Zu der Zeit hatte ich meinen Vertrag mit der Ufa bereits in der Tasche, nach vielem interessantem Hin und Her unterschrieb ich ihn in den letzten Oktobertagen.

In Nachschlagewerken über Film findet man im allgemeinen etwa folgendes: Froelich, Carl (1875–1953), Professor, Film-

regisseur. Dann folgt die Aufzählung einer Reihe von Film-
titeln, und danach liest man: Brachte Zarah Leander im
deutschen Film heraus.

In gewisser Weise entspricht es der Wahrheit, denn von allen
Filmleuten, die mich in Wien aufsuchten, war Professor Froelich der erste. Sein Name war in allen Kreisen angesehen, er
war ein Regisseur der alten Schule, einer der wenigen, die
noch aus der großen deutschen Filmzeit der zwanziger Jahre
stammten. Mir erschien es als große Liebenswürdigkeit, daß
er mich sowohl vom Parkett aus als auch aus der Nähe in
Augenschein nehmen wollte. Wir hatten in der Garderobe
eine angenehme Unterhaltung, etwas Bestimmtes wurde nicht
abgesprochen, aber er nahm den Eindruck mit, daß ich nicht
abgeneigt war, in Berlin zu filmen. Und daß dies keine billige
Angelegenheit werden würde.

Der nächste Abgesandte aus Berlin war ungefähr nur halb
so alt wie Carl Froelich, aber wenn möglich noch einfluß-
reicher. Er hieß Hans Weidemann, war 32 Jahre alt und
Vizepräsident der »Reichsfilmkammer«, der Behörde, der die
gesamte Filmproduktion unterstand und durch die Joseph
Goebbels die von ihm am meisten geliebte Kunstart mit noch
nicht allzu harter Faust regierte. Mit Weidemann gediehen
die Verhandlungen so weit, daß er vorschlagsweise eine Ab-
machung skizzierte, einen Mustervertrag, der weiteren kon-
kreten Diskussionen als Grundlage dienen konnte. Es war
nicht Hans Weidemanns Aufgabe oder die der Reichsfilmkammer, mich zu engagieren, *so* weit war die Zentralisierung
des deutschen Films noch nicht gediehen. Weidemanns Besuch hatte jedoch einen eindeutig offiziellen Anstrich, bei
seiner Heimkehr konnte er zu den Produzenten sagen: »Bitteschön, engagiert Frau Leander, wenn ihr wollt. Ich sehe es
gern, ihr habt den Segen der Filmkammer.«

Daß man sich in Berlin um mich prügelte, möchte ich nicht
behaupten. Es kamen weder Eiltelegramme noch Blitzge-
spräche. Man hat mir erzählt, daß auch die Tobis Erwägungen angestellt habe, aber zu dem Schluß gekommen sei, ich
sei allzu kompakt, meine Stimme zu tief und ich insgesamt zu

befremdlich, als daß man ernstlich interessiert sei. Schon gar nicht, da meine durch Hans Weidemann bekanntgewordenen Gagenforderungen derart haarsträubend, um nicht zu sagen unverschämt seien. Die Tobis sagte nicht einmal nein, vielen Dank. Sie sagte überhaupt nichts zu mir.

Der Produktionschef der Ufa aber war interessiert. Nach der Direktion besaß er die höchsten künstlerischen und finanziellen Befugnisse. Zu damaliger Zeit hieß er Ernst Hugo Corell, ein versierter Fachmann und wirklicher Gentleman. Er sollte mir ein aufrichtiger Freund und die stärkste Stütze werden – bis rauhe Winde ihn 1939 von seinem leitenden Posten wegfegten. Der Grund war, daß er die neuen Signale nicht befolgte, die neuen Ideen des krankhaft anschwellenden Großdeutschland nicht in gebührendem Maße gewürdigt hatte.

Corell wurde in einem Streit allerhöchsten Orts der Sündenbock. Hitler und der »Chefideologe« Alfred Rosenberg befürworteten eine klarere nationalsozialistische Ausrichtung der Filmproduktion, während der höchste Filmchef Goebbels der Meinung war, das Volk brauche sowohl in guten Tagen als auch besonders in unsicheren Zeiten künstlerische Filme und harmlose Unterhaltung ohne politischen Zeigefinger. Nur psychologische Quacksalber und Fanatiker können behaupten, daß Goebbels – in diesem Punkt – unrecht hatte. Extremisten jedoch lernen nie etwas, sie können auch nichts lernen, da sie davon ausgehen, daß die Geschichte erst mit ihnen beginnt. So war es mit Hitler, und so ist es auch mit den Linksaußen unserer Tage. Wie auch immer: man führte zum Schein eine Säuberung bei der Ufa-Spitze durch, und Ernst Hugo Corell wurde an die Luft gesetzt. Daß es danach zu keiner ideologischen Veränderung der Unterhaltungsfilme kam, ist eine andere Geschichte, die allein schon beweist, daß Joseph Goebbels zäher und klüger war, als viele vielleicht annehmen.

Ernst Hugo Corell kam nach Wien und führte in wenigen Tagen unsere Verhandlungen in freundlicher Atmosphäre zu Ende. Corell besaß eine Eigenschaft, die für einen Chef unschätzbar ist: er gab einem das Gefühl, von Bedeutung und

Wert zu sein. Wenn er mit einem sprach, hielt man sich für die wichtigste Person der Welt.

Über meine »deutschen Millionen« hat es die wildesten Gerüchte gegeben. Da ich aber, als der Vertrag an einem der letzten Oktobertage 1936 in Wien abgefaßt und unterzeichnet wurde, selber dabei war, muß mein Zeugnis wohl als zuverlässiger gelten als das schwedischer Journalisten, die so phantasievoll über meine Gagen geschrieben, vielleicht aber niemals einen Filmvertrag gesehen haben, jedenfalls nicht meinen mit der Ufa.

Die Hauptpunkte dieses Vertrags waren folgende:

Im Zeitraum von *zwei* Jahren, nämlich 1937 und 1938, hatte ich in *drei* Filmen mitzuwirken, und zwar nach Drehbüchern, die ich selber gutheißen durfte. (Wie ersichtlich, schone ich mich im Interesse der Wahrheit nicht: ich habe also sowohl die guten als auch die schlechten Drehbücher zu meinen Filmen gebilligt und kann nicht anderen die Schuld dafür anlasten.) Dafür sollte ich 200 000 Reichsmark erhalten.

Nach diesen ersten beiden Jahren konnten beide Parteien den Vertrag um jeweils ein Jahr verlängern. Bei dieser Gelegenheit konnte eine Überprüfung der Gage stattfinden.

Ich blieb bis zum Jahre 1943 bei der Ufa unter Vertrag. Hätte ich während dieser sieben Jahre alles mir Zustehende inklusive zweier Gagenerhöhungen ausgezahlt bekommen, hätte mir die Ufa genau eine Million Reichsmark zahlen müssen. Aber sowohl die Filmgesellschaft als auch ich selber brachen den Vertrag im Winter 1942/43, worauf ich noch kommen werde. Ungefähr 250000 mir zustehende Reichsmark wurden eingefroren. Falls ich die Devisenkurse jener Zeit richtig in Erinnerung habe, erhielt ich in schwedischer Währung ziemlich genau eine Million Schwedenkronen. Da ich zehn Filme gemacht habe, beträgt die Gage pro Film also rund gerechnet 100 000 Schwedenkronen. Das war eine stattliche Summe, aber kein Wucherbetrag. Und es war weit weniger als die Gage, die Hollywood mir damals in Aussicht stellte, und vor allem viel weniger, als ich nach Angaben schwedischer Zeitungen verdient haben soll.

Ein wichtiger und entscheidender Passus brauchte im Vertrag nicht zu erscheinen. Ich hatte es nahe nach Hause. Es gab Nonstopflüge zwischen Berlin und Stockholm, und sie waren für mich unschätzbar. Falls ein Flug ausfiel, konnte ich auf die ausgezeichnete Zugverbindung über Saßnitz-Trelleborg zurückgreifen.

Der springende Punkt des Vertrags jedoch war unter den kleingedruckten Paragraphen zu finden: »Von Frau Leanders Gage sind 53 Prozent der Bruttosumme bei jeder Auszahlung auf ihr Konto bei der X-Bank in Stockholm, Schweden, zu überweisen.« Dies war aus so vielen Gründen wichtig, daß ich sie nicht alle aufzählen kann. In unruhigen Zeiten, die noch unruhiger zu werden drohten, verhältnismäßig große Geldbeträge über die Grenzen zu schaffen, war für eine Privatperson ein höchst sorgenvolles, vielleicht sogar ungesetzliches Unterfangen. Für die Filmgesellschaft aber waren Geldüberweisungen ein leichtes – sie hatte große Geschäfte mit schwedischen Kinoketten. Man brauchte die Filmeinnahmen in Schweden nur auf mein dortiges Bankkonto zu dirigieren.

Wie Vidar und ich ausgerechnet 53 Prozent herausschlugen, weiß ich nicht mehr, aber diese Zahl hat sich in mein Gedächtnis eingeätzt – der Vertrag verbrannte, als meine Dahlemer Villa zerbomt wurde. Dieser Paragraph betreffs der Überweisung an eine schwedische Bank weckte später bei Goebbels böses Blut und sollte zu gegebener Zeit dazu beitragen, daß meine Filmzeit in Berlin ein hastiges Ende nahm.

Doch jetzt sollte sie gerade erst anfangen. In der schwedischen Zeitung ›Dagens Nyheter‹ erschien am Sonntag, dem 1. November 1936, folgende Notiz:

»Berlin, Sonnabend, TT. Deutschlands führende Filmgesellschaft, die Ufa, hat mit Zarah Leander über ihre Mitwirkung in einer Anzahl von Filmen in Berlin einen Vertrag abgeschlossen. Die hiesigen Zeitungen bringen heute Schilderungen ihrer Bühnenkarriere und bezeichnen sie als ›die neue Garbo‹.«

Da sehen Sie selbst, nicht mich wollte man haben, sondern

eine neue Garbo – selbst wenn man deutscherseits diese Tatsache bisweilen verschleierte. Der Verkaufschef der Ufa, W. Mehdam, gab einige Wochen später der Zeitung ›*Svenska Dagbladet*‹ ein Interview. Er befand sich zusammen mit dem Pressechef der Gesellschaft, Carl Opitz, »auf seiner alljährlichen Propagandareise für die Ufa« in Stockholm, wie es in der Zeitung hieß. In diesem Interview sagte Direktor Meydam: »Der deutsche Film verfügt zur Zeit über eine große Anzahl begabter junger Schauspielerinnen, was uns jedoch bisher gefehlt hat, ist der Typ ›Dame von Welt‹, also die Dame von Format, die interessante, reife Persönlichkeit . . .

Zarah Leander ist diese Persönlichkeit, außerdem ist sie jung und schön und hat die für das Mikrophon so günstige tiefe Stimme. Aus diesem Grund erhoffen wir uns viel von ihr, was ja auch darin zum Ausdruck kommt, daß wir sie für eine beträchtliche Gage unter Vertrag genommen haben . . .«

Wie beträchtlich diese Gage ist, darüber läßt Direktor Meydam nichts verlauten, aber ein Journalist der Zeitung ›*Scenen*‹ weiß sofort zu berichten, daß »sie eine halbe Million an ihren Filmen verdient«. Eine runde und hübsche Summe – nur war sie zu der Zeit völlig falsch. Aber den Zeitungshyänen und Klatschtanten war sie ein gefundenes Fressen. Und sie wuchs und wuchs ständig, das Gagenkarussell der Presse drehte sich in rasendem Tempo. Aus einem Federchen wird so leicht ein fettes Huhn, besonders wenn Neid das Futter ist.

Wenn es nur auf die Lancierung und geschickte PR-Tätigkeit angekommen wäre, dann wäre mein Glück im deutschen Film schon gemacht gewesen, bevor ich einen einzigen Meter bei der Ufa gedreht hatte. Im Spätherbst und Winter dieses Jahres fütterte man die Zeitungen mit Material über das nordische Waldwesen – man schrieb nicht direkt »der Schrei aus der Wildnis«, meinte es aber. Deutschland hatte zu jener Zeit mehr als viertausend Zeitungen, Zeitschriften und Illustrierte. Von Zeitschriften über Viehzucht, Philatelie oder Medizin abgesehen, glaube ich kaum, daß auch nur eine einzige von den phänomenalen Kampagnen des Werbechefs Opitz verschont blieb.

Nachdem das erste Neuigkeitsinteresse verebbt war, fand wie auf Bestellung die Premiere meines ersten deutschsprachigen Films, des schon mehrfach genannten Films *Premiere* statt, der freundlich aufgenommen wurde.

Jedenfalls steigerten sich die Erwartungen bezüglich meiner Person. Ich erinnere mich an jene Vorfrühlingstage in Berlin, als ich zum erstenmal meinen Namen in »Feuerschrift« und mein Bild in Kolossalformat an den Kinos sah. Es ging mir durch und durch, und ich mußte tief Luft holen.

Danach war es für die Werbeabteilung bald an der Zeit, Fotografen zu den ersten Aufnahmen nach Babelsberg einzuladen. Jetzt rollte die Werbung auf frischgeschmierten Rädern von selber . . .

Deutsche Gründlichkeit ist in der ganzen Welt bekannt und reizt manchmal zum Lachen, jedenfalls in ihren idiotischen Übertreibungen. Beim Film aber ist minuziöse Planung und pedantische Gründlichkeit nichts Lächerliches. Schwindelerregende Summen stehen auf dem Spiel, schon zu meiner Zeit kostete ein Film ebensoviel wie ein paar hundert Autos. In extremen Fällen fünf bis sieben Millionen Mark und mehr. Die Kosten für meine Filme lagen durchschnittlich bei zwei Millionen, und im großen und ganzen machten sie sich besser bezahlt als die meisten anderen. Der Rekord an eingespieltem Eintrittsgeld dürfte acht Millionen für *Die große Liebe* (1942) gewesen sein. Andererseits jedoch waren drei von zehn Filmen glatte Versager, sowohl beim Publikum als auch finanziell und in der Presse.

Was mir am meisten imponierte, waren die Zeit und die Kraft, die man auf die Vorarbeit der Filme verwandte. Da knauserte man niemals. Begannen die Dreharbeiten im Atelier, durfte im Manuskript, das nicht nur eine künstlerische Gebrauchsanweisung, sondern auch eine komplette Konstruktionszeichnung war, kein Komma mehr geändert werden. Hätte man die einzelnen Teile verrückt, wäre der ganze Bau zusammengestürzt.

Technisch gesehen war Babelsberg, die Filmstadt der Ufa im Südwesten Berlins, hervoragend ausgestattet, mindestens gleichrangig mit Hollywood. Mein uneingeschränkter Respekt galt dem großen Können und der Geschicklichkeit meiner Freunde, der Techniker. Doch in dem eisernen Griff der Technik kann der menschliche Faktor häufig zu kurz kommen. Angesichts all dieser kompakten Technik in einem Filmatelier oder Fernsehstudio kann man sich wie gelähmt fühlen. Wo ist Platz für einen Gedanken, ein Lied, ein Weinen, ein Lachen? Dafür sollte Platz sein, aber das ist nicht immer der Fall. Und dann ist ein Film eine Folge beweglicher Bilder mit Ton, aber ohne Leben.

Nach neunzehn Kinofilmen und einer unbestimmten Anzahl von Fernsehprogrammen ist meine Erfahrung und Meinung, daß in den Ateliers mehr künstlerische Wunder geschehen, als man fordern dürfte. Filmkunst ist etwas sehr Seltenes und Kostbares, das Phantastische und fast Unbegreifliche ist, daß überhaupt irgendwann und irgendwo einmal filmische Kunst entsteht.

Auch was die Leander selber betraf, wurde nichts dem Zufall überlassen.

Die Damen der Kostümateliers inspizierten mich und entdeckten, daß ich noch größer war als befürchtet, gerade Schultern hatte, niemals einen Büstenhalter trug sowie auf Füßen durchs Leben schritt, die nur ein Handschuhmacher lieben konnte: alles mußte extra angefertigt werden, sogar die Handschuhe.

Der Maskenbildner und der Perückenmacher faßten mein Haar an und konstatierten, daß unser Herrgott die Farbe aus purem Versehen erschaffen haben müsse: diese staunenswerte Nuance zwischen roten Beten und Mohrrüben konnte nicht absichtlich zustande gekommen sein. Herr Jabs, der Maskenbildner, tätschelte mir in einer Art Berufsstolz die Wangen und murmelte: »Welche Flächen!« Die Sommersprossen bekümmerten ihn gar nicht.

Von allen Mitarbeitern sollte mir der Photograph und Kameramann Franz Weihmayr am nächsten stehen. Neun von meinen zehn Filmen drehte er. Ich sagte ihm, ich sei halbblind und schiele, wenn ich müde werde. Ihn faszinierte dieser Blick, der auf dem Bild lockend und zugleich unergründlich sein kann – so ist es nämlich mit kurzsichtigen Augen.

Von dem, was ein Photograph einem Filmschauspieler bedeutet, können mehr Leute als ich Zeugnis ablegen. Wenn er will, kann er zaubern, und Franz Weihmayr zauberte oft mit mir, denn so schön wie auf seinen Filmbildern bin ich in Wirklichkeit nie gewesen, nicht einmal in meinen allergünstigsten Augenblicken. Aber offenbar war ich ein gutes »Photomaterial«, und Franz genoß es, damit zu arbeiten. Stundenlang konnte er sich damit beschäftigen, einer einzigen Nahaufnahme den richtigen Lichteffekt zu geben. Ich war geduldig und stand während der Beleuchtungsproben unbeweglich da, wie er es wünschte. Es geschah ja zu meinem Vorteil.

Die Genialität der Kameraleute wird häufig überschätzt, Franz aber war in seinem »Photoverhältnis« zu mir wirklich ein Genie. Freilich war sein Rohmaterial nicht ganz so miserabel, wie im Leserbrief einer deutschen Zeitung vermutet wurde:

»Stimmt es, daß Zarah Leander früher so häßlich war, daß sie nur mit einem Schleier singen konnte?«

Natürlich hatte ich ein Stand-in. Sie hieß Friedl Gaselle und entsprach in nichts ihrem Nachnamen, denn sie war ebenso groß und kräftig wie ich. Rasch lernte sie, sich genauso zu bewegen wie ich, und ich glaube bei Gott, sie wurde mit der Zeit auch rothaarig. Fräulein Gaselle fungierte statt meiner während der ermüdenden technischen Proben. Aus einer Ecke im Studio studierte ich, wie mein Double ging, wo sie stehenblieb, wie ihre Körperhaltung beim Hinsetzen war, und dabei prägte sich mir irgendwie die ganze Szenerie ein. Die Methode paßte mir gut, wir brauchten nur selten zusätzliche Proben, oft konnten wir die Szenen direkt drehen – und ich brauchte den Dialog nicht wiederzukäuen und konnte so intuitiv-spontan sein, wie ich (und auch der Regisseur) es wollte.

Meine Augen waren nicht nur die Freude des Photographen,

sie waren auch meine Plage und für den Reklamechef Carl Opitz ein Problem. Er und seine Leute waren dabei, mir einen »Elfenbeinturm« zu zimmern. Hoch oben sollte ich thronen, unerreichbar und daher unbegreiflich. So hoch über dem Publikum sollte ich mich befinden, daß man mich deutlich als den »Star« erkennen konnte, der ich war, jedoch nicht so deutlich, daß der gemeine Mann nicht selber, je nach Wunsch, Einzelheiten hinzudichten konnte. Wiederum war es die Garbo, die hier spukte: die Rätselhaftigkeit, das Unfaßbare, Mystik und Legende. Ich fand dies alles ziemlich albern, fühlte mich aber verpflichtet, dieses Affentheater mitzumachen. Außerdem konnte es seine Vorteile haben: die Legenden bildeten eine stabile Mauer zwischen meinem öffentlichen Leben und mir als Privatperson; diese konnte ich also ungestört bleiben.

Am liebsten hätte mich die Werbeabteilung der Ufa wohl in diesen Elfenbeinturm gesperrt und mich nur im Kino vorgezeigt. Das wäre am einfachsten gewesen. Andererseits durfte ich aber nicht so schrecklich geheimnisvoll werden, daß ich das Tageslicht oder zumindest das Scheinwerferlicht scheute. Wenn man mich nicht hin und wieder bei sorgfältig ausgewählten Gelegenheiten und in der richtigen Gesellschaft in natura vorwies, bestand die Gefahr, das Publikum könne sich etwas Falsches zusammenreimen. Denn zu welchen wilden Gerüchten ein sogenannter Star Anlaß geben kann, läßt sich ja niemals vorausberechnen: Sie hat eine Glatze, trägt ständig eine Perücke. Sie hat ein Glasauge – welches ist es? Hast du je ihre Ohren im Kino gesehen, es heißt, sie hat gar keine. Natürlich trinkt sie! Wahrscheinlich ist sie sogar süchtig, sie feiert ja Orgien mit Göring, und die beiden laufen nackt und johlend im Park von Karinhall herum. Sie und Goebbels geben ein gutes Gespann ab, beide hinken nämlich.

Nein, unters Volk mit mir: zu Premieren, Galaabenden und Empfängen. Aber da ist diese verflixte Sache mit meinen Augen. Daß ein »Idol« eine Brille tragen mußte, war in den dreißiger Jahre unvorstellbar. Filmstars hatten ganz einfach perfekte Augen zu haben, und andere Brillen als Sonnenbrillen am Strand von Nizza oder Sylt waren nicht zugelassen. Auf der Bühne oder der Leinwand trug eine hübsche Schauspielerin nur in übertrieben komischen Rollen eine Brille, nämlich dann, wenn sie ein lächerliches und männlich intellektuelles Wesen, einen Blaustrumpf, darzustellen hatte. Zu guter Letzt erfuhr sie dann aber dank der Liebe eine Verwandlung, erblühte zum Weibchen und hatte die Brille mit allem, was sie sonst trug, in die Ecke zu schleudern und ins Brautbett zu hopsen. Diese Auffassung von einer Frau mit Brille war zwar voller Vorurteile, aber in den dreißiger Jahren nichtsdestoweniger vorherrschend.

Eine Brille durfte ich also um keinen Preis tragen. Ich bin schon dankbar dafür, daß ich wenigstens verheiratet sein durfte, denn ein Star sollte eigentlich überhaupt kein sichtbares Privatleben haben. Das Publikum sollte in seiner Vergötterung durch nichts gebremst werden, schon gar nicht durch Bekanntwerden der Tatsache, daß das Idol zu Hause ein eheliches Schlafzimmer und eigene Kinder hatte. In dem damaligen »gebärfreudigen« Deutschland erschien es der Ufa natürlich nicht als Verbrechen, eine eigene Familie zu haben, aber es war auch nichts, was man an die große Glocke zu hängen wünschte. Vidar und die Kinder wurden diskret in den Hintergrund geschoben und erschienen meiner Erinnerung nach niemals in der illustrierten Presse – außer zu Hause in Schweden. Aber dort hatte ich auch keinen Mythos zu verteidigen.

Wenn es nach mir ginge, dann hätte man sich getrost ein wenig von der Voreingenommenheit früherer Tage bewahren können, denn damals konnte eine in der Öffentlichkeit bekannte Person doch wenigstens ihr Privatleben vor unbefugten Einblicken geschützt wissen. Und das war eine Wohltat für die Familie und den Star selber. Unschuldige Ehegatten und Kinder wurden nicht an die Öffentlichkeit gezerrt, und der Star hatte einen geschützten Winkel, wo er seine Wunden lecken, eine Brille tragen und sich mal ein Schnäpschen gönnen konnte. Heutzutage ist jeder halbwegs bekannte Film- und Fernsehheld bemüht, intime Einzelheiten über »seine neue Frau« zu enthüllen. Ich finde das widerlich. Es erinnert fatal an die Preiskrönung von Hengsten oder Ausstellung von Muttersäuen.

So brauchte es wirklich nicht zu sein, auch dann nicht, wenn die sogenannte Prominenz dafür die hysterische Auflagenjagd der Presse verantwortlich macht und diese wiederum ihre Artikel der publicitysüchtigen Prominenz in die Schuhe schiebt.

Viele Menschen haben sich über meine Freundschaften mit homosexuellen Männern gewundert. Ich habe diese Freundschaften sogar während des Krieges aufrechterhalten und wurde deshalb einmal zum Chef der Ufa gerufen. Er warnte mich vor dem Umgang mit Homosexuellen. Doch ich weigerte mich hartnäckig, mir in dieser Frage Vorschriften machen zu lassen. Meine Freunde in der Freizeit suche ich mir selbst aus. »Es kann zu schrecklichen Komplikationen kommen«, fügte der Ufa-Chef hinzu. »Bitte, das nehme ich in Kauf«, antwortete ich damals. »Als Schwedin habe ich eine andere Auffassung als Sie. In Schweden haben wir eine offenere Moral, nicht unbedingt eine freiere, aber eine offenere.« (Über die Moral von heute wollen wir lieber nicht reden; heutzutage ist alles beinahe übertrieben frei.)

Ich bin immer der Ansicht gewesen, daß homosexuelle Menschen sind wie wir anderen. Sie unterscheiden sich von uns nur auf einem Gebiet, nämlich in ihren sexuellen Auffassungen und Gewohnheiten. Und wie viele große Persönlichkeiten der Menschheitsgeschichte waren homosexuell! Ich könnte zahlreiche geniale Menschen nennen, Künstler, Schriftsteller, Schauspieler, Maler, Architekten, Philosophen, ja sogar Könige. Dennoch genossen sie Achtung, Verehrung, Liebe und Bewunderung der Menschen, die sie kannten. Meine schwedische Moralauffassung sagt mir, daß wir uns nicht aufs hohe Roß setzen und mit dem Finger auf jene Menschen zeigen dürfen, die anders leben. Ich habe noch heute eine Menge homosexueller Freunde und schäme mich ihrer keinen Augenblick.

Die Ufa fand eine effektive Lösung für das Problem mit meinen schlechten Augen. Sobald ich die Genehmigung (ja, tatsächlich!) erhalten hatte, mich in der Öffentlichkeit zu zeigen, oder höflich, aber bestimmt dazu beordert wurde, eine Veranstaltung »mit meiner Anwesenheit zu beehren«, rückte meine Leibwache aus. Es waren zwei große, elegante Herren aus dem großen Ufa-Reservoir – stubenreine Statisten mit Übung im Fracktragen. Sie begleiteten mich nicht wie die Bodyguards den amerikanischen Präsidenten, nein, sie dirigierten mich mit diskreten kleinen Knuffen oder leisem Geflüster. Sie hatten mich ja nicht gegen Bomben oder Attentate zu schützen, sondern sollten verhindern, daß ich über Türschwellen stolperte oder sonstige Fehltritte tat.

»Bitte, langsam jetzt. Niedrige Stufe. Links: älterer Herr zieht den Hut – vielleicht eine liebenswürdige Verneigung? Fünf Sekunden später: rechts winken ein paar Kinder mit schwedischen Fähnchen. Nein, mehr nach rechts, das ist ein Briefkasten! Achtung, Drehtür! Nein ... Mein Gott! Deutsche Drehtüren gehen ja rechts herum ... Ist den Zähnen was passiert? Aber nein, keiner hat was gemerkt. Jetzt: roter Teppich, zehn Meter geradeaus. Am Ende steht der Gastgeber. Er sieht herüber. Schräg rechts nähert sich die Dame des Hauses. Kamelien. Wir gehen weiter. Mischen uns unter die Leute. Madame, Ihr Lächeln nach links ist überflüssig. Nein, es ist doch nur eine Marmorsäule. Hat die ganze Zeit dagestanden. Doch, doch! Kellner mit Tablett. Gläser. Was soll's sein? Sekt bitte. Aber ja, Fritz hat Wodka in der Rocktasche. Er mixt schon. So, jetzt setzen wir uns. Vorsichtig ... So ist es gut. Charmant, Madame.«

Als Rettungsring in letzter Not trug ich in der Handtasche ein erlesen schönes, brillantgefaßtes Lorgnon, ein Geschenk der Ufa. Als »grandedame« konnte ich es in kritischen Augenblicken, ohne daß es meinem Image abträglich gewesen wäre, diskret hervorholen und mir einen Überblick über die Lage verschaffen.

Das Einkaufen in der Stadt konnte manchmal auch zum Problem werden. Die Ufa befürchtete, es werde zu Menschenaufläufen kommen. Wollte ich in einem bestimmten Geschäft etwas kaufen, wurde der Inhaber zuvor gebeten, seinen Laden zu schließen, damit er mir seine ungeteilte Aufmerksamkeit widmen konnte: »Hallo, hier ist die Werbeabteilung der Ufa. Frau Zarah Leander möchte bei Ihnen einkaufen. Wenn Ihnen daran liegt, seien Sie bitte so freundlich, um fünfzehn Uhr Ihr Geschäft zu schließen.«

Das klingt wie ein Märchen, ist aber die reine Wahrheit, obwohl dieses Verfahren mir schon damals unangenehm war. Aber der Mensch gewöhnt sich an alles. Mir fiel es nicht schwer, diese kleinen Eigenheiten der Ufa-Leute hinzunehmen, weil mir Deutschland ansonsten sehr imponierte. In vielen Kreisen wird darüber eine lebhafte und anregende intellektuelle Debatte gepflegt, die oft mit großer Leidenschaft ausgetragen wird. Das Organisationstalent der Deutschen haben schon viele vor mir gerühmt – auch ich habe ihm viel zu verdanken.

Und da ist noch etwas: Ich zähle nicht gerade zu den fleißigen Menschen, und in all meinen Jahren in Deutschland habe ich unter den tüchtigen Menschen meiner Umgebung immer verstohlen nach einem Gleichgesinnten Ausschau gehalten. Es gelang mir nur selten, einen »Gesinnungsgenossen« zu finden, aber ich freute mich jedesmal diebisch, wenn ich jemandem auf die Schliche kam. Vielleicht wollte ich mich ein bißchen trösten. Und nicht zuletzt: in Deutschland, dem Land, in dem ich meine allergrößten Erfolge hatte und in dem ich viele meiner allerglücklichsten Stunden verbrachte, lebt ein Publikum, das mich liebt und das ich liebe. Die Schweden etwa sind nicht so leicht zu gewinnen, nicht so leicht mitzureißen, doch wenn sie erst in Stimmung gekommen sind, ist es schwer, sie zu bremsen. Mein Gott, habe ich überschäumendes Temperament erlebt. Ich erinnere mich gern daran. Es ist sehr aufregend für einen Künstler, in ein fremdes Land zu kommen, in eine fremde Stadt, ohne zu wissen, wie man aufgenommen wird, und dann plötzlich zu ahnen, zu fühlen, wie sich das Publikum verhalten wird. Sehen konnte ich

mein Publikum ja leider nie, ich mußte spüren, erraten, hören, und wenn ich seine Reaktion erkundet hatte, paßte ich
mich an. Wenn ich vor das Publikum trete, weiß ich immer, mit welchem Lied ich beginne, doch niemals, welches dann folgen soll – das bestimmt sozusagen das Publikum oder vielmehr, wie ich es erlebe.

An einem Donnerstag im Februar 1937 fuhr ich mit meinen
Kindern Boel und Göran mit dem Nachtzug von Stockholm
nach Berlin. Fast auf den Tag genau kam ich sechs Jahre
später wieder heim. Nach meiner Heimkehr reiste ich noch
zweimal aus beruflichen Gründen nach Berlin. Am 5. März
1943 hatte ich bei der Premiere meines letzten Films *Damals* anwesend zu sein. Ich traf bereits am 3. ein – und er-
lebte im Luftschutzkeller der von mir gemieteten Villa in
der Max-Eyth-Straße, wie sie in Schutt und Asche zerbombt
wurde. *»Jede Nacht ein neues Glück«,* so hieß ein Lied aus
dem genannten Film. So kann man es ja auch ausdrücken!
Dieses Lied wurde am 14. April im Tonstudio Berlin aufgenommen. Am nächsten Tag, einem Donnerstag, fuhr ich für
immer heim nach Lönö.

Zwischen diesen beiden Donnerstagen 1937 und 1943 liegt
so allerlei, größtenteils jedoch Arbeit. Jeder Film dauerte,
was mich betraf, drei bis vier Monate: einen oder auch
zwei Monate der Vorbereitung für Kostüm- und Schmink-
proben, dazu Playbackaufnahmen der Lieder samt allem,
was dazu gehört. Im Atelier arbeiteten wir stets ziemlich
genau acht Wochen. Zum Schluß folgten die ergänzenden
Aufnahmen und die nachträgliche Synchronisierung, das
heißt die Aufnahmen bestimmter Dialoge zu bereits vor-
handenen Spots.

Meine Arbeitswochen in Berlin waren wie die in einer belie-
bigen Werkstatt oder Fabrik genau festgelegt. Vom Mon-
tagmorgen 5.45 Uhr an, wenn der Wecker schrillte, bis zum
Samstagmittag 15 Uhr gehörte ich der Ufa. An einigen
Abenden in der Woche fanden regelmäßig Aufnahmen bis
Mitternacht statt. Im Laufe eines Monats hatte ich mich an
etlichen Abenden aus Repräsentationsgründen zu zeigen.

Ein gekochtes Ei, ein Butterbrot und eine Tasse Kaffee belebten meine Lebensgeister, ehe Hermann mit dem Horch kam, um mich in Babelsberg Punkt 7 Uhr abzuliefern. Ich hatte meine Frühstücksbrote in einer gewöhnlichen Aluminiumdose und dazu eine Thermosflasche mit Kaffee bei mir. Um 9 Uhr, auf die Sekunde genau, wurde zur Aufnahme im Studio getutet. Um 12 Uhr kam die halbstündige Mittagspause wie eine Befreiung aus meinen prachtvollen, aber oft enorm schweren und warmen Gewändern. Diese Pause reichte gerade dazu, sich von allem Staat und Klunkerkram zu befreien, zu essen und sich auf der Chaiselongue in der Garderobe auszustrecken. Zwischen 12.30 und 19 Uhr wurde, abgesehen von kurzen Rauchpausen, hintereinander gefilmt. So ging das Leben Tag für Tag, Woche für Woche, Jahr für Jahr. Als glanzvolles Dasein läßt es sich nicht bezeichnen. Harte, regelmäßige Arbeit ist sich ziemlich gleich, egal, welchen Beruf man gewählt hat. Bisweilen ist die Arbeit eine Freude, bisweilen die Hölle. Ich stelle mir vor, daß es so an allen Arbeitsplätzen sein muß, kann aber nur beurteilen, was ich selbst kenne.

Privat waren wir in »unserem« Berlin nur eine ganz kleine Clique, die zusammenhielt und deren Angehörige sich gegenseitig besuchten. Davon wußten die hohen Herren nichts. Grethe Weiser und ihr Mann, Dr. Hermann Schwerin, gehörten auch dazu. Die beiden waren wunderbare Menschen. Grethe war eine Schauspielerin, die ihren Beruf von A bis Z beherrschte – und außerdem hatte sie eine Nase für Schmuck und Juwelen. Sie hatte fabelhaften Schmuck. Wenn wir gemeinsam in die Stadt fuhren, um Juweliere aufzusuchen, war das beinahe eine heilige Handlung. Sie verstand sehr viel von Gold und Edelsteinen und achtete penibel darauf, daß jedes Milligramm, das sie zu kaufen gedachte, auf die Goldwaage kam. Sie sah den Schmuck an, befühlte ihn, drehte ihn hin und her, legte Armbänder und Ketten an, wog sie in der Hand, bevor sie sich endgültig entschied. Sie war aber nicht nur eine Kennerin und Liebhaberin erlesenen Schmucks, sondern auch eine perfekte

1 Das »häßliche Entlein« (Bildmitte), das abweisend in die
Kamera blickt

2 Mutter und Tochter

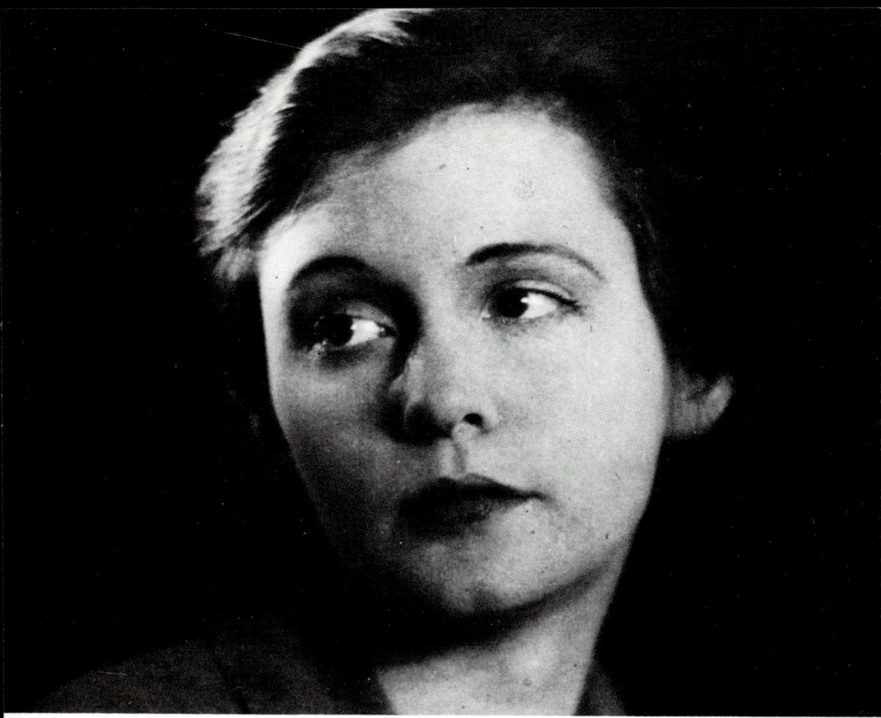

3 *oben*　Die Künstlerin als junges Mädchen 1926

4 *unten*　Der Vater, Lorentz Sebastian Hedberg: ein Mann »mit der Seele eines Poeten«

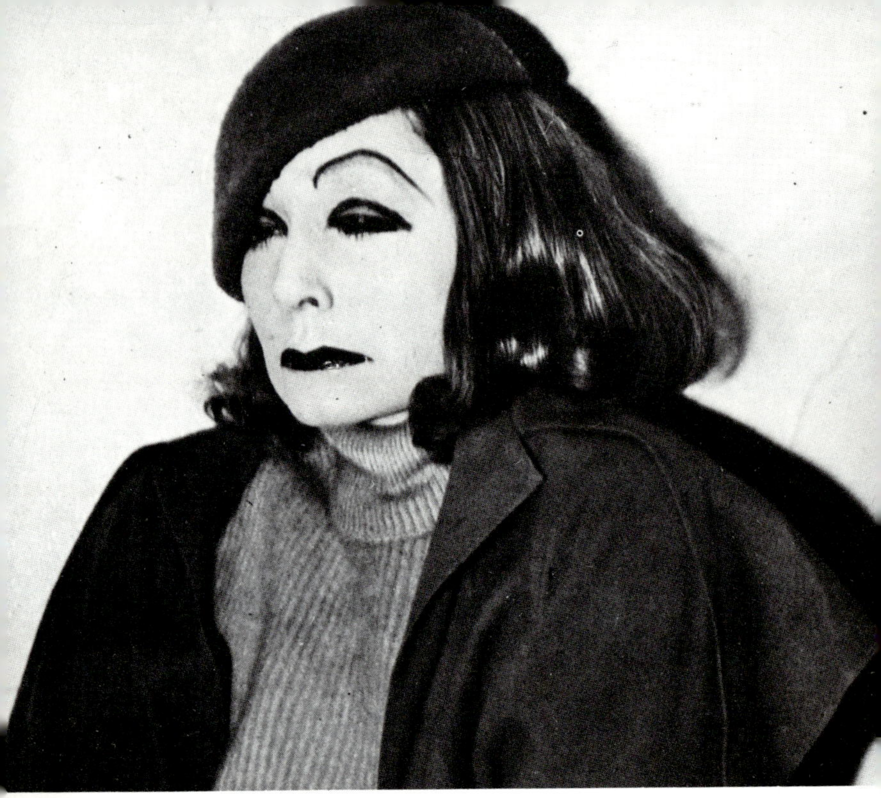

5 *oben*   Zarah Leander in einer Greta-Garbo-Parodie 1934

6 *unten* Mit den Kindern Göran (l.) und Boel 1934

7 *oben*   Mit Max Hansen bei einem Ausflug in der Nähe von
Wien 1936
8 *unten* In »La Habanera« 1937

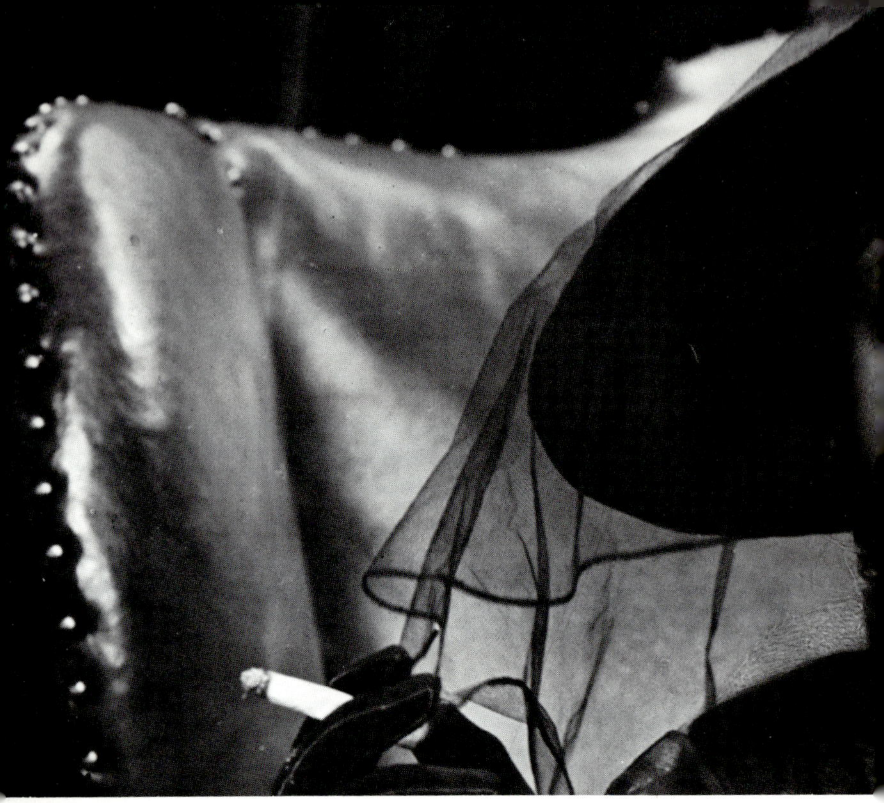

10 Professor Carl
Froelich bei den
Dreharbeiten zu
»Heimat« 1938

9 *oben*
Als Vamp in
»La Habanera«

11 Mit
Heinrich George
in »Heimat«

12 In »Der Blaufuchs« 1938

13 Bei den Dreharbeiten zu »Der Blaufuchs« mit Willy Birgel

14 *oben links* Der berühmte »verschleierte Blick«

15 *oben rechts* In »Es war eine rauschende Ballnacht« 1939

16 *unten* Mit dem Pressechef der Ufa, Carl Opitz, bei einem
Essen in Drottningholm bei Stockholm (1940)

17 In »Das Herz der Königin« 1940

18 *oben links* Zarah Leander und ihr Mann, Vidar Forsell,
    bei einer Premiere in Stockholm 1942
19 *oben rechts* Während der »arbeitslosen« Zeit auf Lönö
20 *unten* Beim Lunch im »Krähenschloß« in Saltsjöbaden 1944

21 *oben*   Als »Madame Scandaleuse« 1959
22 *unten*   Mit Ralph Benatzky in Genf 1947

23 *oben* Karl Gerhard, Freund und Förderer der Künstlerin

24 *unten* Mit Ehemann Arne Hülphers bei einer Pausen-Patience

25 *oben* Gala-Abend in Bonn. V. l.: Willy Brandt, Rut Brandt,
Lale Andersen, Zarah Leander, Arne Hülphers

26 *unten* Vor dem Herrenhaus Lönö

27 Mit Arne Hülphers in Berlin, wo Zarah Leander
im *Theater des Westens* mit »Die Lady aus Paris« ein
Gastspiel gab (1965)

Hausfrau und Gastgeberin. Wir waren oft und gern bei Weisers und sie oft bei uns, sie und einige wenige andere. Wir luden sie dann oft zu schwedischem Hering ein (Hering kann man auf 300 verschiedene Arten zubereiten, und ich beherrsche wenigstens ein gutes Dutzend davon) und schwedischem Schnaps – Dinge, die es außer in der Gesandtschaft sonst nirgends gab.

Als Grethe und ihr Mann 1972 bei einem Verkehrsunfall ums Leben kamen, hat mich diese Nachricht sehr erschüttert. Und neben der Trauer über den schmerzlichen Verlust dieser einzigartigen Freunde noch aus einem besonderen Grund: Erst ein Jahr zuvor hatte Grethe mir gesagt, daß sie gleichzeitig mit Hermann sterben wollte. Sie wollte ihn nicht überleben, und ebenso sollte er nicht ohne sie leben müssen. Ihr Wunsch wurde erfüllt, aber auf welche Weise!

Fast – wenn auch nicht vollends – bis in mein Schlafzimmer hinein, erstreckten sich die Fühler der Ufa. Es wäre unerträglich gewesen, wenn der Werbechef Opitz nicht ein so angenehmer und redlicher Mann gewesen wäre. Er und seine Frau Ella gehörten zu meinen wirklich guten Freunden in Berlin. Taktvoll leitete Carl Opitz die »Operation Zarah Leander« bis zum durchschlagenden Erfolg. Wir beide kicherten insgeheim oft genug über die Albernheiten einer solchen Einrichtung, die man heute als Public Relations bezeichnen würde. Über die Filmreklame der dreißiger Jahre läßt sich zusammenfassend sagen, daß sie sich vom heutigen Standpunkt aus sowohl pathetisch als auch forsch und naiv ausnimmt. Aber der Film war noch jung und die Zeit primitiv. Oder naiv.

Wenn sich jugendlicher Leichtsinn (der des Films) und organisatorische Gründlichkeit (der Deutschen) paaren, entstehen als Produkt vielleicht nicht gerade bildhübsche Kinder, aber doch bemerkenswert tüchtige. Dafür kann ich ein Beispiel geben.

Als leibhaftiges Reklamepaket verfrachtete man mich zu einer Filmpremiere nach Amsterdam. Schon Monate im voraus wurde ich zu Hause von energischen Damen der Kostümabteilung heimgesucht. Mit offenem Mund schaute ich zu, wie sie meine Garderobe sichteten. Kurz vor der Abreise erschien eine der verantwortlichen Damen mit einer Garnitur Reisekleidung inklusive Handtasche mit komplettem Inhalt.

»Na fein«, sagte ich, »wenn ich die Handtasche wechsle, vergesse ich sonst immer die Kleinigkeiten. Aber ein Abendkleid müßte ich doch auch mithaben, oder? Kann ich das grüne Brokatene nehmen?«

Hier lächelte sie nur das nachsichtige Lächeln des Fachmanns über meinen Amateureifer. Dann überreichte sie mir einen Aktendeckel voller Listen, Spalte auf Spalte. Das Ganze sah aus wie ein Auktionskatalog. Für jedes Essen, jede Cocktailparty, jeden Fünfuhrtee, jedes Souper fand ich dort ein eingehendes Verzeichnis über sämtliche Hüte, Pelze, Kleider, Schmuckstücke, Strümpfe, Schuhe, Handschuhe und Handtaschen, die ich zu tragen hatte. Jedes Stück war numeriert, alle Accessoires waren mit Ziffern versehen – jedes Versehen war ausgeschlossen. Daß ich mir ein Diadem zu Straßenschuhen aufgesetzt hätte, konnte nicht passieren.

Doch nicht genug damit. Jede öffentliche Minute während meines »Staatsbesuchs« war festgelegt und verzeichnet. Ich wußte im voraus, daß ich bei der Ankunft auf dem Hauptbahnhof Gardenien erhalten und daß am letzten Abend Hummersuppe serviert würde, daß die Gattin des Generalkonsuls van der Leyden auf der Party am 25. höchstwahrscheinlich ein paar Worte über spastisch gelähmte Kinder fallenlassen würde und daß der Oberst a. D. Hook van Holland, den ich am 26. beim Lunch als Tischherrn hatte, zwar eine lasterhafte Vergangenheit hatte, nunmehr jedoch völlig harmlos war. Die einzigen ihm verbliebenen Leidenschaften seien Portwein und Inkunabeln.

Alles war unnatürlich perfekt und vorgeplant. Ob auch mein Lachen vorgeplant war, weiß ich nicht mehr. Meine Zahnbürsten und meine Parfums waren es jedenfalls.

Fußnote zur Filmgeschichte

Aus mir wurde nie eine neue Garbo.

Aber wer hat das je geschafft? Keine, soviel ich weiß. Keine hat dem Vergleich mit der Unvergleichlichen standhalten können. Ja, gewiß, es gibt haufenweise größere Schauspielerinnen als die Garbo, viele, die bessere Darstellerinnen sind. Aber es gibt in der Filmgeschichte nur einmal ein solches Gesicht. Ein einziges durch die Garbo beseeltes Gesicht.

Also lassen wir diese Vergleiche mit dem Unvergleichlichen. Mein Gewissen ist jedenfalls fleckenlos, ich habe nie danach gestrebt, der Garbo zu gleichen. Es waren andere, die das mit hängender Zunge für mich besorgten. Ich wußte, daß es sinnlos und aussichtslos war. Meine Ambitionen lagen auf anderem Gebiet.

Aber natürlich findet man auch mich in der Filmgeschichte verzeichnet, als Fußnote. Da man mich anstandshalber nicht völlig unter den Tisch fallenlassen kann, setzt man mich in Klammern oder in einen Nebensatz. So bin ich der Vollständigkeit halber zu finden, doch entdecken kann man mich nur, wenn man im Personenverzeichnis nachschlägt. Das ist weder – noch. Darf ich etwas Schändliches bekennen? Es ist mir völlig schnuppe, ob man mich in der Filmliteratur erwähnt oder nicht. Sollte man mich aber vergessen oder verschweigen, wenn man die Geschichte der Schallplatte schreibt – dann wäre ich aufrichtig betrübt.

Wenn ich jetzt in meinen alten Tagen an meine zehn Ufa-Filme zurückdenke, fällt mir in erster Linie das ein, was ich im vorigen Kapitel erzählt habe. Am liebsten denke ich aber überhaupt nicht an diese Filme und tue es nur unter Druck oder Drohung – wie hier. Ich erinnere mich an eine große Zahl wunderbarer Menschen, an die ständige Schufterei und natürlich an meine Lieder, denn viele davon singe ich noch immer, einen Teil mit ebenso großer Freude und Beglückung wie vor fünfunddreißig Jahren, andere nur auf Verlangen und leicht widerstrebend. »*Vill ni se en stjärna*« (Wollt ihr einen Star sehen) singe ich überhaupt nicht – möglicherweise, wenn man mich prügelt oder mir 5000 Kronen Schadenersatz zahlt.

An völlig unerhebliche Einzelheiten aus meinen Ufa-Filmen erinnere ich mich, ihr Inhalt und Wert aber sowie meine eigene Leistung darin sind mir mehr oder weniger entfallen. Ein Psychologe würde das wahrscheinlich als »Verdrängung« bezeichnen, ich hätte also deshalb keine Erinnerung daran, weil ich keine haben will.

Genau! Der Psychologe hätte recht. Mit mir ist es nämlich so, daß ich, wenn ich nur irgend etwas beharrlich will, nicht die geringsten Schwierigkeiten mit dem Gedächtnis, den Augen oder dem Gehör habe. Bekäme der Psychologe jedoch meine alten Filme zu sehen, dann würde er auch die Verdrängung begreifen: sie sind die Erinnerung nicht wert. Aber das kann ich nicht anderen anlasten, im Gegenteil. Zu einigen Drehbüchern habe ich selber die Idee beigesteuert, mit allen verfilmten Manuskripten habe ich mich einverstanden erklärt. Getan ist getan, also bitte kein falsches Mitleid.

Ehe die Dreharbeiten für meinen ersten Film in Babelsberg begannen, hatte ich wohl ein Dutzend Manuskriptentwürfe gelesen. Wir entschieden uns für eine Geschichte, die nach einem Roman von Lovis H. Lorenz, einem kaum bekannten Autor, zusammengebraut worden war. Die geschickten Dramaturgen der Ufa nahmen sich dieser Geschichte an und machten daraus ein Drehbuch.

Ein Dramaturg ist eine Person, die weder literarisch noch filmtechnisch übermäßig belastet sein darf. Er soll, wenn er gut ist, ein Kunsthandwerker sein, eine gute Geschichte besser erzählen und sie nach den ungeschriebenen Filmgesetzen aufbauen können. Im rechten Augenblick drückt er auf den Knopf, der beim Publikum Lachen, Weinen oder Entsetzen auslöst.

Daß Dramaturgen Filmkritiken lesen, glaube ich kaum, bin aber sicher, daß sie oft ins Kino gehen und das Publikum belauschen. Innerhalb der Filmbranche sind sie eine weit unterschätzte Gruppe von Könnern. Für das Künstlerische eines Films zeichnen sie kaum verantwortlich, ohne sie aber könnte von Film auch nicht die Rede sein.

Hatten die Dramaturgen das Gröbste geschafft, fanden sich alle für den Film Verantwortlichen bei mir zu ein paar Butterbroten und Sekt ein: Regisseur, Architekt, Kostümbildner, Komponist, Kameramann, Texter, Produktionschef und die Hauptdarsteller. Irgend jemand las aus dem »Buch« vor, und jeder äußerte sich frei von seinem Standpunkt aus, machte Einwände, kam mit Gesichtspunkten und Vorschlägen. Diese Durchsicht dauerte stundenlang, aber erst bei dieser Gelegenheit erhielt der Film seine endgültige schriftliche Fassung. Was noch zu tun blieb, war, dem Werk pulsierendes Leben, Gefühl und möglicherweise auch Geist einzuflößen. Zwischen dem Manuskriptpapier und dem Zelluloidstreifen liegt das, was Kunst bisweilen täuschend ähnlich sein kann.

Der Regisseur meiner beiden ersten Filme war Detlef Sierck. Er war Theaterchef in Leipzig gewesen und hatte 1935 eine deutsche Version von Selma Lagerlöfs *Das Mädchen vom Moorhof* gedreht. Vielleicht gab ihm das ein gewisses Verständnis für mich als Schwedin. Er war ein kenntnisreicher und warmherziger Kollege. Gleich nach der Premiere unseres zweiten Films mußte er aus dem Land fliehen – nicht wegen des Films, sondern wegen der jüdischen Abstammung seiner Frau. Er war einer in dem langen Zug von Auswanderern, der den deutschen Film künstlerisch verarmen ließ. Heute nennt er sich Douglas Sirk und lebt in Kalifornien.

Zu neuen Ufern war ein recht kostspieliger, jedoch nicht übertrieben aufwendiger erster Versuch mit dieser »Neuen aus Schweden«. Auf meinen Wunsch schrieb Ralph Benatzky die Musik zu dem Film, und die Lieder wurden Volltreffer. Niemand, der dieses Buch liest und »aus der Zeit« ist, kann darum herumgekommen sein, diese Lieder zu hören: »*Ich hab' eine tiefe Sehnsucht in mir*« oder »*Ich steh' im Regen*« oder den wirklichen Schlager mit dem in allen Weltsprachen gleichen Titel »*Yes, Sir!*«.

Ich hatte zwei Hauptpartner, einen mit schurkisch schwarzer Seele und einen mit einem Gemüt so rein wie Rauhreif. Der Schurke war Willy Birgel, groß und schlank, attraktiv häßlich, geschmeidig wie eine Weidenrute – ein ausgekochter Verführer, der Schicksal und Ehre so manchen Mädchens im Film auf dem Gewissen hat. Er war bereits damals Staatsschauspieler, ein Ehrentitel, von dem er überall ohne eine Spur von Humor Gebrauch machte. Im Film war er einfach eine Katastrophe. Jeder menschliche oder männliche Charme ging ihm völlig ab. Mir ist selten ein Mann begegnet, der etwas so Tötendes hatte wie Willy Birgel. Selbst die Luft um ihn herum war tot.

Von ganz anderem Kaliber war der fröhliche und jungenhafte Viktor Staal, der mich in der Schlußszene des Films heiratete. Er war munter, hatte Lachgrübchen und spielte mit mir in der Freizeit Boccia – wir waren in Dahlem nämlich Nachbarn.

Daß mein erster Ufa-Film besonders gut war, kann ich beim besten Willen nicht behaupten. Aber dem Publikum gefiel er, das war schon bei der Gala-Premiere im Ufa-Palast am Zoo am 31. August 1937 zu spüren. Carl Opitz hatte dieses Pseudoereignis beinahe wie einen Staatsakt inszeniert. Massenhaft Leute. Lange Polizeiketten. Kleine Kinder mit blaugelben Wimpeln und Fähnchen – was hatten die denn spätabends dort zu suchen? Scheinwerfer wie auf einem Eishockeyplatz. Ehrengeleit mit motorisierter Polizei an der Spitze. Dahinter im offenen Auto die Garde der Diva: acht Frackanzüge mit Männern darin. Oh, es war prachtvoll, man konnte sich beinahe einbilden, daß hier etwas wirklich Bedeutungsvolles vor sich ging.

Die Premieren in den großen Berliner Kinos waren immer fabelhaft pompöse Shows. Daß riesige Häuser damals mühelos zu füllen waren, kann man sich angesichts des heutigen Kinosterbens kaum noch vorstellen. Die weiträumigen Straßen um die Gedächtniskirche und am Bahnhof Zoo, wo der »Gloria-Palast« und der »Ufa-Palast am Zoo« lagen, waren an solchen Abenden schwarz vor Menschen.

Im Zuschauerraum schluchzten die Leute vor Kummer, als es mir auf der Leinwand schlecht erging. Und die gleichen Tränen, die stets auf Hochzeiten geweint werden, strömten, als ich an Viktor Staals Seite den Gang in dem ländlichen australischen Kirchlein entlang zum Altar und zum Pfarrer schritt. Wahrscheinlich vergoß ich selbst ein paar Tränchen, so wie es mir immer passiert, wenn bei Olympischen Spielen die schwedische Flagge gehißt wird und unsere Nationalhymne ertönt.

In dieser feuchtigkeitsgesättigten, aber glücklichen Stimmung erscholl im Ufa-Palast ein höhnisches Gelächter. Es erregte peinliche Aufmerksamkeit. Tief drinnen in dem unbestechlichen innersten Winkel meines Herzens hatte ich für diesen Flegel, der über die Szene in der Kirche lachte, ein gewisses Verständnis. Doch das kann er selber erzählen.

Arne Hülphers: »Im Herbst 1936 gab die berühmte Greta Keller im damaligen *Odeon,* dem späteren *Ideon* und jetzt abgerissenen Haus am Brunkebergstorg in Stockholm, ein Gastspiel. Ihr Impresario Max Lefko, jüdischer Herkunft und erstaunlicherweise 1936 noch am Leben und in voller Tätigkeit, pflegte abends ins *Fenix-Kronprinsen* hereinzuschauen, wo ich mit meinem Orchester spielte. Eines Tages fragte er mich, ob ich nicht Lust hätte, abwechslungshalber mal in Berlin zu spielen. Natürlich hatte ich Lust, und Lefko schloß mit meinem Chef im *Fenix,* Paul Meier, einen Handel ab. Er bekam für die fragliche Zeit Heinz Wehners Orchester geliehen.

Das *Europahaus* in Berlin war eine gewaltig große Vergnügungsstätte mit fünf verschiedenen Tanzsälen, Restaurants, Cafés und Bars sowie einem Varieté. Unser dortiges Gastspiel wurde so erfolgreich, daß wir nach einem Monat mit einem neuen Vertrag für die kommende Saison nach Stockholm zurückkehren konnten.

In dieser Zeit wurde ich zur Premiere von Zarah Leanders erstem deutschen Film eingeladen – wie er heißt, ist mir entfallen. Aber ja, es konnte ja interessant sein zu sehen, was sie jetzt tat. Ich kannte sie flüchtig, wir hatten drei Jahre zuvor ein paar Schallplatten zusammen gemacht.

Der Film war eine schreckliche Schnulze, ein Kitschfabrikat schlimmster Sorte. Ich kicherte an diesem Abend mehrfach an der falschen Stelle, zur großen Verwunderung und zum großen Ärger des Reichsmusikkammerfritzen, der mich dazu eingeladen hatte. Aber Zarah sang gut, und ganz verteufelt hübsch war sie auch. Ein Leckerbissen in dieser trüben Suppe!

Bei der Schlußszene war es aus mit mir. Das Publikum sah Zarah an der Seite Viktor Staals durch die Kirche zum Altar wandeln – und es heulte selig. Ich sah dasselbe – und prustete los. Zarah hatte irgend etwas Krinolinenähnliches an, darin war sie voluminöser als nötig, sie füllte den ganzen Kirchengang aus. Neben ihr nahm sich Viktor Staal recht jämmerlich aus. Mir kam es vor, als strebe hier ein kleiner, eifriger Schlepper mit einem gewaltigen Überseedampfer im Schlepptau dem Kai zu ...

Ich brüllte vor Lachen und konnte nicht aufhören. Das Publikum wurde wütend und zischte mir Schweigen zu. Hier und da murmelte man erboste Drohungen. Ich fuhr zusammen und kam mir wie der zum Tode Verurteilte beim Anblick des Galgens vor: ›Die Sache scheint gefährlich zu werden!‹

Gebückt schlich ich mich, solange es noch dunkel war, aus der Parkettreihe ins abendliche Berlin hinaus, fand eine Kneipe und versteckte mich dort für den Rest des Abends ...

An diese komische Szene erinnerte ich mich fast zwanzig Jahre später vor meiner eigenen geplanten Trauung mit dieser mehrfach erwähnten Zarah Leander, die in der alten Kirche von Örgryte stattfinden sollte. Im letzten Moment machte ich einen Rückzieher, nicht aus der Ehe, denn die findet immer noch statt, aber vor der kirchlichen Trauung. Das Risiko, an Zarahs Seite den Mittelgang der Kirche entlangzuwandeln und an diesen Film denken zu müssen, war mir zu groß. Ganz gewiß soll man auf seiner eigenen Hochzeit fröhlich sein, wann denn sonst? Aber man soll möglichst nicht vor Lachen brüllen, bevor man beim Altar angelangt ist. Es wurde eine standesamtliche Trauung, sicherheitshalber.«

Wenn *Zu neuen Ufern* auch eine peinliche Schnulze war, wie Hülphers behauptet (und im Prinzip gebe ich ihm recht, auch wenn einzelnes darin gut war), so kam der Film beim Publikum jedenfalls an, und die Kritiker jubelten. Ich erlaube mir, einen Ausschnitt zu präsentieren, der zeigt, welche übertriebenen Hoffnungen man an meine Person geknüpft hatte und wie man von nun an, zumindest hier und da, glaubte, den »Garbo-Komplex« streichen zu können: »Diese Stimme hat alles: Jubel und Glück im berauschenden Lied und dann den wilden Schmerz! Und diese Stimme gehört Zarah Leander, der großen Schauspielerin (!), der neuentdeckten Tragödin des deutschen Films«, schrieb der ›Berliner Lokalanzeiger‹.

Sich über Lob nicht zu freuen, wäre unnatürlich, selbst dann, wenn es maßlos übertrieben ist. Es braucht noch nicht zu heißen, daß man sich selber gegenüber nicht aufrichtig ist oder ein schiefes Bild von sich hat. Nach vierzigjähriger Erfahrung mit Kritikern und Besprechungen weiß man, daß das unberechtigte Lob des einen Tages von dem ungerechten Tadel des anderen Tages aufgewogen wird. Die Zeit selber stellt eine Art Gleichgewicht her, einen Ausgleich. Das obige Zitat sagt also sehr viel mehr aus über die Erwartungen der Filmbranche und die geschickte Lancierung der Ufa als über den Film und mich.

Die Begeisterung überlebte auch den nächsten Film, *La Habanera*, den wir innerhalb von sechs Wochen auf Teneriffa mitten in der schlimmsten Hochsommerhitze 1937 drehten. Bekanntlich reicht Mutter Sonnes Kraft ja nicht aus, die Filmleute zufriedenzustellen, jeder ehrgeizige Amateurfilmemacher hat ja inzwischen gelernt, Schlagschatten mit Zusatzscheinwerfern aufzuhellen. In der wunderbaren Welt des Films liebt man überdies stanniolbezogene Reflektoren, mit denen man das Licht dirigiert – häufig geradewegs in die Pupillen der Schauspieler. Sonne, Jupiterlampen und Reflektoren machten die Dreharbeiten zu einem glühenden Inferno – und meinen Augen tat das Licht nicht wohl.

Dem Leser soll das Vernügen nicht vorenthalten werden, den Inhalt von *La Habanera* kennenzulernen. Die Handlung wurde anläßlich der Reprisen des Films 1952 in einem österreichischen Programmheft wiedergegeben. Man gestatte mir eine kurze Zusammenfassung aus dem ›*Illustrierten Filmkurier, Zeitschrift für das Kinopublikum*‹:

»Lockend, aufreizend und verführerisch erklingt die Habanera. Welches wunderbare Land ist doch dieses Puertorico für die schöne, rotblonde Astree Sternhjelm (das war ich). Hier für alle Zeit in Sonne und Glück leben zu dürfen, wie schön muß das sein im Vergleich mit dem düsteren, regnerischen und kalten Norden mit seinen steifen, hölzernen Menschen, die so kühl und berechnend sind!

Ihre Tante Ana (Julia Serda), Astrees Gesellschaftsdame, sieht das Ganze nüchterner; sie sehnt sich zurück nach Stockholm.«

Astree verliebt sich unsterblich in Don Pedro de Avila (Ferdinand Marian), einen Helden und Stierkämpfer, einen Supermann. Sie bleibt bei ihm, während Tante Ana heimfährt zu den Holzböcken in Schweden. Weiter im Text heißt es: »Zehn Jahre sind vergangen. Astrees Glücksträume sind zerbrochen, aber ihr Stolz verbietet ihr zu klagen. Die Habanera ist verklungen, dem kurzen Liebesrausch folgt ein entsetzliches Erwachen: Don Pedro hält sie gefangen.

Und dazu die ewig brennende Sonne, die schreienden Far-

ben, der Staub und der alljährlich wiederkehrende, todbrin-
gende Fieberwind.

Ihrem neunjährigen Sohn (zählen Sie an den Fingern nach,
es stimmt), dem kleinen Juan, singt sie alte schwedische
Kinderlieder vor, die von Winter und Schnee erzählen . . .«

So kann es nicht weitergehen, es ist klar, daß etwas geschehen muß. Und es geschieht – sogar gründlich.

Das klingt schwülstig. Und es war auch recht schwülstig.

Aber versucht man, den Inhalt etwa des *Hamlet,* der ja
nicht gerade als schlechtes Stück gilt, im Konzentrat wieder-
zugeben, dann hört sich das Ganze wie die schlimmste Räu-
berpistole an. Der Unterschied zwischen *Hamlet* und *La
Habanera* ist der, daß Shakespeare nicht auch das Manuskript zu meinem Film geschrieben hat.

Von diesem Sommer auf Teneriffa an hat mich eine hübsche
Melodie durch mein Leben begleitet, »*Der Wind hat mir
ein Lied erzählt*«.

Dieses Lied hat eine Geschichte: Wir sollten einmal um
9 Uhr morgens eine Musikaufnahme machen, am Abend zuvor fehlte aber noch der Text. Das Lied sollte das Haupt-
motiv von *La Habanera* sein. Das Orchester war für den
nächsten Morgen bestellt. Als ich abends mit Detlev Sierck
das Studio verließ, war mir alles andere als wohl zumute.
Sierck versuchte, mich zu beruhigen, und hielt am Aus-
fahrtstor an. Dort stand Lothar Brühne, Benatzkys unersetz-
licher Korrepetitor. »Du mußt wissen, Zarah, der Junge ist
ein Genie. Der hat garantiert eine Idee.« Sierck bat Brühne,
bis Mitternacht eine Habanera zu schreiben. Wir warteten
zu Hause in meiner Dahlemer Villa voller Ungeduld. Um
11 Uhr abends stand Brühne vor meiner Tür und hatte die
Habanera, eine Melodie, die mir zusagte. Doch es fehlte
noch der Text. Die Rettung konnte nur von Bruno Balz kommen. Ich schickte Brühne zu ihm. Ich rief Balz an und kün-
digte ihm Brühnes späten Besuch an: »Bruno, du mußt zu
dieser phantastischen Musik einen guten Text schreiben«, sagte
ich beschwörend. »Wovon soll er handeln?« – »Sierck hat gesagt, von unerfüllter Sehnsucht. Und recht hat er.«

Ich übertreibe vielleicht ein bißchen, aber eine halbe Stunde später klingelte das Telephon. Balz war am Apparat. Und dieser Tausendsassa sang mir den soeben aus seiner Feder geflossenen Text vor: »*Der Wind hat mir ein Lied erzählt . . .*«

Am nächsten Tag war ich um halb neun in Babelsberg und wurde zu Corell gerufen, der mit mir über die Habanera sprechen wollte. »Liebe Frau Leander, welch eine Logik in diesem Lied: ›*Der Wind hat mir ein Lied erzählt*‹! Nehmen Sie es mir nicht übel, aber der Wind kann bestimmt kein Lied erzählen.« Mir verschlug es beinahe die Sprache. »Das ist doch eine poetische Umschreibung«, versuchte ich zu erklären, aber ich merkte, daß Corell unzufrieden blieb. Ich redete und redete. Ohne überzeugt zu sein, gab er schließlich nach. »All right, dann macht 'ne Aufnahme, wir werden ja sehen . . .«

»*Der Wind hat mir ein Lied erzählt*« wurde zu meinem allergrößten Schlager in all den Jahren in Deutschland, und das nicht zuletzt wegen des Textes und seiner bezwingenden Unlogik. Aber es hat, und das tröstet mich, auch Leute gegeben, die Goethe vorgehalten haben, daß es Unsinn, sei, zu dichten: »Grün ist des Lebens goldner Baum.« Die Beckmesser werden nie aussterben, aber Evchen werden sie eben nie kriegen.

Eine Zeitlang hatte ich in Berlin einen Verehrer, den ich nicht kannte, der mir jedoch beharrlich und vergeblich Blumen schickte. Schließlich mußte ich ein Machtwort sprechen, es begann, peinlich zu werden. Gerade war wieder ein Strauß Rosen gekommen, er wurde mir gebracht, während ich mit Bruno Balz an neuen Liedern arbeitete. Ich rief meinen Bewunderer an und erklärte ihm sehr nachdrücklich: »Sie dürfen mir nie mehr rote Rosen schicken! Haben Sie mich verstanden?«

Als ich den Hörer aufgelegt hatte, fragte Bruno Balz: »Was hast du eben gesagt? Sag es noch mal, es war irgendwas mit Rosen!«

»Du darfst mir nie mehr rote Rosen schenken. Wieso?«

»Das ist ein Lied, hörst du das nicht?«

Nach einer Viertelstunde war der Text fertig. Michael Jary vertonte ihn, und am 21. November 1940 wurde ein Schallplatte daraus. Für den Fall, daß jemand an meinen Worten zweifelt: es ist eine Odeon-Schallplatte mit der Produktionsnummer Be 12767.

In zwei Filmen war ich gewogen und nicht für zu leicht befunden worden. Nun wollte die Ufa ganz groß auf Zarah Leander setzen, jetzt sollte das neue Flaggschiff der Filmgesellschaft zur Entscheidungsschlacht getakelt und gerüstet werden. Soff der Kahn unglücklicherweise ab, sollte es wenigstens mit gehißter Flagge geschehen. Der dritte Film war gleichzeitig der letzte vertraglich festgelegte, er sollte darüber entscheiden, wie sich die künftige Zusammenarbeit zwischen der Ufa und mir weiterentwickeln würde. Daß beiden Parteien an einer weiteren Zusammenarbeit lag, ließ sich nicht verheimlichen. Für mich hieß die Frage, wie hoch wir des deutschen Films »erfolgreichsten Vamp nach Marlene Dietrich« bewerten konnten. Viel hing also von dem dritten Film ab.

Jetzt war nur noch das Beste gut genug. Beim Film *Heimat* sollte auf die Pauke gehauen werden. Der Stoff stammte von Hermann Sudermann, dem Ostpreußen, der in der Zeit des Naturalismus ein erfolgreicher Schriftsteller und Dramatiker gewesen war, aber schon vor seinem Tod zu Unrecht von den Bühnen und aus den Bücherregalen verschwunden war. Der Film hatte mehr als einmal Anleihen bei ihm aufgenommen. *Heimat* hieß das Stück, ein gutes Melodrama, trotz der vierzig Jahre, die es auf dem Buckel hatte. Die Handlung spielt in romantischer Zeit und Umgebung in einer Residenzstadt im letzten Jahrzehnt des 19. Jahrhunderts. Man konnte in prachtvollen Gewändern schwelgen, in schönen Dekolletés, in sich ringelnden Korkenzieherlocken, in schmucken Uniformen, in viel Geglitzer, in Spiegelsälen, Prinzen, Opernarien, Banketten – in allem! Professor Carl Froelich übernahm eigenhändig die Regie mit Assistenz von zwei kommenden Männern, Harald Braun und Rolf Hansen.

Für die Hauptrolle gelang es, Heinrich George zu engagieren, einen der beiden ganz Großen der deutschen Bühne. (Der andere war Emil Jannings.) Auch die anderen Rollen des Films waren nicht gerade mit Anfängern besetzt: Da waren der gemütvolle Paul Hörbiger, der große Tenor Leo Slezak – um nur einige Namen zu nennen, die dem heutigen Publikum noch etwas sagen.

Heinrich George, der Renaissancefürst der deutschen Schauspielkunst, war ein wunderbares Erlebnis für mich. Er war ein großer Mann. Als ich, kurz nachdem wir uns kennengelernt hatten, von ihm eingeladen wurde, beherrschte ich als Zugereiste natürlich noch längst nicht den Berliner Dialekt. Das vorausgeschickt.

Nur der »innere Zirkel« derer, die am Film *Heimat* mitwirkten, war eingeladen worden. Nach einiger Zeit sagte George zu mir: »Du, es ist zu warm hier. Wir beide gehen jetzt raus und setzen uns auf die Treppe.« Er war ein Koloß, wie er neben mir herging. Wir nahmen unsere gebratenen Hähnchen mit und fühlten uns wie Heinrich VIII. nebst einer seiner Frauen. Wir nagten an unseren Federviechern und warfen die Knochen über die Schulter. Plötzlich hatte ich das Bedürfnis, George ein Kompliment zu machen. Ich wollte ihm sagen, daß er ein unerhört liebenswürdiger und eindrucksvoller Mann war, und zwar in möglichst gutem Berlinisch, um meinen Worten Nachdruck zu verleihen. Ich sagte: »Heinrich, weißt du, was du bist?« – »Nee.« – »Du bist ein richtiger Knilch.«

Da stand er auf, ging nach oben und legte sich ins Bett. Ich ging auch hinein und fragte, wo er sei, doch seine Frau wußte es nicht. Er habe lediglich gute Nacht gesagt und sei in sein Zimmer gegangen. Wie ich mich fühlte, braucht wohl nicht beschrieben zu werden. Es war ein furchtbares Erlebnis.

Am nächsten Morgen traf ich Froelich im Atelier und erzählte ihm meine Geschichte. »Was soll ich machen, Professor?« Zunächst erklärte er mir, was ich angestellt hatte, was der Ausdruck »Knilch« bedeutet. Ich weine sehr selten, doch in diesem Augenblick habe ich laut und haltlos geweint. Froelich vermochte mich nicht zu trösten. Als ich mich endlich beruhigt hatte, legte er mir die Hand auf die Schulter und sagte: »Nur ruhig. Geh jetzt in seine Garderobe und sage ihm, daß du es nicht so gemeint hast, und bitte ihn um Verzeihung.«

Ich ging zu Heinrich George und fiel vor ihm auf die Knie. »Liebe Zarah«, meinte dieser Koloß von Mann ruhig, »nimm's nicht so tragisch. Als ich gestern aufstand und ins Bett ging, dachte ich mir schon, daß du nicht wußtest, was du sagtest.«

Von diesem Tag an habe ich zu keinem Menschen mehr gesagt, er sei ein Knilch.

Die Musik sollte von dem Mann mit dem damals und noch lange Zeit zugkräftigsten Namen auf diesem Gebiet geschrieben werden: von Theo Mackeben.

Mackeben war ein leidenschaftlicher Pokerspieler. Poker war wie alle Glücksspiele natürlich verboten. Ich fragte ihn eines Tages, ob er jemanden kenne, mit dem man eine Runde pokern könne. »Und ob! Ich spiele, meine Frau spielt, Brausewetter und noch ein paar andere. Die meisten aber wagen es nicht.« – »Weißt du, Theo, wir machen es so: Ich erkläre, daß ich bei dir proben muß, dann kontrollieren sie mich nicht. Sonst muß ich ja fast über jeden Schritt Rechenschaft ablegen.«

Ich kann nur sagen, wir pokerten wie die Profis, manchmal ganze Nächte hindurch. Wenn wir nach einer nächtlichen Runde ins Atelier kamen und gefragt wurden, wie die Proben gewesen seien, zuckte ich nur mit den Achseln und sagte, wir seien nicht so recht in Form gewesen. Das ging lange gut, doch eines Tages sagte mein guter Freund, der Produktionschef Walter Bolz: »Sieh dich vor, Zarah, nimm dich in acht.« – »Wovor?« – »Vor den Proben bei Theo Mackeben.« Bolz wußte also, daß wir pokerten. Ich war sicher, daß er uns nicht verraten würde, aber wir hielten es doch für besser, unsere Pokerparties einzustellen. Ich war sehr traurig darüber, denn wir hatten viel Spaß dabei gehabt und Aufregung dazu.

Zwei von Mackebens Liedern aus *Heimat* gehören zu meinen Evergreens: »*Eine Frau wird erst schön durch die Liebe*« und »*Drei Sterne sah' ich scheinen*«. Außerdem sollte ich zum erstenmal in meinem Leben in einer Opernrolle auftreten, mit Orpheus' Arie »*Ach, ich habe sie verloren*« aus Glucks Oper *Orpheus und Eurydike,* was aber nicht so himmelschreiend merkwürdig war, da Orpheus üblicherweise von einem Alt gesungen wird.

Einsätze dieser Größenordnung haben eine unglückliche Neigung, fehlzuschlagen, die Erwartungen werden so hochgeschraubt, daß nicht einmal die Engel im Himmel sie erfüllen können. Doch manchmal glückt es trotzdem. *Heimat* wurde deshalb ein gelungener Film, weil so viele gute Kräfte und soviel guter Wille zusammenwirkten. Alles zog am selben Strang, alles stimmte: Drehbuch, Musik, Ausstattung, Kostüme – und vor allem Heinrich George und Carl Froelich.

George erwies sich als außerordentlich großzügiger Kollege. Verschwenderisch erteilte er mir väterliche Ratschläge, nicht um zu zeigen, was für ein Mordskerl er war, sondern weil ihn meine ganz und gar unverstellte und aufrichtige Bewunderung amüsierte. Vielleicht hatte er ursprünglich einen aufgeblasenen, bis zum Platzen hochmütigen Ballon in mir erwartet. Aber so bin ich ja nicht, und das wußte er seit dem Vorfall mit dem »Knilch«. Zum Wertvollsten, was ich bei ihm gelernt habe, gehört das Ausdehnen einer Pause bis zur äußersten Grenze – und dann die Frechheit aufzubringen, sie noch ein wenig zu verlängern. Er schöpfte aus einem Überfluß an Kenntnis und Können, ich aus einem Überfluß an Gefühl, es war fast unvermeidlich, daß jeder ein paar Spritzer vom Überfluß des anderen abbekam.

Professor Froelich führte mich mit sanfter und behutsamer Hand über alle Fallgruben, von denen ich nicht einmal etwas ahnte. Er war nicht nur der namhafteste Regisseur, unter dem ich je gearbeitet habe, sondern zweifelsohne auch der beste. Er war so feinfühlig, der alte Herr. Schon, wenn wir uns in aller Morgenfrühe im Atelier trafen, sah und spürte er sofort, wie es um mich bestellt war. Ob ich aufgeregt, ob ich ausgelassener Stimmung oder ob ich einfach sauer war. Er wußte so gut, daß ich nur kraft meiner Intuition und der Inspiration durch andere arbeiten konnte, und richtete sich danach. Nicht, um der verwöhnten Diva nachzugeben, sondern aus echtem Feingefühl – und um ein gutes Ergebnis zu erzielen.

Ein Erlebnis mit Froelich möchte ich nicht verschweigen: Eines Tages kam er im Atelier zu mir und sagte: »Bitte, spiel mir diese Szene einmal vor, damit ich weiß, woran ich bin.«

Ich hatte zuvor mit dem Film *La Habanera* große Erfolge gehabt und fragte mich jetzt, warum ich solch alberne kleine Szene vorspielen sollte. Ich verstand den Professor nicht und fragte ihn nach dem Grund, zumal ich nur einen einzigen Satz sprechen sollte: »Nein, Vater, ich heirate den Keller nicht, niemals« – »Bitte, sei so gut«, sagte Froelich nur in seiner ruhigen Art. Da dachte ich mir, nun werde ich diesen Satz ausspielen, und legte alles Pathos hinein, das mir gegeben ist. Ich schrie von der Bühne: »Nein, Vater, ich heirate den Keller nicht!« Dann machte ich eine schrecklich lange dramatische Pause und fuhr fort: »Niemals!« – »Danke«, sagte Froelich, »kein Wort mehr.« Es war scheußlich still im Atelier. Niemand wagte, etwas zu sagen. Es herrschte ein beängstigendes Schweigen. Ich wurde bleich vor Nervosität. Froelich schwieg noch immer. Doch dann öffnete sich plötzlich sein Mund, und ich hörte die Worte: »Aber 'ne süße Schnauze hat se.« Das Atelier brüllte vor Lachen, und ich stand wie ein begossener Pudel da.

Nie zuvor war ich der Schauspielkunst so nahe gekommen wie in einigen dichten Szenen mit Heinrich George. Ich möchte nicht behaupten, daß ich »spielte«, aber ich ahnte etwas von dem, was – so möchte ich mir jedenfalls einreden – zu den Sternstunden eines Schauspielers gehört, ich rührte an etwas, was mir wie Kunst erschien. Einige wenige glückliche Sekunden lang habe ich dieses Gefühl auch auf der Bühne verspürt – und recht häufig, wenn ich auf einem Podium stand und unter mir ein hilfloses Publikum hatte. Vielleicht ist es noch immer nicht Kunst, vielleicht bin nur ich es. Aber wie man es auch nennen mag, es sind begnadete Augenblicke.

Mit einer Fußnote in der Geschichte des Films wäre ich mehr als zufrieden, sofern diese Fußnote *Heimat* betrifft.

Und da saß Goebbels...

Eine Staatskarosse, ein Mercedes-Benz, lang und schwarz wie ein Bestattungswagen, holte mich ab. Würdig schaukelten wir durch Berlin. Ich trug meinen kleinen Blaufuchs und nicht mehr Schmuck, als für eine »einfache« Einladung bei den oberen Zehntausend passend war. Es sollte ein legerer Abend werden, ich durfte ausnahmsweise ohne Leibwächter gehen.

»Aber nicht später als zwölf«, befahl Walter Bolz. »Bleib nicht länger, ich warte auf dich.«

Hier muß ich ein paar Zeilen über Walter Bolz und die »Herstellungsgruppe Leander«, über Diktatur und Bürokratie einfügen.

Alle Politik ist Papier. Die Obrigkeit trüge ihr Schwert vergebens, wenn sie nicht gleichzeitig haufenweise Papier über ihre Untertanen ausschüttete: Gesetze, Verordnungen, Bekanntmachungen, Verfügungen, Diktate, Verbote, Genehmigungen, Erlasse, Vordrucke. Auch eine Demokratie verbraucht nicht gerade wenig Papier, wie man weiß. Eine Diktatur aber benötigt für ihre Existenz noch mehr Gesetze, Verordnungen und so weiter. Die Geschichte lehrt uns, daß eine Diktatur – wieviel Böses man ihr auch nachsagen mag – jedenfalls ein Großkunde bei den Papiermühlen und Druckereien ist. Die Papierherrschaft kann man auch als Bürokratie bezeichnen, ein verhaßtes Wort. Von den Regierungsformen, die ich erlebt habe, scheint mir die Diktatur die bürokratischste (und gleichzeitig die launenhafteste) zu sein. Kombiniert man deutsches Organisationstalent, deutsche Gründlichkeit mit deutscher Diktatur, erhält man eine Bürokratie, die ihresgleichen sucht: sie ist beispiellos.

Eine deutsche bürokratische Diktatur in Kriegszeiten läßt sich nicht begreifen, noch weniger beschreiben. Dies ist auch gar nicht meine Absicht, ich möchte nur sagen, daß auch die Ufa in Babelsberg von diesem Papier- und Formalitätenkrieg begreiflicherweise nicht verschont blieb. Für die Produktion brachte der Krieg keine Beschränkungen mit sich, eher umgekehrt, der Krieg sollte ja eine rasch vorübergehende Angelegenheit sein. So dachte man es sich jedenfalls. »Arbeitet wie sonst«, lautete der unausgesprochene Befehl. Aber um die bürokratischen Verrücktheiten des Krieges kamen auch wir nicht herum. Die Arbeit litt eben darunter, wenn ein paar handgenähte Schuhe auf sieben verschiedenen Bezugsscheinen angefordert werden mußten, die fünf verschiedene Amtsstellen zu passieren hatten.

»Kümmert ihr euch doch um eure Formulare und Stempel, in meinem Vertrag steht jedenfalls nichts darüber, daß ich davon betroffen bin«, erklärte ich dem Produktionschef. »So geht das einfach nicht weiter! Stellt mir irgendeinen Kerl zur Verfügung, der die nötigen Befugnisse hat und alle Schlupflöcher kennt. Ich denke gar nicht daran, meine praktischen Sorgen mit sieben Papierpuppen zu diskutieren. Ich will einen einzigen vernünftigen Mann haben, mit dem man reden kann.«

Ich setzte meinen Willen durch. Er hieß Walter Bolz, war siebenundzwanzig Jahre alt, hatte bei der Ufa von der Pike auf gedient und konnte deshalb alles. Er war Laufbursche, Beleuchter, Bühnenarbeiter und Requisiteur gewesen, hatte danach eine Handelsschule besucht und war zum Sekretär in der Produktionsabteilung aufgestiegen. Er und ich bildeten jetzt die »Produktionsgruppe Bolz-Leander«. Walter Bolz konnte alles ordnen und organisieren und tat es auch. Außerdem wurde er mein guter Freund und Vertrauter. Und zuverlässig war er wie kein anderer.

Während ich unterwegs war zur Villa auf Schwanenwerder, saß Bolz also leicht aufgeregt und besorgt in meinem leeren Haus in Dahlem. Stumme Diener mit steinernem Gesicht öffneten die Türen der Goebbelsschen Villa, nahmen mir den Pelz ab und führten mich über weiche Teppiche durch Empfangszimmer und Salons. Das ganze Haus wirkte wie ausgestorben, nichts sprach dafür, daß sich hier fröhliche Menschen auf einer Party treffen sollten. Gespenstisch klimperte irgendwo ein Klavier, es klang, als übe ein Neunjähriger ein allzu schweres Stück.

Jetzt schlug der Diener die Flügeltüren zu einem spärlich beleuchteten Salon auf und meldete: »Herr Reichsminister, Frau Leander!«

Und da saß Goebbels und klimperte auf dem Flügel.

»Herr Minister«, sagte ich, »komme ich vielleicht zu früh? Bin ich der erste Gast? Aber bei uns in Schweden sind wir pünktlich, auf die Sekunde.«

»Das sind wir Deutsche auch. Herzlich willkommen! Mögen Sie Chopin?«

»Ja, sicher, aber ich verstehe nicht . . . Wo sind denn die anderen?«

»Es kommen keine anderen. Ich habe mir gedacht, daß wir beide allein uns einen gemütlichen Abend machen, ein Plauderstündchen haben . . .«

Jetzt wurde mir klar, warum Joseph Goebbels' Einladung mit soviel Geheimnistuerei verbunden gewesen war. Zwar war eine ganz normale Einladungskarte durch eine Ordonnanz bei der Ufa abgegeben worden – also daran war nichts Besonderes. Aber als Walter Bolz und Carl Opitz diskrete Nachforschungen anstellten, welche Berühmtheiten der Propagandaminister diesmal zu empfangen gedenke, erhielten sie keine Auskunft. Es hieß nur, der Reichsminister gebe eine private Einladung familiären Charakters. Das verwunderte uns sehr – und beunruhigte Walter Bolz.

Goebbels: »Was ich eben gespielt habe, war ein Walzer von Chopin.«

Ich: »Ja, so kam es mir vor . . . Herr Minister, darf ich Ihnen diesen Walzer vorspielen?«

Goebbels: »Sie spielen Klavier?«

Ich lächelte nur und setzte mich an den Flügel. Ich wollte Zeit gewinnen. Die Situation verwirrte mich, obwohl sie im

Grunde eindeutig war. Was Joseph Goebbels mit dieser »privaten Einladung familiären Charakters« beabsichtigte, war sonnenklar. Aber ich war überrumpelt, und deshalb kam mir Frédéric Chopin gerade recht. Was der Gastgeber gepielt und schlecht gespielt hatte, war nämlich ein Walzer in as-Moll, eines der Stücke, die mir noch seit dem Klavierunterricht in Karlstad in den Fingern saßen.

»So soll dieser Walzer klingen«, sagte ich und ließ die Finger über die Tasten gleiten.

Goebbels sah amüsiert aus. Er war es gewohnt, daß ich Dinge unverblümt beim Namen nannte. Wir waren einander schon mehrfach in weniger dubiosen Situationen begegnet und hatten die Klingen gekreuzt. Da ihm – außer von Hitler – selten widersprochen wurde, belustigte es ihn. Und ich hatte inzwischen gelernt, daß es mächtigen Herren guttut und daß sie eine Schwäche dafür haben, wenn man ihnen widerspricht oder reinen Wein einschenkt. Der »Reichsminister für Volksaufklärung und Propaganda« machte da keine Ausnahme, er fand mein loses Mundwerk anregend und zeigte als Gegenleistung, daß ihm der Sinn für Humor, Satire und sogar ein wenig Selbstironie nicht abging.

Während ich meinen Walzer spielte, mußte ich an all die Gerüchte denken, die in der Stadt und nicht zuletzt in den Filmateliers die Runde machten. Sie handelten stets von Goebbels und seinem angenehmen Hobby: Film *und* junge Filmschauspielerinnen. Es gab auch Skandale, die nach Möglichkeit vertuscht wurden. Für manche Filme gab es hier und da befremdliche Direktiven bei der Rollenbesetzung. Der allerhöchste Chef des deutschen Films bewies Karrieredamen seine Wertschätzung dadurch, daß er ihnen Rollen gab, die sie äußerst selten verdienten; er nutzte auf billigste und schmierigste Weise jene »Prostitutionsbereitschaft« karrierebeflissener Mädchen, die bei Film (und Theater) Rolle, Vertrag und Erfolg im Bett zu erringen hoffen.

Ganz offen wurde über Goebbels' Verhältnis mit der bildhübschen, aber total unbegabten Tschechin Lida Baarova geredet. Viel später habe ich irgendwo gelesen, daß es sich in diesem Fall um gegenseitige tiefe und wahre Liebe gehandelt haben soll.

An diesem Abend auf Schwanenwerder aber handelte es sich keineswegs um gegenseitige große und wahre Liebe, das kann ich versichern. Es war eine drittklassige Verführungsszene, die zu allem Überfluß noch einfältig inszeniert war. Eine Riesenlampe mit Seidenschirm warf einen gelblichen Schimmer über meine Hände am Flügel. In einer Ecke flackerte Kerzenlicht. Blumen prunkten. Auf dem Sofa Seidenkissen, groß wie Matratzen. Chopinmusik. Jetzt fehlten nur noch langhalsige Flaschen in Eiskübeln und funkelnde Kristallgläser – richtig, da wurde auch schon eine Batterie von Flaschen hereingerollt. Alles war bereit.

Herr des Himmels! Ich habe weiß Gott in Kitschfilmen mitgespielt und darin Verführung und Liebe gemimt. Aber ich hoffe, daß meine Schäferstündchen in den Kinos nicht derart geschmack-, stil- und spannungslos waren.

»Und worüber wollen wir uns jetzt unterhalten?« fragte ich, als sich Chopin nicht länger auswalzen ließ. »Was für ein Thema wollen wir uns einfallen lassen? Aber zunächst muß ich Sie um etwas bitten, Herr Minister: kann ich etwas zu essen bekommen? Ich habe den ganzen Tag hart gearbeitet und auch zu Hause nichts gegessen, weil ich annahm, ich sei zu einem Essen geladen. Nun ja, ein Irrtum . . . Ich bin jedenfalls wahnsinnig hungrig.«

Goebbels war gescheit genug, den Abend in bezug auf die Verlustierung, auf die er sich gespitzt hatte, verlorenzugeben. Wir sprachen über Film, ein Thema, das uns beide interessierte. Doch das Gespräch war zähflüssig wie stets, wenn Menschen in eine fatale Situation geraten sind, wo nichts ihren Erwartungen entspricht. Der Hausherr versuchte, aus dem mißglückten Abend das Beste zu machen. Er erkundigte sich nach der politischen Einstellung von uns Schauspielern und danach, welche politischen Einzelheiten bei uns diskutiert würden.

»Im Atelier wird von früh bis spät gearbeitet, wir haben

gar keine Zeit für politische Gespräche. Und übrigens auch keine Lust«, gab ich ihm Auskunft.

Das Gespräch stockte. Ich widmete mich den belegten Broten, die endlich erschienen waren, trank ein Glas Wein und guckte unaufhörlich und demonstrativ auf die Uhr. Zum Schluß glückte es uns doch noch, die peinliche Stimmung zu überspielen.

»Denken Sie nur, Herr Minister«, sagte ich unschuldig, »neulich habe ich in einer englischen Zeitung gelesen, Sie seien der Machiavelli unserer Zeit. Das begreife ich eigentlich nicht ...«

»Wie bitte?«

»Ja, ich begreife nicht, was damit gemeint ist, aber irgendwo gelesen habe ich es tatsächlich.«

»Sie sind ziemlich keck, Frau Leander!«

»Wieso? Machiavelli war doch ein großer Staatsmann, oder nicht? In seiner Art.«

Da lachte Joseph Goebbels sein großes Lachen, das mich stets aufs neue verblüffte: soviel Gelächter in einem so kleinen Kerl!

»Eigentlich sollte ich Ihnen ja böse sein, Frau Leander, aber ich kann es nicht. Sie sind so herrlich frech!«

Ohne Schaden an meinem züchtigen Leib oder meiner frommen Seele genommen zu haben, konnte ich vor Mitternacht in der Staatskarosse wieder heimschaukeln – ich hatte nicht einmal einen kleinen Schuh aus Glas verloren. Zu Hause erwartete mich der besorgte Walter Bolz. Am Küchentisch erzählte ich ihm die dumme Geschichte von dem Verführungsversuch auf Schwanenwerder.

Von den Größen des Dritten Reiches bin ich einige wenige Male mit Hitler, Göring und Walther Funk zusammengetroffen. Es wäre reine Prahlerei, wollte ich nach diesen kurzen Begegnungen vorgeben, eine persönlich begründete Meinung über diese Herren zu haben: »Ich, Zarah Leander, finde, daß Adolf Hitler ...« Unsinn. Ich finde nichts anderes als das, was jeder anständige Mensch finden muß, wenn er sich selber auf Herz und Nieren prüft.

Mit Joseph Goebbels war es eine ganz andere Sache. Ich habe über meine Begegnungen mit ihm nicht Buch geführt, vermute aber, daß wir uns in den vier Jahren durchschnittlich einmal monatlich, bisweilen häufiger, bisweilen seltener, sahen. Ein einziges Mal war er auf einem Empfang bei mir zu Gast. Hingegen war ich niemals bei Magda und Joseph Goebbels eingeladen. Auch Schwanenwerder sah ich nie wieder ... Er war mein höchster Chef, und im allgemeinen lernt man seinen Chef kennen, womit noch nicht gesagt ist, daß man ihn kennt. Man erkennt ihn nur, und zwar daran, daß er gewissermaßen das Schild *Chef* mit sich herumträgt. Ab und zu kann es passieren, daß so etwas wie der Mensch dahinter hervorschaut.

Häufig waren unsere Begegnungen rein zufällig und so wenig formell, wie ein Treffen mit einem Minister eben sein kann. Meistens liefen wir uns in dem klubartigen, riesigen »KDDK«, dem Künstlerklub Unter den Linden, über den Weg, dem einzigen Ort in Berlin, wo man von den vergötternden Blicken der Menschen unbehelligt blieb. Dort ließ man nämlich nur Künstler und ähnliches loses Gesindel herein. Und Künstler pflegen einander selten zu vergöttern. Unter sich und bei einem Glas Wein sind sie befreiend natürlich und unverschämt zueinander.

Dort konnte auch Goebbels auftauchen, irgendwo Platz nehmen und über Film reden. Ich bescheinige ihm gern, daß er ungemein interessant sein konnte, wenn er sein Wissen ausbreitete oder sich in künstlerische Spekulationen über das Thema vertiefte, für das er nicht nur eine Schwäche hatte, sondern das er wirklich beherrschte. Irgendwo habe ich gelesen, daß er sich am liebsten zurückgezogen und ein Mammutwerk über die Filmkunst geschrieben hätte. Vielleicht hat er dies auch selber einmal im Künstlerklub verraten.

Möglicherweise wäre es ein interessantes Buch geworden, denn Goebbels war sehr belesen und verfügte über eine gewandte Feder, er trug seinen Doktortitel nicht nur als Dekoration. In seiner Jugend hatte er über ein literarisches

Thema promoviert, und Filme hatte er sein Leben lang tagtäglich gesehen. Kein Mensch kann behaupten, daß er ein gutaussehender Mann war, doch wenn er sich für ein Thema erwärmte, war er nicht ohne intellektuellen Charme. In solchen Augenblicken wurde er beredt, geistreich, seine dunklen Augen sprühten, und seine Stimme hatte Wärme und Intensität. Ein Vierteljahrhundert nach seinem Selbstmord dürfte wohl – ohne daß jemand vom Schlag gerührt wird – die Äußerung gestattet sein, daß Joseph Goebbels über den Film intelligente Ansichten vertrat. Er liebte diese Kunstform viel zu sehr, als daß er sie unnötigerweise für seine Propaganda mißbraucht hätte. Diese Tatsachen sind schon von einsichtigeren Menschen als mir bezeugt worden. Ich kann nur bekennen, daß dies auch mein unmaßgeblicher Eindruck gewesen ist.

Ich pfeife darauf, was man meint und glaubt und denkt, und erkläre offen: Goebbels *war* ein interessanter Mensch. Er mißfiel mir nicht. Erst gegen Ende veränderte er sich, da wurde er töricht – und gefährlich.

Meist hatten unsere Begegnungen eindeutig offiziellen Charakter und fanden dementsprechend in seinem Ministerium statt. Anfangs erhielt ich freundliche oder sogar herzliche Einladungen, später nahmen sie die Form von Aufforderungen an, und schließlich erhielt ich den Befehl, mich einzustellen. Meine erste Begegnung mit ihm fand in diesem seinem Arbeitsraum statt. Mit der Einladung kamen vierzig dunkelrote Rosen. Es war nach der Premiere von *Heimat* 1938. Ich fand das Ganze recht spannend, all die vielen Ufa-Chefs aber hielten es für ein »historisches« Ereignis.

Der Grund dafür war folgender: Goebbels war durchaus nicht begeistert davon gewesen, daß die Ufa ausgerechnet eine Ausländerin zu *leading lady* der eigenen Gesellschaft und wenn möglich des gesamten deutschen Films aufbauen wollte. Er betrachtete es als Armutszeugnis, daß das stolze Dritte Reich nicht eine eigene Garbo produzieren konnte. Diese Schwedin paßte ihm einfach nicht, und dementsprechend behandelte man mich von dort oben wie Luft. Für sein Ministerium existierte ich nicht. Nach meinem ersten Film jubelten Publikum und Presse, aber Goebbels rührte sich nicht. Nach meinem zweiten Film stieg der Jubel – Goebbels aber schwieg.

Dann kam *Heimat*. Und jetzt konnte Goebbels nicht länger schmollen. Der Regisseur und Professor Carl Froelich hatte auf der Biennale in Venedig für *Heimat* den Regiepreis erhalten, und auch meine Leistung hatte internationales Lob geerntet. Jetzt blieb dem Propagandaminister nichts anderes übrig, er mußte reagieren. Und er tat es auch. Dumm war er nicht.

Es gab mich nun mal, und wenn dies von Goebbels' Standpunkt aus vielleicht auch von Übel war, so ließ sich meine Existenz doch nicht leugnen. Ich selber hatte keine Ahnung davon, daß um meine Person insgeheim ein Machtkampf entbrannt war und ein Tauziehen stattfand. Gewiß, man hatte mich nie zu den offiziellen Feten des Ministeriums oder der Reichsfilmkammer geladen, aber das ließ mich kalt. Bankette und große Empfänge liegen mir nicht und haben mich nie amüsiert.

Die Gnadensonne ging über Babelsberg also in Gestalt von vierzig dunkelroten Rosen auf, und man verfrachtete mich in Goebbels' Ministerium.

Hinter dem großen, großen Tisch in dem großen, großen Zimmer saß das kleine, kleine Männchen. Es war in sonnigster Stimmung, strahlte vor guter Laune, bot mir fade Zigaretten an (fade durch das Goldmundstück und den Namen des Besitzers in Goldbuchstaben, was besser zu Göring gepaßt hätte), plauderte über dies und jenes, aber vorwiegend über Film. Ein schwedischer Journalist hatte mich vor dieser Begegnung darauf aufmerksam gemacht, daß Goebbels unter seiner Schreibtischplatte Knöpfe habe, mit denen er Abhör- und Tonbandgeräte in Betrieb setzte, wenn ihm ein Gespräch interessant oder wichtig genug erschien, »verewigt« zu werden. Goebbels wunderte sich darüber, daß ich zu Beginn unserer Unterhaltung so schweigsam war. Ich sagte daraufhin, daß ich keine Lust hätte, mich auf Tonbändern verewigt zu wissen. Im selben Augenblick wurde mir flau im Magen. Er tat, als hätte er mich nicht verstanden. Daraufhin sagte ich ganz kalt geradeheraus, ich würde mir gern die Knöpfe unter seinem Schreibtisch ansehen, mit denen er die Abhörgeräte bediente. Diese Unverfrorenheit verschlug Goebbels zunächst die Sprache, doch dann faßte er sich und sagte in bestimmtem Ton, eine derart freche Person habe ihm noch nie gegenübergesessen, worauf ich mir die Antwort erlaubte: »Ganz meinerseits, Herr Minister.« Worauf wir beide schallend lachten.

Danach hatten wir eine im großen und ganzen angenehme Plauderstunde. In der Luft lag eine prickelnde, aber nicht unangenehme Spannung, die so typisch für ein erstes Kräftemessen zwischen intensiven Menschen ist.

Diese unsere erste Begegnung endete in beinahe ausgelassener Stimmung. Wir wußten nun, was wir voneinander zu halten hatten: Wir waren nicht so, wie man uns vom Kino oder aus den Zeitungen kannte. In Zukunft konnten wir recht offenherzig miteinander sein, was sich später als sehr nützlich erweisen sollte, wenn meine Arbeitskollegen mich in solchen Fällen, wo seine und unsere Ansichten auseinandergingen, zu dem »Allerhöchsten« vorschickten.

Von 1942 an war Goebbels nämlich nicht nur faktisch, sondern auch formell der Diktator der Ufa. Die Filmgesellschaft war verstaatlicht worden, und Goebbels griff mehr und mehr in die praktische Arbeit ein. Noch während der Dreharbeiten verlangte er die Streifen zu sehen, hatte zu allem bestimmte Ansichten und befahl sogar Änderungen in einzelnen Dialogen oder Szenen. Alles wurde umständlich und unerträglich.

Da man glaubte, ich hätte bei dem Mächtigen einen Stein im Brett, mußte ich oft vermitteln, und ich tat es – wenn auch widerstrebend –, weil es mich selber und meine Filme betraf. Den Wert meiner Bemühungen bei solchen recht scharfen Diskussionen kann ich freilich nicht beurteilen, aber ein wenig mögen sie wohl geholfen haben.

An meine letzte Begegnung mit Goebbels erinnere ich mich

mit Unbehagen. Es war Ende 1942, und für Hitler und Konsorten begann es an allen Fronten zu wanken. Stalingrad wurde in den Heeresberichten als Heldentat gerühmt (es war kurz vor seinem Fall). Die Alliierten waren in Nordafrika gelandet. Ihre Bomben hagelten auf Berlin. Für das Dritte Reich sah es alles andere als rosig aus.

Ich selber stand vor einer wichtigen persönlichen Entscheidung. Meine beiden letzten Filme, *Der Weg ins Freie* (1941) und *Die große Liebe* (1942) waren großartige Publikumserfolge. Die Anzahl goldener Eier, die ich für meine Filmgesellschaft gelegt hatte, überstieg alle Erwartungen. Meine Stellung in der deutschen Filmindustrie war einzigartig, ich selber stand fassungslos davor. Aber je mehr mir meine Freiheit beschränkt wurde, desto mehr wuchs auch mein Unbehagen. Man schickte mir Drehbücher zu, von denen jeder wußte, daß ich sie ablehnen würde – aber es gab eben Direktiven. Goebbels' zunehmende Einmischung während der Dreharbeiten wurde immer irritierender.

Außerdem setzte mir das Heimweh mehr denn je zu.

Während der Dreharbeiten zu *Damals* im Spätherbst 1942 trat ein sehr ernster Zwischenfall ein, für den ich später recht dankbar war, da er all meine inneren Konflikte plötzlich löste. Ich konnte meine moralischen Bedenken über einen Vertragsbruch – mein Vertrag galt noch bis Ende 1943 – über Bord werfen.

Die Ufa weigerte sich nämlich, vermutlich auf einen Wink höchsten Orts, die vereinbarten 53 Prozent meiner Gage an meine schwedische Bank zu überweisen. Selbstverständlich sollte ich mein Geld erhalten, jedoch in Berlin und in Reichsmark.

Das paßte mir gar nicht. Vertragsbruch ist in meinen Augen ein schwerwiegendes Vergehen. Ich bin in der Auffassung erzogen worden, daß Vereinbarungen zu halten sind. Ein Wort und ein Handschlag zwischen einem Gentleman und einer »Gentlelady« genügen, und ein Namenszug unter einem Papier hat noch mehr Gewicht als ein Ehrenwort. Mit einem Federstrich läßt sich die Ehre nicht tilgen.

Die Ufa brach eine Klausel unseres Vertrags. Meine umgehende Antwort lautete: Streik.

Daraufhin war in Babelsberg die Hölle los. Etwas Unerhörtes war geschehen: Die Goldhenne weigerte sich, Eier zu legen. Kein Wunder, sie kriegte ja auch nicht ihr richtiges Futter. Erbost, unsicher und ein wenig bange saß ich zu Hause. Auch ich fand es unerhört, es war der erste Streik meines Lebens, und er machte mir keinen Spaß. Aber ich hielt durch, und die Ufa mußte nachgeben. Es wäre sie teurer zu stehen gekommen, einen fast fertig gedrehten Film ad acta zu legen, als mir die Gage in schwedischer Währung auszuzahlen.

Nachdem ich die telegraphische Bestätigung erhalten hatte, daß das Geld auf meinem Konto in Stockholm eingegangen war, kehrte ich »kühl bis ans Herz hinan« ins Atelier zurück.

Um diese Zeit erhielt ich die Aufforderung, mich bei Goebbels einzufinden. Er kam mit einem Vorschlag, einem Anerbieten, das in seinen Augen fast einer Heiligsprechung gleichkam: Ich sollte Staatsschauspielerin werden. Ich sollte einen staatlichen Besitz erhalten, ich sollte eine großzügige staatliche Leibrente beziehen. Goebbels versprach mir die goldenen Berge des Dritten Reiches für eine fast lachhaft bescheidene Gegenleistung: Ich sollte die deutsche Staatsangehörigkeit annehmen, und auch meinen Kindern sollte alles erdenkliche großdeutsche Glück beschert werden.

In meinen Augen war dieser Vorschlag weit schändlicher als der, den er an dem Verführungsabend auf Schwanenwerder niemals ausgesprochen hat. In dieser Sache gab es nichts zu verhandeln. Ich lehnte ab, und wir trennten uns in eiskalter Stimmung.

Zum erstenmal in Deutschland bekam ich Angst.

Unter den Stars des Dritten Reiches

Viele glauben, daß ich als Filmstar erster Größe bei Hitler, Göring und Konsorten ein und aus ging. Die Vorstellung ist zwar naiv, aber verständlich, da ja allgemein bekannt ist, daß Hitler ein fast anormales Interesse für Filme hegte – ebenso wie sein Diktatorbruder Stalin. Zwei der mächtigsten Staatschefs der Welt jener Zeit saßen Abend für Abend in ihren Heimkinos und starrten auf die Filmleinwand. Sie benutzten den Film wohl wie wir das Fernsehen, zur Entspannung und als Schlafmittel.

Nein, Hitler hatte weiß Gott anderes zu tun, als abends mit mir Canasta zu spielen. Für mich war er in erster Linie eine brüllende Stimme aus dem Radio – das ich dann sofort abstellte, denn ich bin bösartigen Lauten gegenüber empfindlich – und eine von Tausenden von Photos und aus Hunderten von Wochenschauen bekannte unbegreifliche Person mit Schnurrbart und Tolle. Vermutlich war seine Vorstellung von mir ähnlich klischeehaft, da er wohl einige meiner Filme gesehen hatte. Daß wir uns überhaupt je begegnet sind, war reiner Zufall, diese Begegnung war weder geplant noch vorbereitet. Und sie hinterließ wohl auf keiner Seite irgendwelche tieferen Spuren. Genaugenommen war sie recht uninteressant.

Vielleicht ist die Episode wert, als Anekdote bezeichnet zu werden, und deshalb nehme ich sie der Vollständigkeit halber in diesem Kapitel mit »meinen bekanntesten Anekdoten« auf. Diese unbedeutenden Ereignisse und kleinen Geschichten sind oft erzählt und ebenso oft entstellt und verfälscht worden. Da diese Episoden im Kern jedoch wahr sind, mag es angebracht sein, hier noch einmal eine *autorisierte Fas-*

sung zu bringen. Für ihren Wahrheitsgehalt verbürge ich mich.

Ich war gerade mit meinem weitaus schlechtesten Film, *Lied der Wüste* (1939), fertig geworden. Als der Film abgedreht war, konnte man noch nicht genau wissen, wie schlecht er eigentlich war, ahnte jedoch nichts Gutes. *Lied der Wüste* ist der einzige meiner zehn Ufa-Filme, dessen Aufführung meines Wissens bei Kriegsende von den Alliierten verboten worden ist. Man hielt ihn für antibritisch. Der Film führt nämlich vor, wie eine britische Finanzgruppe (die entsprechenden deutschen Gruppen nannten sie die ausländischen »Plutokraten«) ein Kupfervorkommen in Nordafrika um des eigenen schnöden Gewinns willen ausbeuten will. Der Konflikt entsteht dadurch, daß ein edler Ingenieur aus Schweden (!) die einheimische Bevölkerung, die Beduinen, in den Genuß dieses in der Erde der Vorväter ruhenden Bodenschatzes zu bringen versucht.

Mit Sand zwischen den Zehen und Zähnen tauche ich völlig unmotiviert als »die gefeierte Sängerin Grace Collins« in der Handlung auf. Oh – war das schlecht! Ganz abgesehen von seiner Tendenz war der Film so hundsmiserabel, daß nicht einmal das deutsche Publikum etwas davon wissen wollte. *Lied der Wüste* wurde ein vollständiger Reinfall. Die Kritiker konnten nicht begreifen, was ich in der Wüste und der Film in den Kinos zu suchen hatte. Und schon nach ein paar Tagen wurde er abgesetzt. Gerade damals aber war dies für mich äußerst heikel, da meine beiden vorhergehenden Filme, *Der Blaufuchs* und *Es war eine rauschende Ballnacht,* auch keine Erfolge gewesen waren.

Daß ich an diesen miserablen Film nicht nur schlechte Erinnerungen habe, liegt an meinem Kollegen Gustav Knuth, der ebenfalls eine Hauptrolle spielte. Er ist einer der nettesten Menschen, die ich in meinem Leben getroffen habe. Er hatte einen herrlichen Humor und brachte uns alle dauernd zum Lachen. Gustav konnte fabelhaft Geschichten erzählen, die uns die Tränen in die Augen trieben. Er ist nicht nur ein herrlicher Schauspieler, ein Vollblut-Kommödiant, sondern auch ein guter Kamerad. Heute lebt er in der Schweiz, in der Nähe von Zürich. Dort hat er in meiner Enkelin eine junge Bewunderin – sie wohnt im Nachbarhaus.

Dafür, daß man das *Lied der Wüste* nach dem Krieg verboten hat, bin ich nur dankbar. Allerdings zweifle ich daran, daß die Kommission, die diesen Film auf die schwarze Liste setzte, ihn je gesehen hat. Der Film war so himmlisch dumm, daß er unmöglich schaden konnte – außer denen, die darin mitspielten.

Als wir uns in einem Berliner Restaurant zum »Leichenschmaus« versammelten, ahnten wir von alledem natürlich noch nichts. Der von uns Filmleuten eingeführte »Leichenschmaus« war eine hübsche Sitte. Alle, die unmittelbar mit dem Film zu tun gehabt hatten – und das konnten zwischen zwanzig und fünfzig Menschen sein, vom Burschen mit der Klappe aufwärts bis zum Regisseur –, trafen sich ein letztesmal bei einem Glas, um den Abschluß einer intensiven Arbeitsperiode, einer intimen Zusammenarbeit zu feiern.

In der abgeschlossenen Welt des Film und des Theaters ergibt es sich unausweichlich, daß alle, die mit einem Film oder einem Stück zu tun gehabt haben, zu einem Block zusammengeschweißt werden. Alles außerhalb dieses Blocks ist uninteressant.

Die Umwelt, falls eine solche überhaupt existiert, ist gleichgültig. Die einzigen Menschen auf der Welt, das sind wir, die diesen Film machen. Wir können uns hassen und zanken, bekämpfen und lieben, zusammen weinen und lachen, aber immer sind es nur wir. Die anderen ... Was für andere? Gibt es überhaupt noch andere Menschen?

Aha, doch, aber was geht es uns an?

Wenn der letzte Drehtag zu Ende ist, tut man gut daran, eine »Götterdämmerung« heraufzubeschwören, alles Gemeinsame hinter sich zu verbrennen. Natürlich ist das reichlich pathetisch, denn nach ein paar Monaten finden sich die meisten wieder bei einer neuen Aufgabe zusammen.

Wir trafen uns also im Privatzimmer eines großen Restaurants, um den Wüstenstaub hinunterzuspülen. In dem großen Festsaal nebenan war für ungefähr vierhundert Personen gedeckt. Bald tuschelte man überall: »Der Führer!« Es war ein wohlunterrichtetes Getuschel, denn tatsächlich kam Hitler mit Gefolge, ausnahmsweise trug er einen Frack. Wenige Monate später zog er bekanntlich für immer die feldgraue Uniform an. Hitler nahm am Ehrentisch Platz, die übrigen Festgäste kannte ich nicht.

Es war fast unvermeidlich, daß die Gegenwart Hitlers im Nebenraum die Stimmung bei uns veränderte. Man konnte bei den Kollegen interessante Beobachtungen machen. Einige gerieten bei der Vorstellung, vielleicht die Frackschöße des »Führers« wehen zu sehen, in Ekstase, andere erstarrten, wieder andere taten betont gleichgültig. Niemand aber blieb unberührt, nebenan saß ja der leibhaftige höchste Gott.

Eine Viertelstunde später kommt ein Adjutant zu uns, marschiert auf mich zu und verkündet: »Der Führer und Reichskanzler wünscht, daß Sie, gnädige Frau, an seinem Tisch erscheinen.« Da es mir an Übung im Verkehr mit Diktatoren mangelt, trabe ich mit gemischten Gefühlen hinter dem Adjutanten her. Hitler erhebt sich höflich, ich setze mich und frage mich gleichzeitig, worüber man sich mit einem Herrn namens Adolf Hitler wohl unterhalten könnte. Natürlich kann ich abwarten, daß er die Unterhaltung beginnt, aber das ist riskant: er kann mir Themen aufzwingen, bei denen ich mich verplappern kann. Vom Hörensagen weiß ich, daß er nicht gerade ein Bruder Lustig ist, außerdem ist ihm anzumerken, daß ihn fremde Damengesellschaft hemmt. Und vielleicht grübelt er jetzt – während er noch an seinem gebratenen Hähnchen kaut – ebenfalls darüber nach, wie er anfangen soll. Selbst wenn es gegen die Etikette verstößt, ist es besser, ich fange an zu reden. Wenn beide schweigen, wird ja nie etwas aus einem geselligen Beisammensein.

Ich schlage einen freundlich interessierten Ton an und lächle mütterlich:

»Sagen Sie, Herr Reichskanzler, haben Sie eigentlich je versucht, etwas mit Ihrem Haar zu machen?«
Hitler zuckt zusammen und wendet sich mir blitzschnell
zu. Als er feststellt, daß ich nur freundlich und teilnehmend
aussehe, lächelt er mir zaghaft zu und nimmt den Ge-
sprächsfaden mit bekümmertem Ernst auf. Eingehend schildert er seinen Kampf mit der Tolle:
»Sie ahnen nicht, was ich schon alles versucht habe, ich
habe es mit Öl, Pomade, Haarwachs und allen möglichen
komischen Tinkturen versucht. Doch nichts hilft. Die Haare
fallen mir immer wieder in die Stirn. Es ist einfach hoff-
nungslos.«
Danach essen wir ein paar Bissen, und Hitler befiehlt Sekt.
Er erblickt mein Zigarettenetui neben dem Teller und begreift, daß ich gern rauchen möchte:
»Meine Kehle verträgt keinen Tabakrauch, ich bin Nicht-
raucher, und wie Sie vielleicht wissen, ist es nicht gestattet,
an meinem Tisch zu rauchen. Aber bitte, draußen auf der
Terrasse können Sie gern rauchen. Ich sage meinem Adjutanten Bescheid.«
Natürlich war er froh, mich los zu sein, unser Gesprächs-
stoff war wahrscheinlich ohnehin erschöpft. Für mein Gefühl hatte ich mich bisher ganz gut aus der Klemme gezogen, hatte jedoch keinen Schimmer, was ich mir danach
einfallen lassen sollte. Auch ich war froh über den Aufbruch. Selten hat mir der Zug an einer Zigarette besser geschmeckt. Als ich bei der zweiten Zigarette angelangt war,
kam Bewegung in den Festsaal. Hitler mitsamt Gefolge
brach auf. »Er bleibt nie lange bei Tisch sitzen, höchstens
eine halbe Stunde«, erzählte der Adjutant.
Hitler verließ den Saal über die Terrasse. Er reichte mir die
Hand. Meine Hand mit der Zigarette hielt ich hinter dem
Rücken versteckt wie ein heimlich rauchendes Schulmädchen.
»Ich hoffe, die Zigarette hat Ihnen geschmeckt, Frau Leander. Hoffentlich sehen wir uns bald wieder. Gute Nacht!«
Im Jahr darauf war der Krieg Alltag geworden. In der Villa

in Dahlem merkten wir bis auf die Verdunkelung kaum etwas davon. In Babelsberg war (bisher) überhaupt nichts davon zu spüren, daß in der Welt Krieg herrschte. Unter Einschränkungen hatten wir nicht zu leiden, im Gegenteil, man investierte mehr Geld als je zuvor in meinen siebenten Ufa-Film, *Herz der Königin* (1940). Es war eine Mammutstory über Maria Stuart mit Willy Birgel als Lord Bothwell. Drei mißlungenen Filmen hintereinander durfte um keinen Preis ein vierter dieser Art folgen. Wie zwei Jahre zuvor bei *Heimat,* stieg die Ufa auch diesmal groß ein: Carl Froelich führte Regie, Theo Mackeben schrieb die Musik, und der hölzerne Staatsschauspieler war mein Partner.

Man mauerte mich in so prächtige und unmenschliche Kostüme ein, daß Maria Stuart rasend geworden wäre. Besonders unförmig war ein Paradegewand mit dem berühmten hochstehenden Stuartkragen, der mir wie ein Mühlstein um den Hals saß. Die Schleppe war lang wie ein Heringsnetz. Ich war gezwungen, von früh bis spät aufrecht zu stehen, nicht einmal während der Mittagspause konnte ich das Kostüm loswerden, denn dann hätte man Perücke und Schminke erneuern müssen. Ich bin keine zarte und zerbrechliche Lilie, aber als selbst meine Riesenkräfte versagten und ich drauf und dran war, ohnmächtig zu werden, konstruierte man mir zum Ausruhen eine Art Galgen. Ich hing daran wie auf Krücken.

Film ist Mühe. Ein Kostümfilm kann die Mühe aller Mühen sein. Während der Dreharbeiten zu Maria Stuart träumte ich oft, ich sei Dorothy Lamour und schwimme im verwunschenen Gewässer des Dschungels ...

Mitten während dieser anstrengenden Arbeit wurde ich in das 1698 erbaute Schloß Charlottenburg geladen, das recht zentral in dem riesigen Berlin liegt. Dorthin verlegten Reichsmarschall Hermann Göring und seine Frau Emmy gern größere Festlichkeiten. Sie war die erste Dame des Dritten Reiches; Eva Braun wurde von dem Heimlichtuer Adolf Hitler ja erst am letzten Tag seines »tausendjährigen Reiches« offiziell anerkannt.

Über Hermann Göring wurde viel geschrieben und noch mehr geredet. Er war eine die Phantasie anregende Gestalt, und wäre es ihm vergönnt gewesen, in der Renaissance-Zeit zu leben, wo ein Falstaff-Typ in seinem Element gewesen ist, dann hätte er genau in die Rolle eines damaligen Fürsten gepaßt. Es hieß, er sei vernarrt in seine Titel, interessiere sich weit mehr für Kunst als für Krieg, trage Nachthemden mit Puffärmeln. Man wußte, daß er seine erste, schwedische Frau Karin vergötterte und ihr draußen bei Karinhall ein Mausoleum errichtet hatte. Man wußte, daß er Kunstsammlungen im Wert von über einer Milliarde Mark aufkaufte oder beschlagnahmte, wußte aber auch, daß »Europas reichster Mann« seine einzige, 1938 geborene Tochter Edda als seinen größten Schatz betrachtete. »Ein ehrenhafter Soldat mit einem kindlichen Herzen, ein bezaubernder Mensch«, so lautete zu einem bestimmten Zeitpunkt Joseph Goebbels' Urteil über Hermann Göring.

Von diesem Mann waren etwa hundert Prominente, darunter auch ich, anläßlich des Besuchs des Prinzregenten Paul von Jugoslawien und seiner Frau Olga zu einem Souper und Gartenfest eingeladen.

Beim Essen hatte ich irgendeinen Botschafter als Tischherrn, aber weder Leibwächter noch Lorgnon greifbar. Mir gegenüber sah ich irgend etwas Helles, Großes, das plötzlich anfing, schwedisch zu sprechen.

»Fühlen Sie sich wohl bei uns, Frau Leander? Ich freue mich, Sie zu sehen.«

»Verzeihung, aber ich sehe sehr schlecht, sind Sie nicht . . .«

»Doch, der bin ich. Hier Ihnen genau gegenüber. Ich weiß, daß Sie kurzsichtig sind. Schmeckt es Ihnen?«

»Danke, es schmeckt wunderbar« (Es war Hummer mit einer besonders leckeren Sauce dazu. Delikat!).

»Wir bleiben hier nicht lange sitzen«, flüsterte Göring. »Wir sehen uns beim Kaffee im Park. Ich werde dafür sorgen, daß wir zusammensitzen.«

Dem Reichsmarschall Göring machten steife, langweilige Banketts ebensowenig Spaß wie mir. Um uns herum war es totenstill geworden, man verstand unsere Geheimsprache nicht. Meinetwegen konnte man gern glauben, daß wir chiffrierte Staatsgeheimnisse austauschten oder chinesisch oder was auch immer redeten.

Der Charlottenburger Park war wunderbar. Große runde Kaffeetische standen im Grünen. Zwischen Büschen und beschnittenen Bäumen flackerten Pechfackeln. Eine kleine Kapelle spielte stilgemäß Musik des 18. Jahrhunderts, abwechselnd mit jugoslawischen Volksliedern. Und plötzlich hörte ich mitten darin zu meiner Verblüffung heimatliche Töne. Mir zur Ehre und Belustigung erklang vom Streichquartett der uralte schwedische Gassenhauer *»Fünfzehn Öre kostet ein Schnaps«* – es war köstlich.

Ich dankte dem Gastgeber für die Aufmerksamkeit, und er grinste vergnügt.

»Mir fiel so rasch nichts Besseres ein, was sich dem Orchester in aller Hast beibringen ließ!«

Dann folgte eine gemütliche Plauderstunde bei Kaffee und Likör. Göring wußte, daß meine Kinder die schwedische Schule in Berlin besucht hatten, und ich sah mich nicht veranlaßt, ihn darüber aufzuklären, daß ich sie inzwischen nach Hause in schwedische Internatsschulen gebracht hatte. Er erkundigte sich nach ihnen und fragte:

»Naschen sie gern?«

»Ja, leider essen sie nur zu gern Süßigkeiten.«

Er griff in Emmys Handtasche, holte eine Riesenhandvoll Konfekt hervor und legte sie vor mich hin.

»Das ist die beste Schokolade, die es gibt. Sie wird eigens für mich von ein paar Nonnen in Bayern hergestellt. Nehmen Sie dies Ihren Kindern mit. Ich lasse Ihnen eine Tüte bringen.«

Wir beide warteten darauf, daß die Ehrengäste Paul und Olga aufbrachen. Ich, weil ich nach Hause ins Bett wollte, denn ich mußte früh wieder raus und mich mit Maria Stuart herumplagen. Göring wartete, daß wir es uns bei Würstchen, Schnaps und Bier gemütlich machen konnten. Nachdem das Prinzenpaar gegangen war und die Würst-

chen auf den Tisch kamen, war das letzte, was ich von Göring hörte, folgender Satz:
»Wenn die Pferde der Artillerieschule gewußt hätten, daß sie einmal als Würstchen hier auf unserem Tisch landen würden . . .«
Dies war meine einzige Begegnung mit Hermann Göring. Später habe ich allerlei über ihn gelesen, und unleugbar gehört er zu den interessanteren Gestalten unseres Jahrhunderts. In den Tagebüchern des damaligen italienischen Außenministers Graf Ciano finden sich viele bissige Bemerkungen über den »großen« Hermann: »Von den führenden deutschen Politikern ist er der menschlichste, aber er ist emotional und jähzornig und kann gefährlich werden.« Vielleicht wußte Ciano nichts davon, daß Göring süchtig war, was bei ihm zeitweise zum Zusammenbruch führte. Auf dem Fest im Charlottenburger Schloßpark war jedoch nichts davon zu merken, er war ausgeglichen und heiterer Stimmung. Cianos köstlichste Bemerkung über ihn lautet: »Trotz allem hatte der dünnhäutige Hermann etwas Menschliches, wenn er in seinem Zobelpelz auftrat, der ein Mittelding war zwischen dem, was ein Autofahrer 1906 trug und dem, was eine Luxusnutte für die Oper anzieht.« Das sind Zitate von Urteilen und Meinungen über Hermann Göring. Mir bot er Hummer, Pferdewürstchen und in einem bayerischen Kloster hergestellte Schokolade an. Auf einer solchen Grundlage läßt sich kein nuanciertes persönliches Urteil über einen Menschen gründen.
Wie ich bereits erzählt habe, begegnete ich Joseph Goebbels zum erstenmal Anfang September 1938. Bevor wir uns verabschiedeten, spielte sich die Anekdote ab, die wohl die meisten kennen. Aber sie ist wahr, sie ist kurz, und ich habe sie erlebt. Deshalb gebe ich sie zum hoffentlich endgültig letztenmal hier wieder. Während des Gesprächs hatte Goebbels mit irgend etwas herumgedruckst. Es war wohl eine heikle Frage, die zu formulieren ihm schwerfiel. Als ich Anstalten machte, von der Audienz aufzubrechen, kam es endlich:

»Ja, Ihr Name, Frau Leander, kommt mir doch ein wenig jüdisch vor: Zarah?«
»Und Ihr Name, Herr Minister: Joseph?«
Und dann lachten Zarah und Joseph herzlich darüber.

Mein schwedischer Gutshof Lönö hatte (und hat) 39 Zimmer und damals 48 Kühe, doch die sind in diesem Zusammenhang unwichtig. Meine alte Wohnung in Stockholm hatte aus acht Zimmern bestanden. Nun war es ab 1939 und für viele folgende Jahre mein großes, erfreuliches und rundherum angenehmes Hobby, dieses Gutshaus einzurichten, auszustatten und zu möblieren. Vielleicht waren die diesen leeren 31 Zimmern gewidmeten Stunden die glücklichsten meines Lebens.

Tote Dinge erhalten erst Leben durch Menschen, die sie herstellen, benutzen und sich daran freuen. Mit der unschätzbaren Hilfe meines kritischen und fachkundigen Bruders Ante, Kunst- und Antiquitätenhändler in Stockholm, sammelte ich in diesen Jahren viele schöne und wertvolle, lebendige tote Gegenstände. Auch in Berlin beriet mich ein versierter Kenner, meine Freundin Ella Opitz. Wie Schulmädchen, die heimlich auf Abenteuer aus sind, entwischten wir den Leibwächtern, ließen unsere Pflichten im Stich und begaben uns auf die Suche nach Möbeln, Teppichen, Hausgerät und Bildern. Die Speditionsfirma Knauer wurde unsere Verbündete; sie verwahrte meine Sachen heimlich auf dem Speicher.

Jedesmal, wenn ich zwischen den Filmen frei hatte und nach Hause fuhr, stopfte ich kleine Kostbarkeiten in meine Koffer. Aber eine Barocktruhe aus Bayern mit einem Gewicht von zwei Zentnern läßt sich nicht in einer Handtasche aus dem Land schmuggeln. Je mehr mein Möbellager wuchs, desto mehr wuchs auch meine Sorge, wie ich das alles nach Hause verfrachten konnte. Nach dem Vertragsbruch der Ufa und meinem Streik sowie nach Goebbels' fragwürdigem Angebot und meiner Ablehnung hatte sich das Klima beträchtlich abgekühlt.

Anfang 1943 hatte ich mich entschieden. Der Film *Damals,* der gerade gedreht wurde, sollte, koste es was es wolle, mein letzter in Deutschland sein. Ich wollte ganz einfach auf und davon. Das wäre keine größere Kunst und recht undramatisch gewesen: nach Beendigung eines Films fuhr ich nämlich stets heim nach Schweden, und das beabsichtigte ich auch diesmal zu tun. Selbstverständlich wäre ich, falls man es gewünscht hätte, zur Premiere erschienen. Mein Vertrag galt noch für das ganze Jahr 1943, und falls die Ufa mir irgendwelche Vorschläge zu machen hatte, mußte man mir die Manuskripte wie üblich nach Lönö schicken. Ich hatte nicht vor, mich irgendwie auffällig zu benehmen. Im Gegenteil, ich versuchte, allen Sand in die Augen zu streuen, und ging dabei meiner Ansicht nach recht raffiniert vor: ich leitete Verhandlungen zum Kauf der Villa in der Max-Eyth-Straße ein, die ich für die beiden letzten Jahre gemietet hatte. Alles sollte ganz normal aussehen – niemand sollte ahnen, daß ich vorhatte, für die Dauer des Krieges in Lönö zu bleiben.

Aber die Möbel?

Wie schafft man ein paar Wagenladungen wertvoller antiker Möbel aus dem vom Krieg gezeichneten Berlin, ohne daß es allzusehr auffällt? Aus einem Deutschland, das vor dem totalen Krieg steht, wo alle Interessen sich den militärischen unterzuordnen haben. Damals, im Januar 1943, war Deutschland noch weit davon entfernt, ein Ruinenhaufen zu sein, obwohl die Bombenangriffe der Alliierten unerbittlich waren und zunehmend verheerender wurden. Aber schon jetzt waren alle Verkehrsmittel bis zum äußersten beansprucht. Hieß man freilich Hermann Göring, konnte man sogar noch zwei Jahre später einen Güterzug beschlagnahmen, ihn bis unter das Dach mit Gemälden und Wertgegenständen vollstopfen und diese dann quer durch das Reich in das ruhigere Österreich transportieren.

Hieß man aber nur Zarah Leander und beabsichtigte, zwei Güterwagen voller Möbel nach Norrköping zu schicken – was tat man dann?

An dieser Stelle in der Geschichte taucht, ohne daß er selber etwas davon ahnte, der Reichsbankpräsident und Wirtschaftsminister Walther Funk auf. Was jetzt folgt, ist nicht gerade eine treuherzige Lesebucherzählung, aber ich habe mir nun einmal vorgenommen, in diesem Buch die Wahrheit und nichts als die Wahrheit zu berichten.

Von Bestimmungen und Verordnungen über Warenausfuhr von einem kriegführenden Land in ein neutrales verstand ich so gut wie nichts. Nur das eine war mir klar, daß man dazu die Genehmigung oder Vollmacht irgendeiner hochgestellten Persönlichkeit brauchte. In einer Diktatur kann ein Papier mit vielen Stempeln und dem richtigen Namen wertvoller sein als Gold. Wessen Name wäre hier der richtige? Der Walther Funks. Wie kommt man an ihn heran? Gar nicht, denn er hat keine Zeit. Keine Zeit, schön und gut. Aber interessiert er sich für Film? Mäßig. Was hat er sonst für Schwächen und Vorlieben? Tja ... (hier sieht sich mein Gewährsmann spähend um, im Dritten Reich gibt es lange Ohren und große Ohren). Tja, er gönnt sich gern mal ein Glas. Ein Glas? Nun ja, ein Glas zuviel ...

Hat man Glück, dann hat man es eben. Meine Freunde Ella und Carl Opitz hielten eine Einladung an Walther Funk zu einer privaten Geselligkeit für aussichtslos. Doch ein Versuch schadete ja nichts, und der Versuch glückte. Der Wirtschaftsminister kam, nahm mir gegenüber Platz und erhob sein Glas.

»Sie trinken tatsächlich Sekt, Herr Minister?« fragte ich.

»Was soll man in Damengesellschaft denn sonst trinken?«

»Wodka!«

»Wodka?«

»Wodka. Bei uns in Schweden trinken wir nur Wodka, alle außer dem Kronprinzen, doch wir nennen dieses Getränk *Absolut Renat Brännvin.*«

»Auch die Damen?«

»Die ganz besonders. Schwedinnen müssen ihre Männer nach einem Gelage oft meilenweit durch die Wälder nach Hause schleppen, denn sie vertragen den Schnaps besser.«

»Das kann ich mir kaum vorstellen«, sagte der Wirtschaftsminister belustigt, aber auch ein wenig ungläubig.

»Wollen wir wetten?«

Allgemeines Gelächter: In jenen Tagen verging einem das Lachen nur zu oft, und man mußte jede Gelegenheit dazu wahrnehmen. Also wetteten wir, wer am meisten Wodka vertragen konnte. Der Wirtschaftsminister und Reichsbankpräsident des Dritten Reiches oder ich, das singende Kind aus den nordischen Wäldern. Der Gewinner hatte einen Wunsch frei. Dies klang hinreichend unverbindlich und scherzhaft, aber Herr Funk ahnte nicht, was ich mir wünschte.

Um eine schreckliche Geschichte kurz zu machen: Ich gewann. Der Grund dafür war, daß ich gemogelt hatte, denn ich hatte mich mit dem Öl von ein paar Dosen Sardinen präpariert. Jedermann weiß, daß Fett und Öl durch Alkohol im Magen gespalten werden, und deshalb wird man mit Fett im Magen nicht so schnell betrunken. Der von mir getrunkene Wodka mußte erst, bevor er ins Blut ging und dort sein Unwesen trieb, das Sardinenöl abbauen. Minister Funk trank auf nüchternen Magen, und das wurde ihm zum Verhängnis. Er hielt sich bewundernswert, doch nach einem guten halben Liter ging er in die Knie – und landete unter dem Tisch.

Seit diesem schrecklichen Abend in Berlin rühre ich kein Sardinenöl mehr an. Der nächste Morgen war ein Graus, mußte aber durchgestanden werden. Wie es Herrn Funk ergehen mochte, daran wagte ich nicht zu denken. Zitternd und elend fuhr ich schnurstracks in sein Amt, um meinen Wettgewinn einzutreiben. An erschrockenen Amtsdienern vorbei marschierte ich geradewegs in sein Zimmer. Dort saß auf einem Stuhl ein lebender Leichnam mit roten, verquollenen Augen.

»Schnell einen Cognac!« stieß ich hervor. »Und vielen Dank für Ihren gestrigen Besuch!« Walther Funk starrte mich an wie ein kuschender, obendrein noch schwer verkaterter Hund. Wenn es etwas gab, woran er um keinen

Preis erinnert werden wollte, dann war es der gestrige Abend. Und wenn es jemanden gab, der ihm auch nicht eine Sekunde länger als nötig gegenüber sitzen sollte, dann war ich es.

Ich bekam meinen Cognac und brachte schonend mein Anliegen vor. Ich wünschte mir nichts weiter als eine Ausfuhrgenehmigung nach Schweden für ein paar Möbel und einige persönliche Dinge, an denen ich hinge. Da dies für Herrn Funk eine Bagatelle und bloße Formalität war, mußte er mich für eine großherzige und edelmütige Siegerin halten.

Nach knapp fünf Minuten hielt ich das wertvollste Papier in der Hand, das ich je besessen habe. In diesem Dokument wurde nachdrücklich verfügt, daß niemand, gleichgültig, wer es sein mochte, mir bei der Ausfuhr diversen privaten Eigentums irgendwelche Schwierigkeiten bereiten dürfte. Walther Funk setzte seinen Namen darunter. Auf der Stirn stand ihm der kalte Schweiß.

»Ist es so recht, gnädige Frau?«

»Sollten nicht noch mehr Stempel darauf sein? Stempel flößen immer Vertrauen ein.«

»Gnädige Frau, selbst Krupp und die IG Farben pflegen sich mit meinem Namen und einem Stempel zu begnügen!«

»Gut. Und noch einmal herzlichen Dank für Ihren freundlichen Besuch bei mir. Ich hoffe, wir sehen uns bald einmal bei einem Glas wieder!«

Ich fuhr mit meinem Dokument direkt zur Firma Knauer. Noch am selben Tag begann man dort, die Sachen zu packen und zu verfrachten. Schon zwei Tage später rief die Güterabfertigung in Norrköping meinen Mann auf Lönö an, um ihm mitzuteilen, daß aus Berlin zwei Güterwagen für Frau Leander eingetroffen seien. Was damit geschehen sollte?

»Ich komme und kümmere mich darum«, antwortete Vidar.

Von Kopf bis Fuß - schwedisch

Es gab eine Zeit, da wohnte das Glück in Berlin.
Damals war ich jung und überschwenglich und wie berauscht von Erfolgen und Ehrungen. Wie lange dieser Zustand anhielt, ist unwichtig, vielleicht eine Woche, einen Monat, ein Jahr. Jedenfalls erwachte ich aus der Betäubung und erkannte, daß mir in Berlin etwas fehlte.
Man gab sich dort wie in Paris und sprach von »l'heure bleue«. So wie ich es sehe, besteht die blaue Dämmerung in den Weltstädten hauptsächlich aus Abgasen. Blau ist nur die schwedische Sommernacht, ihr Lächeln ist hell. Deutschland und Schweden spannen ihre Küsten entlang desselben Meeres. Doch die grauen, bemoosten Klippen und Schären gibt es nur bei uns, daheim auf Lönö.
Und deshalb bin ich immer wieder nach Hause zurückgekehrt, wo auch immer ich gewesen bin. Ja, ich leide an Heimweh, so einfach ist es. Und Heimweh habe ich, weil ich durch und durch schwedisch bin, blau-gelb bis in die Knochen.
Andere Landsleute sind im Ausland geblieben, und ich habe viel Verständnis für ihre Motive, die ebenso zahlreich sein dürften wie die Individuen. Einer der Gründe dafür, im Ausland zu bleiben, kann paradoxerweise das Heimweh sein. Aber in Schweden selber international schwedisch sein zu können, dazu bedarf es besonderer Kräfte. Vielleicht besteht »die schwedische Sünde« in Sex, Alkohol und Selbstmord, das kann ich nicht beurteilen. Aber aus den mir geschlagenen Wunden, die noch immer nicht völlig vernarbt sind, weiß ich, daß kleinlicher Neid, Mißgunst und krankhafte Selbstgefälligkeit die schwedische Erbsünden sind:

»Unsereins ist auch nicht schlechter als andere!« Wo steht das geschrieben, in welchem Gesetz?

Ein jeder kann nur für sich sprechen. Ich nur für mich. Kann man das Blau und das Gelb der schwedischen Flagge nicht getrennt halten, vermischen sie sich zu Grün, zur galligen Farbe des Neids.

Nachdem ich dies gesagt und bekannt habe, möchte ich außerdem ein für allemal sagen:

Ich liebe auch Deutschland!

Wo sonst sollte ich lieber auftreten und meine Lieder singen, wenn nicht vor den Menschen der Nation, der ich diese Lieder verdanke und wo man mich gern hört?

So ist es, genauso einfach wie Heimweh.

Als Künstlerin akzeptiert man mich in Deutschland geradezu verwirrend vorbehaltlos. Ich erinnere mich an eine kleine Notiz in einer deutschen Zeitung vor etwa zehn bis fünfzehn Jahren. Sie lautete ungefähr so: »Im Herbst unternimmt Zarah Leander eine *Auslandstournee* in die Schweiz, nach Finnland und *Schweden*.«

Ich bin zwar bis zur Albernheit schwedisch, aber auch ich habe noch immer einen Koffer in Berlin.

Schon im Januar 1937 bekam ich einen anonymen Brief mit der Unterschrift »Empörter Schwede«. Dieser Herr hatte gelesen, daß mich die Ufa unter Vertrag genommen hatte, und wollte jetzt von mir wissen: »Warum bleiben Sie nicht in dem Land, in dem Sie geboren sind?«

Die Zeitschrift ›Filmjournalen‹ bot mir Gelegenheit zur Antwort:

»Es liegt einfach daran, daß man mir hier niemals eine Chance gegeben hat. Wenn man sie mir geboten hätte, wäre ich bestimmt geblieben. Denn, glauben Sie mir, schwedischer als ich kann man nicht sein.«

Erst in Wien und später in Berlin erhielt ich die mir gemäße Chance. Was keineswegs besagt, daß ich Ernst Rolf, Gösta Ekman oder Karl Gerhard gegenüber undankbar bin. Sie boten mir soviel Spielraum, wie in ihrer Macht stand. Doch das reichte nicht.

Damit man mich in Schweden richtig versteht, würde ich meine Landsleute am liebsten zu einer Reise nach Hamburg oder Stuttgart oder München oder Wien oder Berlin oder zu irgendeinem anderen Ort einladen, wo ich auf meine alten Tage auftrete. Da dies nicht möglich ist, zitiere ich einige Zeilen eines Berichts von einem Schweden, der in Berlin dabeigewesen ist und es bezeugen kann. Am 12. Dezember 1971 schrieb Bengt Jahnsson in ›Dagens Nyheter‹: »Im Sommer sah ich Z. L. in *Gröna Lund* in Stockholm ... Ein paar hundert Anwesende zeigten für die Primadonna kaum Interesse, und sie ihrerseits zeigte auch keines für das Publikum ... Ein erloschener Stern.

Doch dann sah ich sie einige Wochen später in Westberlin. Was für ein Unterschied! Die stürmischen Beifallsbekundungen des Publikums erschienen einem ruhigen Betrachter fast belästigend, aber nicht Z. L. Die Begeisterung begeisterte sie. Alles hatte den alten Glanz, die Dompteurgesten, das Temperament. Sie wirkte zwanzig Jahre jünger, dabei ist sie 1907 geboren.

Ihre künstlerischen Mittel beherrschte sie in Westberlin beeindruckend souverän. Die berechneten Effekte, so exakt eingesetzt, als hätte ein Computer sie programmiert, waren bewunderungswürdig. Und dennoch – die Magie ihrer persönlichen Ausstrahlung verblieb ein psychologisches Rätsel. Vielleicht läßt sich die Lösung dieses Rätsels in den sensiblen Schallplattenaufnahmen einiger Lieder kleineren Formats finden ... Der Humor und der Zynismus, die in ihrer Kunst sonst eine so eigentümlich abstoßende Mischung eingehen, werden hier zu Gefühlswerten von Reife und Klugheit ...«

Beschreibt ein Kritiker alle seine Beobachtungen ehrlich, wird das Urteil gerecht. Dann gelingt es ihm, etwas von dem zu vermitteln, was das breite Publikum empfindet und erlebt, auch wenn es seinem privaten Geschmack oder der Vernunft nicht entspricht. Seine Sinne und sein Instinkt sagen ihm, daß seine Wahrheit nicht die ganze Wahrheit ist. Bengt Jahnsson mag das, was ich tue, nicht leiden, und er hat trotzdem meine Hochachtung. Weil er auch das ausspricht, was andere empfinden.

Diesen Artikel bewahre ich auf wie eine Reliquie. Denn der letzte Abschnitt handelt von etwas, das mir sehr am Herzen liegt. Ich selber und meine Stimme sind so kräftig, daß alle – ich selbst eingeschlossen – stets der Vorstellung erlegen sind, nur Sport- oder Flugzeughallen seien mir gemäß. Ich habe mich stets dagegen gewehrt, mußte aber immer nachgeben. Doch einmal werde ich wohl endlich das tun dürfen, was mein innerster Wunsch gewesen ist, seit ich zum erstenmal den Mund geöffnet und gemerkt habe, daß ich ein Lied gestalten kann. Was ich am besten kann und am liebsten singen will, sind »Lieder kleineren Formats«. Man kann es auch Kleinkunst nennen.

»Die Magie ihrer persönlichen Ausstrahlung ...«

Und ob einem so etwas glatt runtergeht! Die Magie wird nicht geringer dadurch, daß man ihre natürliche Ursache enthüllt, und gerade das will ich tun. Dazu leihe ich mir zwei Wörter meiner Landsmännin Monica Zetterlund. In einem Fernsehprogramm bat man sie, etwas für sie Wichtiges, Bedeutsames zu sagen. Sie wandte sich ans Publikum und sagte mit genialer Kürze:

»Liebt mich!«

Um etwas anderes geht es nicht, wenn man auf dem Podium oder vor der Kamera steht: Liebt mich, denn ich liebe euch, und wenn ihr mich mögt, dann spüre ich es, und dann bin ich gut – und das wollt ihr doch wohl, nicht?

Ein altes Weibsbild wie ich braucht viel Wärme, um aufzutauen. Daß 95 Millionen Mitteleuropäer mehr Wärme zu erzeugen vermögen als 20 Millionen Nordländer, versteht sich von selbst. Mein größtes und herzlichstes Publikum habe ich in der Bundesrepublik, Österreich, der Schweiz, Holland und Belgien. Dort wohnen die 95 Millionen. Doch hier geht es nicht allein um die Volksmenge und den Volkscharakter.

Ich weiß sehr wohl, daß es auch in Schweden viele Tausende gibt, die mich mögen und mich erfreuen. Ebensogut weiß ich aber auch, daß mein Typ und mein Stil für einen Teil des großen Publikums im Norden zu altmodisch sind, ich meine für die schnellebigen, unbeständigen Menschen, die ihren Geschmack und ihre Lieblinge rascher wechseln als ihre Strümpfe. Damit ist nicht gesagt, daß der Fehler beim Publikum liegt, es ist an »der großen alten Dame«, wie man mich so liebenswürdig genannt hat, nur eben mäßig interessiert. Ich habe keine Lust, aus Höflichkeit zu lügen, nicht in meinem Alter, und so gestehe ich, daß ich von diesem Publikum ebensowenig begeistert bin wie umgekehrt. Andererseits bin ich diesen Menschen keineswegs böse, wir leben nur in verschiedenen Welten. Auf dem Kontinent aber gibt es noch nach 35 Jahren einige treue Millionen, die mich hören wollen und es mich wissen lassen. Das Erstaunliche ist nur, daß diese Millionen Großmütter und Großväter Enkel haben, die mich gleichfalls mögen. Sie alle zusammen bilden ein so großes und begeistertes Publikum, daß es für mein Leben ausreichen wird. Und das ist mein Glück und meine Freude.

»Die Magie ihrer persönlichen Ausstrahlung« verdanke ich der Liebe, merkwürdiger ist es nicht. Selbst auf eine bis ins Mark schwedische Schwedin wartet noch immer ein bißchen Glück in Berlin.

Ich habe dieses Kapitel in der ehrlichen Absicht begonnen, von meinem künstlerischen Koffer in Berlin auf meine privaten Koffer zu kommen, die sechs Jahre lang in einer Villa im Grunewald standen. Einen Teil dieser Koffer habe ich gar nicht ausgepackt, andere nur halb. Irgendwie waren wir stets zum Aufbruch bereit. Für den Fall, daß der Zug abfahren sollte. Man konnte ja nie wissen.

Ein richtiges Heim haben wir in Berlin nie gehabt, wir mieteten uns eines. Einen Platz zum Schlafen und für die Koffer. Wie in einem Hotel. Oder einem Wartesaal. Was soll man über einen Wartesaal schreiben? Vielleicht dies: in der Gepäckaufbewahrung eines Bahnhofs gibt man seine Koffer ab. Ich habe noch immer einen dort...

Viertes Buch

1943-

Ein Herrenhof

Der schönste Raum ist die Bibliothek. Wie wenige oder wie viele Zimmer man auch hat, in einem Zimmer fühlen sich alle am wohlsten. Dort ist man zu Hause. Auf Lönö haben wir 39 Zimmer, aber die Bibliothek ist unser Wohnzimmer. Sie liegt ebenerdig an der Giebelseite des Hauptgebäudes und hat nach drei Himmelsrichtungen vier große Fenster. Die Wände verbergen sich hinter Bücherregalen. Darin befinden sich auch die Reste eines Schallplattenarchivs, nämlich das, was davon übrig ist, nachdem sich alle Bekannten ihre Lieblingsplatten »ausgeliehen« haben. Vor allem aber gibt es darin eine ganze Welt von Büchern, die grenzenlose Welt.

An der Wand zum Salon befindet sich ein großer Kamin, und ihm gegenüber steht zwischen den Fenstern ein gemütliches Sofa. Dort halten Palle und ich Mittagsruhe. Palle ist unser grand old Dackel mit den schönen Augen. Der Erotik widmet er nur ein zerstreutes Interesse, um nicht zu sagen, daß er, nachdem er in jugendlichem Übermut einmal Vater einer Straßenmischung geworden ist, sogar schwer gehemmt ist. Die fragwürdige Nachkommenschaft einer alles andere als reinrassigen Mutter sah so aus: Dackelkopf und Dackelschwanz zu Pudelleib mit Stöberbeinen. Als Palle sah, was er angerichtet hatte, distanzierte er sich von der ganzen Geschichte.

Dagegen hegt er eine verzweifelte Haßliebe zu Fliegenschnäppern. An der Einfahrt zum Gutshaus steht eine Säule mit einem Delphin aus Bronze. Dort wohnt seit Generationen eine Familie von Fliegenschnäppern. Die Start- und Landebahn der Vögel führt durch das offene Maul des Delphins, das Nest selber liegt in seinem Innern. Dort ist die

Vogelbrut vor jeder Gefahr so sicher wie Jonas im Bauch des Walfischs. Den ganzen Sommer lang versucht Palle tagtäglich, ob seine lange Zunge nicht doch bis hinunter zum Nest reicht, und das macht ihn fast wahnsinnig. Die Fliegenschnäpper aber kreischen vor Lachen.

Das westliche Bibliotheksfenster geht auf den Garten, die Böschungen senken sich zur Bucht hinunter, der blanken Lönöbucht, aber auch zu dem hohen weiten Himmel hin, wo die Schwalben ihr ewiges Muster weben. Sie wohnen komfortabel im Torweg zwischen dem Hauptgebäude und dem Gästeflügel.

Am Schwalbenfenster steht der TISCH. Jedes Heim hat einen TISCH. Einen besonderen Tisch, woran sich alles Wichtige abspielt. Auf Lönö gibt es sicherlich hundert Tische aller Art, aber nur diesen einen TISCH. Rechts und links von dem TISCH stehen zwei mit Goldleder bezogene Lehnstühle. Dieser Bezug hat seinen praktischen Grund, denn Goldleder ist fast unverwüstlich, es sieht gut aus und wärmt, ohne zu hitzen, wie beispielsweise diese teuflische Erfindung Kunstleder. Vor allem aber ist Goldleder schön. Der Stuhl rechts ist sein Stuhl, der andere meiner. Am TISCH spielen wir Canasta, legen Patience, lösen Kreuzworträtsel, trinken Kaffee, öffnen die Post, unterschreiben Verträge, lesen die Zeitung, verstreuen Zigarettenasche, plaudern, sind gesellig. Bisweilen sitzen wir auch nur einfach da, eine ungemein erholsame Art der Geselligkeit.

Der Goldledersessel in der südwestlichen Ecke der Bibliothek, im Winkel zwischen den Bücherregalen und dem TISCH davor, ist mein »Delphin«, dort bin ich unerreichbar. Von hier habe ich eine unbegrenzte Aussicht über die Welt: höher als die Welt, höher als die Schwalben ziehen die Verkehrsflugzeuge ihres Wegs gen Südwesten, und ich sehe ihre Bahn wie schneeige Streifen am Himmel.

Auf dem Umschlag meines Lesebuchs für die Volksschule war ein Holzschnitt zu sehen: ein Häuschen im Schutz einer großen Tanne und darunter der allbekannte Vers: »Lausche dem Rauschen der Fichte, an ihrem Fuß ruht geborgen dein Heim.«

Das ist der urschwedische Traum vom eigenen Häuschen in romantischer Kurzfassung. Das Häuschen mag aussehen, wie es will. Für mich, die ich in einer großen Stadtwohnung aufgewachsen bin, war das erträumte Häuschen nichts Geringeres als ein Traumschloß, aber mitnichten ein Luftschloß.

Wenn die Söhne der reichen Bergwerks- und Hüttenbesitzer in Värmland von den Herrenhöfen in die Städte zogen, wollten sie sich so viel wie möglich von ihrem Kindheitsmilieu erhalten. Je nach Vermögen und Größe des Baugrunds kopierten sie die Herrenhöfe, auf denen sie geboren wurden.

Mit meinem Elternhaus war es nicht anders gewesen. Es war ein dreigeschossiges Eckhaus an der Järnvägsgatan 3 – ein rosafarbenes, harmonisches Haus des 19. Jahrhunderts. Heute suche ich mein altes Wohnviertel nicht mehr auf, denn seit einigen Jahren steht dort ein Warenhaus, und Warenhäuser kann ich mir ebenso in Krylbo oder Skivarp ansehen. Wenn ich heute in einer geschändeten schwedischen Kleinstadt wohnte, würde ich meinen Protest gegen die sinnlose Verhäßlichung und Verödung laut herausschreien. Was machen die Menschen heute mit ihrem Heimatland? Architekten und Städteplaner sollte man auf den Mond schießen.

Früher hatte ein Konditor dieses Haus besessen. Er hatte sein Geschäft im Erdgeschoß und seine Wohnung im ersten Stock. Wir wohnten in der Eckwohnung mit zehn Zimmern, ein Haushalt von mindestens zehn Personen. Wir hatten ein vornehmes und schönes Heim im Geschmack der Zeit: hohe Ohrensessel mit Sofaschonern im Ecksalon, enorme Eßzimmermöbel aus Eiche, Mamas Salon mit »Damenmeublement«, Kachelöfen, die jeden Wintermorgen um sechs Uhr geheizt wurden, einen Eisschrank mit Eisstangen im Küchenflur und ein Klosett ohne Wasserspülung im Treppenhaus.

Ich fand es daheim so hübsch und fein, trotzdem sah das Haus meiner Träume anders aus. Vor allem mußte es auf dem Land liegen und wie ein Gutshaus aussehen: »Wenn ich groß bin, werde ich auf einem großen Gut auf dem Land leben, das an einem großen See liegt – oder vielleicht am Meer . . .«

Neujahr 1937 gab ich einer Filmzeitschrift ein Interview. Ich hatte meinen Vertrag mit der Ufa unterzeichnet und sollte im Vorfrühling in Berlin mit der Filmarbeit beginnen. Der Artikel in der Zeitschrift bezog sich auf diese Tatsache, enthielt jedoch einen Abschnitt, der in diesem Zusammenhang interessant ist:

»Schon als kleines Schulmädchen in Karlstad hat sich Zarah den Herrenhof ausgesucht, den sie jetzt zu kaufen gedenkt und den sie gemeinsam mit ihrem Mann bewirtschaften will. Um welches Anwesen es sich handelt, möchte Zarah nicht verraten, es sei jedoch ein großes und schönes Gut. Zarah wird also Gutsbesitzerin, will aber keinesfalls so genannt werden.

›Ich werde Landwirtin sein. Dies ist von jeher mein Traum gewesen, und jetzt scheint er Wirklichkeit zu werden‹, erzählt sie weiter. ›Mein Mann und ich haben einen Fünfjahresplan aufgestellt, und ich hoffe, meine Karriere damit zu krönen, daß ich auf eigenem Grund und Boden als Landwirt arbeite.‹

Nach dem jetzt festgelegten Fünfjahresplan würde sich Zarah also schon in fünf Jahren von Film und Theater zurückziehen.«

Zu Recht stimmen einen alte Zeitungsausschnitte nachdenklich. Der Traum vom Theater und der vom eigenen Grund und Boden konkurrieren nicht miteinander. Daß ich mir »einen Herrenhof ausgesucht« habe, war zuviel gesagt: man fährt im Land umher, sieht viele schöne Häuser, sagt zu seinem Mann: »Das da, du, das sollten wir nehmen!« Die Voraussage in der alten Filmzeitschrift ist jedoch in anderer Hinsicht verblüffend. Nach fünf Jahren konnte ich meine erste Karriere wirklich damit »krönen«, daß ich als Landwirtin arbeitete.

Vidar und ich hielten ständig Ausschau nach einem großen Hof auf dem Land. Wir sahen uns Güter in Uppland und in Sörmland an, aber das eine war zu groß und das andere zu klein, eins war zu häßlich und das andere zu verfallen ... Während wir uns in unserem Wartesaal in Berlin einrichteten, überließen wir die Suche einem Grundstücksmakler in Stockholm. Und mit jedem Monat und jedem Jahr wuchsen unsere Möglichkeiten, in Schweden Grund und Boden zu erwerben. Sie wuchsen auf der Bank.

Mein festes regelmäßiges Einkommen war meine Gage, die auf meine Bank in Schweden überwiesen wurde. Doch die frohe Überraschung war das Geld von meinen Schallplatten. Bald plätscherte es herein wie ein munterer Frühjahrsbach, bald strömte es wie ein Sturzbach aus den Bergen. Mein großes Glück war, daß ich einen Vertrag mit der schwedischen Firma *Odeon* hatte, die eng mit dem Riesenkonzern *Lindström* in Berlin liiert war. Der Name klingt schwedisch und ist es auch. Der Gründer des Unternehmens hieß Carl Lindström. Er war ein genialer Techniker und baute »Sprechund Musikapparate«. Zwar wurden alle Aufnahmen für die Stockholmer Firma *Odeon* in Berlin gemacht, meine Honorarabrechnung aber bekam ich aus Stockholm – oft griff ich mir an die Stirn und fragte mich: »Was hast du *jetzt* gemacht? Kaufen die Leute *diese* Platte?«

Verkaufte sich in den dreißiger Jahren eine Platte gut, dann handelte es sich um Millionenauflagen. Die damaligen Platten hatten die (vom Verkaufsstandpunkt betrachtet) ausgezeichnete Eigenschaft, leicht zu zerbrechen und verhältnismäßig schnell abgespielt zu sein. Man mußte sie also bald durch neue ersetzen. Auch hatte die ständige Musikberieselung aus dem Radio noch nicht ihren Einzug gehalten. Damals war der Rundfunk das perfekte Schaufenster für eine Platte: für die wenigen Schallplatten, die in den Grammophonstunden gespielt wurden, bedeutete das eine exklusive Werbung. Hatte dem Hörer eine neue Melodie gefallen und wollte er sie noch einmal hören, konnte er im Radio in absehbarer Zeit nicht damit rechnen, er mußte sich die Platte schon selber kaufen und sie zu Hause spielen.

Die Schallplatte war kein Statussymbol, sie war Verbrauchsartikel, und ein einziger Schlager konnte Riesenauflagen erleben. Ich lese soviel von »goldenen« Schallplatten, die man Künstlern heutzutage nach dem Verkauf von 100 000 Exemplaren einer Platte verehrt. Hätte ich damals »Goldene« für alle meine Aufnahmen bekommen, könnte ich hier auf Lönö damit den ganzen Speisesaal tapezieren.

Das Wichtigste sind ja nicht die goldenen Schallplatten an sich, sondern was sie dem Käufer an Freude und dem Künstler an Bargeld einbringen. Wenn ich behaupte, daß die Plattenkäufer in ganz Europa mir mein schönes Gut Lönö bezahlt haben, dann entspricht dies der Wahrheit.

Ein paar Tage vor meinem Geburtstag am 15. März 1939 ging ich zu Hause in Dahlem die Post durch. Unter den Briefen befand sich, wie so oft, ein dicker Umschlag unseres Maklers in Stockholm. Er bombardierte uns schon zwei Jahre lang mit Vorschlägen über schwedische Schlösser und Herrenhöfe. Doch nie war das darunter, was ich mir erträumte, mein Traumschloß schien in Wirklichkeit nicht zu existieren. Das war entmutigend, denn wir sehnten uns nach eigenem Haus und Hof in Schweden. Die elegante Bankiersvilla im Grunewald, mit Kelims an den Wänden des Wohnzimmers und allem Komfort, war nicht unser Heim. Es war der Ort, wo wir aßen und schliefen und wo wir gemeinsam mit den Freunden der schwedischen Kolonie unsere »schwedischen Sonnabende« veranstalteten.

Freilich wuchsen Kiefern und Fichten im Grunewald. Es war aber nicht das richtige Häuschen unter der richtigen Fichte mit dem richtigen Rauschen.

Gleichmütig öffnete ich den Brief des Maklers, und heraus fielen ein paar Photos – ich weiß nicht, wie viele solcher Renommierphotos von schwedischen Schlössern und Gütern ich schon gesehen hatte. Doch diese Bilder fingen den Blick ein. Das Haus war hübsch. »Löwengelb« stand in der Beschreibung, 39 Zimmer und 48 Kühe. Immerhin vielleicht ... Alles deutete darauf hin, daß dies ein reelles Anwesen mit einem schönen Haus war.

Das Gut heiße Lönö und sei eigentlich schon an jemanden verkauft, der dort einen Tierpark habe anlegen wollen. Diese Pläne seien jedoch behördlicherseits nicht genehmigt und der Kauf rückgängig gemacht worden. Alles sei recht verwickelt.

Ich hätte hier meine große Chance, wenn ich sofort zugriffe, am liebsten in bar bezahlte und beiden Parteien ein finanzielles Pflästerchen auf ihre respektiven Wunden legte.

»Vidar, flieg augenblicklich nach Stockholm und greif zu. Biete zehntausend mehr als alle anderen. Denn es ist unser Haus, das spüre ich.«

Vidar flog mit allen Vollmachten, vielleicht aber mit einem gewissen Bangen, denn ein Gut zu kaufen ist keine leichte Sache. Auch wenn das Haus löwengelb und auf den Photos sehr ansprechend war, so mußte doch erst ein Fachmann alles beurteilen, als da sind: Hausbock, Unterhaltskosten, Erdreich, Verpachtungen und so weiter. Ich selber hätte mich nie an ein so großes Geschäft gewagt und war froh, daß Vidar die Verantwortung übernehmen wollte. Er sah ein wenig blaß aus, als er abfuhr.

Zu meinem Geburtstag hatte der Werbechef Carl Opitz einen großen Empfang in unserer Villa organisiert. Und er hatte nicht gespart: Goldregen wurde zur Dekoration des Hauses waggonweise aus dem sonnigen Italien herbeigeschafft. Butler, Oberkellner und Bediente wurden in violette Livreen (aus der Kleiderkammer der Ufa) gesteckt, die Tafel schmückten lila Orchideen, und ich selber war gleichfalls ganz in Lila. Die Kinder, Boel und Göran, machten die Honneurs in schwedischer Volkstracht.

Alles, was »in« war, war geladen, und Generaldirektor Ludwig Klitzsch, der höchste Chef der Ufa, führte den Einzug des Filmvölkchens an. Als Zeichen dafür, daß die Leander jetzt ein zugkräftiger Geschäftsbegriff des deutschen Films war, beehrte auch Joseph Goebbels den Empfang durch seine Anwesenheit. Mitten in die frohe und heitere Geburtstagsstimmung kam ein Ferngespräch aus Schweden.

Mit einiger Mühe gelang es, der Telephonistin zu erklären, daß das Gespräch aus Östra Husby in Schweden komme, einem Ort, den weder sie noch ich je gehört hatten. Durch das Rauschen hörte ich meinen Bruder Ante »Antik«, den Kunsthändler und meinen besten Ratgeber beim Ankauf antiker Möbel und Kunstsachen.

»Herzlichen Glückwunsch zum Geburtstag«, sagte Ante.

»Danke schön, nett von dir, daß du anrufst. Wo liegt denn Östra Husby und was machst du da?«

»Vidar ist auch hier, wir wollten der frischgebackenen Schloßherrin gratulieren.«

»Was redest du da für Unsinn?«

»Wir haben für deine Rechnung das Gut Lönö in Vikbolandet in der Gemeinde Östra Husby in Östergötland für einen Barbetrag von zweihundertfünfunddreißigtausend Kronen gekauft, davon zehntausend Kronen für den betrübten Tierfritzen. Alles gemäß deiner Order.«

In der Gemeinde Östra Husby und auch in Berlin entstand Schweigen. Mir war, als hielten selbst die Engel, die jetzt durch den Raum schritten, den Atem an. Dann kam Vidar an den Apparat.

»Bist du zufrieden, meine Liebe?« fragte er.

»Jaa, das bin ich. Mehr als zufrieden. Gibt es dort Wasser?«

»Die ganze Ostsee liegt dir zu Füßen, und vor den Fenstern außerdem noch eine schöne Bucht von Bråviken. Aber im Haus gibt es kein Wasser, ich meine keine Wasserleitung.«

»Kamine?«

»In allen Räumen außer im Küchenflur und in der Speisekammer. Aber kein einziges Möbelstück. Ich hocke hier in der Halle auf einem Schuhschrank.«

»Parkett?«

»Im Überfluß. Dagegen aber keine Landstraße, die hierher führt. Wir sind mit einem Motorboot gekommen.«

»Also im Ernst, Vidar, ist es eine gute Sache? Meint Ante es auch?«

»Im Ernst, es ist das beste Geschäft, das du je gemacht hast. Alles ist wunderbarer, als du dir vorstellen kannst.«

»Gut, dann komme ich Ostern. Ich kann jetzt nicht länger sprechen, es ist hier ziemlich turbulent. Goebbels ist hier und noch alle möglichen hohen Herren!«

»Grüß sie schön!«

Das tat ich. Ich konnte es nicht lassen, ich mußte Goebbels und den anderen erzählen, daß ich gerade ein »Schloß« in

Schweden gekauft hätte. So erfüllt war ich von dem aller-größten Erlebnis meines Lebens, es war noch umwälzender, als Kinder zu kriegen – und tat nicht so weh. In diesem Augenblick war die Tatsache, Schloßbesitzerin in Schweden zu sein, viel aufregender, als Deutschlands Filmstar Nummer eins zu sein. Schon begann ich in Gardinen, Teppichen und Bildern zu denken. Hatte Vidar etwas von einem Elektroherd gesagt? Und wie viele Tage brauchte man, um Doppelfenster einzusetzen oder rauszunehmen? Und warum eigentlich gab es keine Landstraße? Und die Kühe, wer striegelte die Kühe? Ach, richtig, man striegelte ja Pferde. Kühe müssen gemolken werden . . .

Goebbels sah ein bißchen sauer aus, doch das bekümmerte mich nicht im geringsten. Viel später erfuhr ich, daß er mit mir etwas anderes vorgehabt hatte: er hatte mir ein Schloß in Deutschland schenken wollen. Der Propagandaminister ging bald, und das Fest verebbte. Übrig blieben nur die noto-rischen Nachzügler, die immer wieder einen heben müssen und die man am nächsten Morgen beim Staubsaugen in irgendeinem Winkel aufstöbert.

Das Fest war vorbei – und was für ein Fest! Und welch ein-maliges, unübertreffliches Geburtstagsgeschenk: ein Herren-haus am Meer!

Am Gründonnerstag, dem 6. April 1939, fuhr ich im Motor-boot von der Anlegestelle Kvarsebo bei Kolmården über den Bråviken. Die Luft war naßkalt. Leicht schäumend spritzte Salzwasser ins Boot. Vikbolandet erhob sich in mäßiger Höhe aus der See, es gibt hier gerade keine Alpengipfel, der höchste Punkt auf der Halbinsel Lönö liegt einunddreißig Meter über dem Meeresspiegel. Wir passierten die Insel Flinta und die Schäre Huflaten und legten an der Brücke in der Lönöbucht an.

Dort oben auf der Anhöhe lag mein Gutshaus und leuchtete löwengelb in der Frühlingsdämmerung. Jemand hatte im Hauptgebäude alle auffindbaren Lampen angezündet, Lönö Huus strahlte wie eine helle Laterne durch das schwarze Geäst der Bäume vor einem blassen Himmel. Das vorjährige

Gras auf den Böschungen zur Bucht war lang und unansehn-
lich. Hinter einem Stein schimmerte noch ein spärliches Fleck-
chen Schnee.

Es war genau das Haus, von dem ich in meiner Jugend mit
offenen Augen geträumt hatte. Nur noch schöner. Schöner
als jeder Gedanke, denn es war Wirklichkeit.

An der großen Auffahrt hielten die trotzig grünen Eiben
Wache. Als ich den langen Kiesweg von der Bucht her hinauf-
ging, wollten meine Augen streiken, ich sah alles verschwom-
men. Doch was machte es? Jetzt hatte ich ein richtiges Heim,
zu dem ich immer zurückkehren konnte. Das ganze Leben
lang.

Hausarrest

Sie kamen stets im Morgengrauen, in offenen Booten. Hinter den Verdunklungsgardinen der Nacht waren sie über das »Meer des Friedens«, die Ostsee, um das nackte Leben gerudert. Wenn sie die schwedischen Schären erreicht hatten, konnten sie aufatmen und sich die Hände verbinden, die vom Rudern bis aufs Blut zerrieben waren. Sie versuchten, sich an Holmen und Inselchen zu orientieren, die eigentlich von Seskarön bis Kristianopel allesamt gleich aussehen. Ihr Ziel war fast immer Gotland. Verfehlten sie die Insel, bedeutete es, daß sie die halbe Fluchtstrecke noch vor sich hatten, es war, als müßten sie die Flucht noch einmal beginnen, und wieder lauerte die Angst hinter jedem Wellenkamm.

Sie kamen in diesen Jahren zu Hunderttausenden aus den baltischen Staaten, alle vom Russenschreck angesteckt, einer Seuche, die die Ostsee schon seit siebenhundert Jahren vergiftet und die weit größeren Schaden angerichtet hat als das Ablassen von Lauge und Schmutz in unserem Jahrhundert.

Nach Bråviken und Lönö kamen alle, die von Wind und Strömung nördlich von Gotland abgetrieben worden waren. Sehr viele waren es nicht, und sie blieben zusammen mit Finnen, Norwegern und Dänen nur kurze Zeit. Nach »Friedensausbruch« zogen sie weiter gen Westen, weiter und weiter, womöglich bis zur Küste des Stillen Ozeans. Weiter als bis dahin konnten sie in ihrem Russenschreck ja nicht fliehen, denn wenn sie noch weiter gezogen wären . . .

In den letzten Kriegsjahren wohnten zu den »Spitzenzeiten« unter meinem Dach wohl achtzig Männer, Frauen und Kinder. Lönö war damals nämlich eines der größten Landgüter mit einem der reichsten Heringsfänge der Ostsee.

Dabei ist auch zu bedenken, daß sich all dies vor der Zeit der großen Mechanisierung in der Landwirtschaft zutrug, und außerdem spielten Maschinen in diesen Jahren, wo einem das Öl teelöffelweise zugeteilt wurde, eine untergeordnete Rolle. Wenn – wie in diesen Absperrungszeiten – auf einem großen Gut alles mit den bloßen Händen getan werden muß, scheint es keine Grenzen für den Bedarf an Arbeitskräften zu geben. Im Wald, auf dem Feld, auf dem Wasser, überall gab es Arbeit für alle.

Auch im Hause fand sich ständig Beschäftigung für die vielen Hilfskräfte beiderlei Geschlechts. Wir waren Selbstversorger ungefähr wie zur Zeit meiner Kindheit. Wir zogen Vieh auf und schlachteten selber. Wir bauten Getreide an und backten unser Brot. Im Garten ernteten wir Obst und Gemüse, wir kochten ein und machten Saft. Wir wuschen mit grüner Seife und spülten Geschirr ohne Maschine. Neununddreißig Zimmer mußten in Ordnung gehalten werden – so manche Hotels sind kleiner!

»HOTEL LÖNÖ EMPFIELT SICH. Naturschöne Umgebung und ideale Gelegenheit für Bad, Sport, Angeln, Jagd. Vornehmes Schloßmilieu. Anerkannt guter Service. Schankkonzession. Gute Hausmannskost. Vierzig Betten. Gratis Vollpension. Ehrerbietigst – die Direktion.«

In Berlin blieb mir das Glück bis zum letzten Augenblick hold. Freilich war unsere Villa in Schutt und Asche gesunken; Papiere, Kleidung und Schmuck waren verbrannt. Aber alle ausgelagerten Möbel, Teppiche und Kunstwerke hatte ich nach Schweden schaffen können. Deshalb war Lönö jetzt im großen und ganzen fertig eingerichtet, und ich konnte ein »Hotel führen«.

Auch ich selber war, was das Äußere betraf, mit heiler Haut davongekommen. Im Innern aber war ich erschüttert. Die Kälte, die mir jetzt von so vielen entgegenströmte, die ich sechs Jahre lang für meine guten Freunde gehalten hatte, verursachte mir Fieberschauer. Nur ein paar wirkliche Freunde weinten mit mir, als ich Berlin verließ. Gleichzeitig nagte an mir ein gerechter Zorn darüber, daß mir jetzt so viele schöne Tausender durch die Lappen gingen.

Diese Scheine hätte ich um keinen Preis aus Joseph Goebbels herauszupressen vermocht. Ich hatte meinen Vertrag mit der Ufa gebrochen, nachdem sie zuerst ihren Teil des Übereinkommens nicht eingehalten hatte. Bei gegenseitigem Vertragsbruch erlöschen, soweit ich weiß, Rechte und Pflichten auf beiden Seiten. Und wenn ich weiter dachte als nur bis zum Bankkonto, war ich eigentlich recht froh darüber, die diplomatischen Beziehungen abgebrochen zu haben. In letzter Zeit hatte man mir Forderungen gestellt, an deren Erfüllung ich nie im Leben gedacht hätte; ich habe ja schon erzählt, daß man von mir verlangt hatte, die deutsche Staatsangehörigkeit anzunehmen. Was für Ansprüche eine solche unvorstellbare und ungereimte »Bekehrung« im »Namen des totalen Krieges« mit sich gebracht hätte, kann man sich leicht ausrechnen: man hätte auf meinem Beitritt zur NSDAP bestanden und mich für Propagandazwecke ausgenutzt.

Man hat mich dadurch geehrt, daß man mich zum »politischen Idioten« ernannt hat, und das weiß ich zu schätzen. In meiner Jugend konnte man singen: »Das ganze Leben ist eine heitere Operette« – doch das ist es in Wirklichkeit nicht. Heute ist das ganze Leben Politik – und das ist eine ebenso unerquickliche Vorstellung. Natürlich kommt es darauf an, welche Bedeutung man in das Wort »Politik« legt. Für mich ist Politik ein schmutziges Geschäft, vielleicht ein notwendiges, doch darum ist es mir nicht weniger verhaßt. Man mag mich gern reaktionär, altmodisch und verschroben schelten – das läßt mich kalt. Politik geht mich nichts an, und ich werde mich nie dazu zwingen lassen, mich dafür zu interessieren. Ich interessiere mich für Menschen und für das Leben.

Ich habe mein Leben der höchst fragwürdigen Aufgabe gewidmet, meine Mitmenschen zu amüsieren und zu rühren. Man pflegt dies Unterhaltung zu nennen, und das ist in einer Zeit, wo jede Zeitungsspalte von Ernst trieft, ganz besonders verdächtig, soviel ist mir klargeworden. Aber daß diese Apostel des tierischen Ernsts recht haben, daß die, die am lautesten heulen und die breitesten Spalten hinter sich haben, auch die Menschen auf ihrer Seite haben, das ist nicht so sicher. Die Publikumsziffern der Theater, der Kinos und des Fernsehens geben recht klare Auskunft darüber, was »die Leute« wollen.

Jedenfalls darf man von mir, einer betagten Dame, nicht verlangen, in einem Minihemdchen durch die Straßen unserer Steinwüsten zu toben und politische Parolen herauszubrüllen. Will man mich treffen, muß man mich woanders suchen. Überdies behänge ich mich mit Brokat und Pelzwerk und Glitzerkram. Und ich singe meine Lieder, die in neunzig von hundert Fällen von Liebe handeln. Weil nämlich neunzig von hundert Menschen Liebe wichtiger ist als Politik. Das ist meine Überzeugung.

Wo steht denn geschrieben, daß ausgerechnet Künstler etwas von Politik verstehen müssen? Ich bin fast froh darüber, daß man mir das Etikett »politischer Idiot« aufgeklebt hat. Wenn ich das aber wirklich bin, sollte man mich mit grundlosen Anklagen wegen einer politisch »fragwürdigen« Vergangenheit in Ruhe lassen.

In einem Fernsehprogramm hat mich Lasse Holmqvist unverblümt gefragt:

»Warst du Nazi?«

Und ich habe ebenso unverblümt geantwortet:

»Nein!«

Ich habe schon längst jegliches Interesse für diesen ganzen Fragenkomplex verloren, und doch muß ich immer wieder mit demselben kategorischen »Nein!« auf dieselbe dumme Frage antworten. Ich weiß von vielen, vielen Menschen in Europa und sogar hier in Schweden, die aus Begeisterung oder Opportunismus Nazis waren, die aber ihren »Glauben« und ihre Ansichten gewechselt haben und nun als ganz untadelig gelten. Ich konnte die politische Farbe nicht wechseln, weil ich nie eine gehabt habe. Es gibt hierzulande viele Unternehmen und Privatpersonen, die bei Geschäften mit Hitler-

Deutschland schweres Geld verdient haben, ohne daß sie heute ständig versichern müßten, sie seien nie Nazis gewesen. Sind denn alle unsere Reisebüros, die bei Geschäften mit dem faschistischen Spanien, mit Portugal und Griechenland einen schönen Batzen Geld einheimsen, mit Faschisten besetzt?

Ich habe zehn Filme in Deutschland gemacht, eine große Anzahl Schallplatten für die teilweise in deutschem Besitz befindliche *Odeon* besungen und in einigen Rundfunkprogrammen mitgewirkt. Muß ich deshalb Nationalsozialistin gewesen sein? Doch was ich auch sage, es hilft ja nichts. Aber wie soll ich denn beweisen, daß ich nicht Nazi gewesen bin? Wie macht man das?

Ein Krimineller braucht seine Unschuld nicht zu beweisen, es obliegt dem Staatsanwalt, das Gericht von seiner Schuld zu überzeugen. Warum werde ich in einem Rechtsstaat tiefer eingestuft als Mörder und Rauschgiftschmuggler?

Bis ans Lebensende werde ich mich nicht von dieser verfluchten Aburteilung freimachen können. Dreißig Jahre lang klagt man mich an, ohne je etwas bewiesen zu haben. Man hat mich nicht freigesprochen, aber auch nicht verurteilt. Das ist abscheulich, ungerecht, unmenschlich. Fast möchte ich wünschen, einen Mord begangen zu haben. Dann hätte ich von einem zuständigen Gericht meine Strafe bekommen, hätte sie abgesessen und danach in Frieden leben können. Zu Kriminellen ist man aus guten Gründen human.

Ich habe das Pech gehabt, vor die sogenannten »Volksgerichtshöfe« der Presse gestellt zu werden – ohne eine Chance zur Verteidigung. *Denn man hat mich nie befragt!* Und wenn man es mal getan hat, hat man meinen Antworten mißtraut. Dann hat man nicht meine eigenen Worte wiedergegeben, sondern das geschrieben, was ich nach ihrer Meinung hätte sagen *sollen* – damit es eine gute Story abgibt!

Das Schlimmste an der ganzen widerwärtigen »Affäre Leander« aber ist folgendes: nicht einmal im Grab werde ich vor unverschämten Beschuldigungen, ehrenrührigen Gerüchten, falschen Behauptungen sicher und erlöst sein. Alle ungeheuerlichen Lügen und Unterstellungen über mich und meine

Person leben wie weiße Leichenwürmer im Verborgenen weiter, in den Archiven der Presse. Hin und wieder taucht das eine oder andere erneut in einer Zeitungsspalte oder einem Buch auf. Unkontrolliert von unwissenden Journalisten, die damals nicht dabei waren und folglich nicht wissen können, was sie zu kontrollieren haben. Doch allzu viele *wollen* gar nicht die Wahrheit erkunden, eine Kontrolle könnte ihnen ja das Geschäft verderben. Und so werden neue Artikel über Zarah Leander in den Händen heutiger Zeitungsschreiber, die für Nuancen nichts übrig haben – weil sie gar nicht wissen, wie eine Nuance aussieht –, nur noch kategorischer und schärfer.

Es heißt, ein gutes Gewissen sei das beste Ruhekissen. Sie ahnen nicht, welch guten Schlaf ich habe, vermutlich den besten im ganzen Vikboland. Schmähungen aus vergangenen Tagen und Nadelstiche von heute können mir meinen herrlichen Schlaf nicht rauben.

Doch tagsüber bin ich ja wach. Da leide ich zeitweise an Psoriasis, einer zwar nicht lebensgefährlichen Krankheit, die aber einen ständigen Juckreiz hervorruft. Genauso ist es mit dem unaufhörlichen Gezeter der Selbstgerechten wegen meiner Vergangenheit – als ob sie heute jemanden anders anginge als mich. Und ich habe nichts Böses getan. Aber man hat mich ungehört zu einem lebenslangen Ekzem verurteilt.

Sobald ich aus Deutschland heimgekommen war, begann man Unrat über mich auszuschütten. Ich war völlig unvorbereitet, der Unschuldige ist ja nie auf Anklagen vorbereitet, und ich kehrte nicht heim in die Freiheit, sondern in den Hausarrest. Weder als Bürgerin noch als Künstlerin besaß ich das Vertrauen meiner Mitbürger. Wer mich zuerst anspie, weiß ich nicht und will es auch gar nicht wissen – vielleicht war es jemand, der sich mein Freund nannte . . .

Heute kann ich das Geschehen zwar ruhiger betrachten, was aber nicht ausschließt, daß ich wütend werde, wenn ich an alle ausgestandenen Leiden denke. Aber ich bin wahrhaftig durchs Leben gewatschelt wie eine standhafte Gans, ohne je richtig naß zu werden, wieviel Schmutzwasser man auch über mich ausgoß. Und irgendwo gibt es eine Art Gerechtigkeit, trotz allem. Ich habe mit angesehen, wie sich manch einer in seinem Eifer, mich mit Schmutz zu bewerfen, selber beschmutzte.

Als ich entdeckte, daß man mich als Künstlerin für tot erklärt hatte, war ich wie gelähmt vor Entsetzen. Ich saß auf meinem Schloß und ließ die Spinngewebe aus dunklen Winkeln hervorwachsen. Wenn ich überhaupt das Bett verließ, schlurfte ich im Morgenrock und Hausschuhen umher. Sachte glitt ich in Willenlosigkeit ab.

Doch tiefer als bis auf den Grund einer schwarzen Verzweiflung kann man nicht sinken. Danach bleiben einem nur zwei Möglichkeiten: in vergrämtem Schweigen und aschgrauem Vergessen zu verharren oder sich wieder aufzurappeln. Ich gehöre nicht zu den Menschen, die sich dauernd selbst bemitleiden können, und auch nicht zu denen, die »sich eine Kugel in die Schläfe jagen«, dazu bin ich viel zu neugierig. Früher oder später werde ich statt dessen fuchsteufelswild, auf mich, auf die anderen, auf alles. Dann ist die Krise vorüber. Nach dem Höhepunkt des Wutfiebers sinkt die Temperatur wieder. Über Nacht genas ich von meiner Apathie und veranstaltete sogleich – draußen wie drinnen – ein wirbelndes Großreinemachen.

Damals, in der denkwürdigen Nacht der Generalprobe in Wien ermunterte mich Max Hansen: »Du mußt es ihnen zeigen, Zarah!« In dieser Nacht dachte ich es auch: »Du mußt es ihnen zeigen, Zarah!« Aber was sollte ich »ihnen« zeigen? Daß ich lebte und nicht unterzukriegen war, natürlich!

Noch war ich keine vierzig Jahre alt und besaß ein großes und schönes Heim. Das Gut lieferte Eier und Milch, Butter und Fleisch und Heringe. Und noch hatte ich hier an meiner Bucht Freunde.

Jetzt begann rund um Bråviken ein nicht enden wollender Reigen von Festen. »Mein Gott, was sie alles kann, und wie sie das macht!« sagten die Leute und kamen in Scharen herbei zu meinem Weihnachtsschmaus mit Schlittenfahrt bei

Fackelschein, zum Mittsommertanz auf laubgeschmückter Tenne, zu orgiastischen Krebsessen. Es war eine sagenhafte Zeit harter Arbeit und harter Feste. Aber ich hatte keinen Spaß daran, die Freude war desparat und gekünstelt. »Ich wollte es ihnen zeigen«, daß ich noch da war. Mein Herz aber hatte ich auf Eis gelegt, damit es sich hielt.

Ich war Mittelschwedens charmanteste und einsamste Gastgeberin. Ich war ein Flüchtling inmitten meiner Kriegsflüchtlinge auf dem Gut, aber meine Flucht war eine Flucht auf der Stelle – ich hatte nichts, wohin ich hätte fliehen können. Die Freiheit, die ich wieder zu erringen strebte, hieß Arbeit, und man ließ mich nicht in meinem Beruf arbeiten. Welches Vergnügen kann man dann an Vergnügen haben? Und was ist festlich an einem Fest, wenn es nicht Unterbrechung und Ruhe nach der Arbeit ist?

Meine Taschenkalender der Jahre 1943 bis 1947 sind ergreifend in ihrer Nichtigkeit. Ich habe sie nicht mehr, weiß aber, wie sie aussahen. Eine Rekonstruktion kann von Interesse sein.

1943 – mein letzter Arbeitstag war der 8. Oktober. Zusammen mit meinem lieben Freund Sune Waldemar habe ich an drei Aufnahmetagen vier Platten gemacht. Nur zwei kamen in den Handel, ich glaube aber, daß kein einziges Exemplar davon verkauft worden ist. Ich war ja aussätzig. Die beiden anderen wurden gar nicht erst gepreßt, es wäre sinnlos gewesen, sie existieren nur im Aufnahmeverzeichnis der Schallplattenfirma. Die Titel sind seltsam ironisch, wenn man Sinn für Ironie hat, und Selbstironie muß man haben, sonst kann man nicht überleben: »Die Friedenstaube«, »Heute sinkt ein Stern . . .« und »So glücklich wie ich . . .«

1944 – zählte Hering, war einmal lunchen;

1945 – zählte Hering, große Wäsche;

1946 – zählte Hering, große Wäsche und Abwasch nach allen meinen Gästen.

1947 – hatte vierzigsten Geburtstag, nicht besonders fröhlich, aber auch nicht trist. Im September flog ich auf die inständige Bitte eines Musikverlegers in die Schweiz. Traf Ralph

Benatzky, der ahnungslos fragte: »Wo singst du jetzt?« Nirgends. »Komm, dann machen wir ein Rundfunkprogramm!« Und das taten wir. Es war, als hauchte man ein kleines Guckloch in einer vereisten Fensterscheibe frei.

In diesen Jahren stolperten die Weltereignisse nur so übereinander. Man glaubte, die Zeitungen platzten von all dem brisanten Stoff: der deutsche Zusammenbruch, die Atombombe, die Friedensverträge, die Befreiung der besetzten Länder, die Flüchtlingsprobleme, die Abwicklung der Lebensmittelbewirtschaftung, der Wiederaufbau. Es ging um Grenzen, die geöffnet, und eiserne Vorhänge, die heruntergelassen wurden, es ging um die größten Ereignisse in der menschlichen Geschichte.

Aber für den letzten Klatsch über die Herrin auf Lönö hatte man immer noch ein Plätzchen. Die Journalisten waren wie Hunde: sie fraßen alles, was man ihnen vorwarf, ohne es vorher zu probieren. Mir schien es grotesk, daß man jeden Tratsch gierig verschlang. Auch wenn er sich noch so sehr widersprach:

Goebbels habe nach meinem »Abspringen« sofort alle meine deutschen Filme verboten (was wirklich stimmte). Auf derselben Seite konnte man lesen, ich hätte zugunsten der Deutschen in meinen Schären U-Boot-Häfen angelegt. (Wo die nur gelegen haben können? Muß mal die Küstenwacht fragen, die von mir Grund und Boden »mietet«.)

Gleichzeitig teilte man mit, ich sei wegen »jüdischer Kontakte« aus Deutschland ausgewiesen worden, und unterrichtete die Leser darüber, daß ich im Kuhstall einen Geheimsender hätte. Tja, vielleicht hat sogar Martin Bormann mal in meinem Gästeflügel Unterschlupf gefunden . . .

Schließlich brachte man die aufregende Nachricht, ich sei als Spionin der Alliierten in Deutschland zum Tode verurteilt worden. Von der Vollstreckung des Urteils erfuhr man freilich nichts – die Leute mochten glauben, was sie wollten. Ich existierte ja nicht mehr. Meine Filme wurden nicht gezeigt, meine Platten nicht im Radio gespielt. Vielleicht war sie schon hingerichtet?

Man bittet mich oft, von »den stummen Jahren«, den leeren, toten Jahren auf Lönö zu erzählen. Ich habe es getan. So ist es gewesen. Und wenn ich noch etwas hinzufügen darf, so wäre es nur das, was jede Hausfrau auf dem Land zu berichten hätte.

Man stand früh auf und schuftete den ganzen Tag. Man aß Frühstück, Mittag und Abendbrot und hatte besseres Essen als die meisten Städter. Man trank Muckefuck, der nicht mal nach Löwenzahn schmeckte. Man rauchte »Carmencita« oder »Bill« mit langem Mundstück. Bisweilen kamen Gäste, und es war recht nett, da man immer etwas aus den Gutsvorräten hatte, womit man sie abfüttern konnte. Man hörte die Tagesnachrichten. Abends war man müde und schlief den tiefen Schlaf des Gerechten bis zum nächsten Morgen. Und dann ging es von neuem los.

Das Wichtigste, was hätte geschehen können, geschah nicht: ich durfte nicht in meinem Beruf arbeiten.

Es war eine scheußliche Zeit.

Schlammbäder sollen stärkend sein

Im Jahre 1944 lunchte ich ein einziges Mal.

Dieser Abschnitt handelt von dem Lunch, seinem Vor- und Nachspiel. Zählte man den gesamten Ablauf, würde daraus ein beispielloser Dauerlunch, der einem noch heute sauer aufstoßen kann.

Zufällig fand der Lunch am 14. Juli 1944, dem französischen Nationalfeiertag statt. Karl Gerhard war der Gastgeber in seinem »Krähenschloß« in Saltsjöbaden. Die Gäste waren eine Mischung aus Prominenten mit Geist und Geschmack und eben nur Prominenten. Um einige zu nennen: anwesend waren Professor Alma Söderhjelm, die Theaterintendantin Pauline Brunius, die Redakteurin Kerstin Bernadotte, die Schauspielerinnen Tollie Zellman und Gudrun Brost, der allgegenwärtige Kar de Mumma und der Chefredakteur der Illustrierten ›SE‹, Carl-Adam Nycop.

Daß dieser Lunch eine mißglückte Veranstaltung gewesen wäre, kann man nicht behaupten, denn jedes Essen bei Karl Gerhard war kunstvoller als seine Couplets. Es wurden auch nicht zu viele »Strophen« gereicht, was ihm auf der Bühne leicht passieren konnte. Die Mahlzeit selbst war über jeden Tadel erhaben. Die Nachwirkungen aber waren quälend wie bei einer Lebensmittelvergiftung.

Nach – wie man sagt – reiflicher Überlegung habe ich mich dazu entschlossen, das in jenem heißen Sommer 1944 Vorgefallene mit Hilfe einiger Dokumente zu schildern. Diese Schriftstücke bestehen aus Briefen, Zeitungsartikeln und Memoiren. Mir erscheint es am fairsten, andere Leute über die Fakten dieser affektgeladenen Geschichte berichten zu lassen. Da dies aber immerhin *mein* Buch ist, fühle ich mich berechtigt, den einen oder anderen Kommentar einzuflechten. Auch ich habe nämlich an dem Lunch teilgenommen. Als Ehrengast . . .

In einem Band seiner *Erinnerungen* widmet Karl Gerhard seiner Zusammenarbeit mit mir ein besonderes Kapitel. Aus seinem Blickwinkel schildert er auch die Dramatik, die mit meiner Heimkehr verknüpft war.

»Nach ihrer Rückkehr aus Deutschland verhandelte Zarah zunächst mit Gustaf Wally, der sie als Primadonna in einer Sommerrevue herausbringen wollte, sich im letzten Augenblick aber für Rosita Serrano entschied. (Hier ist der Sommer 1944 gemeint.) Eines Nachts rief mich Zarah an, tief gekränkt, weil man ihr die Rolle weggenommen hatte, und sehr deprimiert über die ganze Revue, die sie inzwischen gesehen hatte. Sie sei darin weiteren Beleidigungen ausgesetzt. In einem Chanson, das ihren Berliner Triumphzug behandelte, sei man ihrer Ehre als Frau zu nahe getreten, und sie müsse sich bei jemandem aussprechen. Da ich mich von jeher leicht engagiert habe, wenn mich ein Freund um Beistand bittet, machte ich Zarahs Sache sofort zu meiner eigenen. Ich schlug ihr vor, sie solle, ohne lange zu überlegen, zu mir zurückkommen. Feige bin ich nicht, redete ich mir ein, und was die Leute sagen, das geht mich nichts an, und übrigens – wer sonst hatte wohl das Recht, sie zu engagieren, wenn nicht ich? Und war ihre Rückkehr in die Heimat nicht auch eine Niederlage für Hitler? Niemand konnte mich als Kompromißler verdächtigen, und es war ja nur eine Zeitfrage, bis Deutschland besiegt war.

›Wer Jude ist, bestimme ich‹, hatte Göring gesagt, und ich in meinem jugendlichen Übermut bildete mir ein, Zarah mit einem Federstrich von ihrem ›Die‹[1] befreien zu können. Ich konnte es nicht und sollte es auch zu spüren bekommen.

---

[1] Daß die Namen bekannter Künstlerinnen und Schriftstellerinnen nach deutschem Sprachgebrauch häufig den Artikel erhalten, hat mit Nazismus natürlich nicht das geringste zu tun, was man Karl Gerhards Bemerkung vielleicht entnehmen könnte.

Es kam eine mühsame Zeit. Doch eigensinnig, wie ich es stets bei Schwierigkeiten bin, wollte ich nicht aufgeben. Zarah war über den Lauf der Dinge sichtlich erschüttert. Ebenso wie ich hatte sie fälschlicherweise geglaubt, daß ihr in meinem Schutz nichts Böses widerfahren könne. Wahrscheinlich hätte ein Engagement bei Gustaf Wally weniger Aufsehen erregt.«

Im Hochsommer 1944 startete Wally seine showbetonte Revue. Im September soll Karl Gerhard ihn mit einer abendfüllenden Revue mit durchlaufender Handlung und rotem Faden ablösen. Der rote Faden soll aus dem im Kriege ständig aktuellen Lysistrata-Thema gesponnen werden. Ich soll die Lysistrata sein.

Im Juni 1944 schrieb Karl Gerhard mir einen Brief:
»Zarah, ich muß Dir gestehen, daß dieser Plan mich mit stillem Glück erfüllt! Es ist an der Zeit, daß die Stockholmer mal wieder eine richtige Revue zu sehen kriegen. Und da sie ja eine Handlung hat, entspricht sie außerdem den Anforderungen für die ermäßigte Vergnügungssteuer. Viele Leute müssen mitwirken. Wer macht die Choreographie? Was hältst Du von Georges Gé? Wenn ihm etwas dazu einfällt, ist er wohl der Beste.«

Karl Gerhard hatte mit mir für die Septemberrevue im *Cirkus* einen Vertrag gemacht. Doch nachdem die erste mitmenschliche und freundschaftliche Begeisterung abgeklungen ist, scheint Gerhard es mit der Angst zu kriegen. Dies kommt in Briefen an verschiedene urteilsfähige Freunde zum Ausdruck, bei denen er für seine Pläne, mich wieder zu lancieren und zu rehabilitieren, Unterstützung sucht.

In seiner Antwort formuliert der Dispacheur Conrad Pineus, Göteborg, einen zum geflügelten Wort gewordenen Ausdruck, der dann fälschlicherweise mir in den Mund gelegt worden ist: »Wie alle Künstler ist auch Zarah ein politischer Idiot!«

1952 schrieb Karl Gerhard in seinen *Erinnerungen*:
»In meiner Villa in Saltsjöbaden gab ich einen großen Empfang und lud dazu die Stockholmer Presse sowie einige nichts

Böses ahnende Freunde und Kollegen ein. Es war eine sehr repräsentative Versammlung, die sich hier zur eigenen Überraschung als eine Art Gallup-Institut betätigen sollte. Die meisten begegneten Zarah sehr freundlich, sowohl Pauline Brunius als auch Alma Söderhjelm machten ihr Mut, und die Grundstimmung war günstig. Diejenigen, die Bedenken hatten, hielten vielleicht nur den Zeitpunkt für Zarahs Rückkehr an das schwedische Theater für schlecht gewählt. Für die Deutschen stand es nämlich schlecht, für Zarah hätte es also besser ausgesehen, wenn sie noch gewartet hätte. Einige Gäste waren über ihre Anwesenheit so indigniert, daß sie den Empfang verließen, freilich erst nach dem Essen.«

Die Nachricht von der geplanten Revue im Spiegel der Presse: einer der Lunchgäste im »Krähenschloß« ist Carl-Adam Nycop, Chefredakteur der Illustrierten ›SE‹. Dort schreibt er:
»Ein normaler Schwede, der seine fünf Sinne beisammen hat, kann nicht Jahr für Jahr die Augen vor dem von den Nazis inszenierten widerlichen Schauspiel verschließen. Ein normaler schwedischer Mensch verkehrt nicht Jahr für Jahr mit Doktor Goebbels, läßt sich nicht mit der Clique ein, die unsere Nachbarvölker auf das grausamste und rücksichtsloseste tyrannisiert hat, macht keine Reisen in die besetzten Länder und läßt sich dort nicht von den Vertretern der Besatzungsmacht huldigen. Ein halbwegs normaler Mensch kauft sich auch keine Villen und Häuser in den besetzten Ländern mit deutschem Geld. Normales Anstandsgefühl verbietet es, auf diese Art zu handeln. Nicht einmal, wenn man in erster Linie darauf aus ist, Geld zu verdienen, und es dabei praktisch findet, sich als politischen Idioten hinzustellen und sich damit zu entschuldigen. Das ist keine Entschuldigung.«

Um zunächst die simpelsten Schmähungen und die dümmsten Lügen zu widerlegen:
Es war Conrad Pineus, der mich als »politischen Idioten« bezeichnete, ich selber tue es erstmalig in diesem Buch. Ich

entschuldige mich nicht mit solchen Ausdrücken, ich *bin* eine politische Idiotin.

Ich habe in den besetzten Ländern niemals Villen und Häuser besessen. Ich habe ein Haus in Schweden. In Berlin hatte ich in all den Jahren Wohnungen gemietet. Irgendwo mußte ich ja wohnen.

Ich habe mich in den besetzten Ländern niemals »von den Vertretern der Besatzungsmacht feiern« lassen. Woran sich Nycop jahrelang wie eine Bulldogge festgebissen und was er für ein photographisches Dokument gehalten hat, ist ein Standphoto aus dem Film *Die große Liebe* (1942). Auf diesem Bild stehe ich am Flügel und singe vor Deutschen in Uniform. Diese Szene wurde im Atelier Nr. 2 der Ufa in Babelsberg gedreht. Im Film bin ich eine dänische (!), mit einem deutschen Offizier verheiratete Chansonette. Der Film sollte rein menschliche Probleme schildern, wie sie im Kriege entstehen und ja auch viele Kriegsehen betroffen haben: er ist eingezogen und hat selten Urlaub, sie ist berufstätig und ist viel unterwegs. Dadurch entstehen Mißhelligkeiten.

Über meinen Verkehr mit Dr. Goebbels habe ich an anderer Stelle in diesem Buch berichtet.

Die beiden ersten Zeilen des Zitats aus Carl-Adam Nycops Artikel werden unten behandelt. Daß Redakteur Nycop mich für nicht ganz bei Trost hält, mag er selber verantworten, ich will mich mit derlei Geschmacklosigkeiten nicht befassen. Im übrigen verweise ich auf Zitate von »Augenzeugen« und eingeweihten Beurteilern.

Die Möglichkeiten, sich über »das von den Nazis inszenierte widerliche Schauspiel« informiert zu halten, waren in einer Zeitungsredaktion in Stockholm vermutlich größer als in den Filmateliers in Berlin oder überhaupt in Deutschland. Der Nachrichtendienst in Presse und Rundfunk (Fernsehen gab es damals noch nicht) war von der Reichspressekammer bis in die kleinste Einzelheit festgelegt, davon zeugen schon verschiedene Dokumentarberichte aus den Kriegsjahren. In diesem Zusammenhang verweise ich Interessenten beispielsweise auf Alexander Kluges *Schlachtbeschreibung,* einen Roman über Stalingrad. Der Abschnitt *Direktiven für die Presse* zeigt nicht nur außerordentlich klar, *was* man Zeitungslesern und Radiohörern servierte, sondern auch *wie* diese »Information« zu formulieren war.

Von einem Korrespondenten eines neutralen Landes im Mittelpunkt der Ereignisse darf man verlangen, daß er über das, was wirklich geschieht, besser orientiert ist als ein »normaler« Mensch. Einem Journalisten unterstellt man nicht, daß er »vor dem widerlichen Schauspiel die Augen verschließt«. Aber auch mit weitgeöffneten Augen war es unstreitig schwer, ja unmöglich, Dinge zu sehen, die Goebbels und Konsorten nicht zeigen wollten.

In der Stockholmer Redaktion der Zeitschrift ›SE‹ saß ein normaler Mensch mit offenen Augen und sah die finsteren Taten. Das war tüchtig von ihm. Schlimmer ist, daß er Leuten, die nicht so gut sahen, auf vage Gerüchte hin die Ehre abschnitt.

Zurück zu dem unseligen Dauerlunch am 14. Juli 1944 im »Krähenschloß«. In unserem Land lebte eine große Zahl dänischer und norwegischer Flüchtlinge, verschiedene von ihnen waren intellektuell tätig. Sie waren in einer Vereinigung zusammengeschlossen, die KG als *Skandinaviska Konstnärsklubben* bezeichnet, den andere aber *Dansk-norska konstnärskretsen* nennen. Dieser Kreis schreibt an Karl Gerhard und protestiert gegen die Pläne für mein Comeback. Karl Gerhard betrachtet das Schreiben als Privatbrief, andere Leute tun dies offenbar nicht, denn der Inhalt ist in Stockholmer Zeitungskreisen bekannt.

In diesem Schreiben werden Gerhard, falls er seine Pläne ausführen sollte, Repressalien angedroht. Man versichert ihm auch, daß er sich, falls mein Engagement durchgeführt werde, in Dänemark und Norwegen für alle Zeiten unmöglich mache.

Karl Gerhard verständigt mich über den Brief und entwirft selber einen »Abschiedsbrief« (anläßlich des Künstlerprotests) von *mir* an *ihn*. Dieser Abschiedsbrief sollte in der Presse veröffentlicht werden, ich sollte mich von der Revue zurückziehen, und die ganze Sache wäre damit aus der Welt geschafft. Das glaubte jedenfalls Karl Gerhard.

Statt dessen schreibe ich jetzt diesen *Offenen Brief* an ihn, und zwar in der ausdrücklichen Absicht, daß er eine Veröffentlichung veranlassen möge:

»Lieber Gerhard!

Wenn ich Dich mit diesen Zeilen darum bitte, mich von meinem Vertrag zu lösen, so kommt diese Bitte wohl kaum wie ein Blitz aus heiterem Himmel. Unsere Freundschaft hat sich bewährt. Unsere Zusammenarbeit ist unterbrochen gewesen. Als wir neulich beschlossen, sie wieder aufzunehmen, waren wir uns bewußt, daß gegen meine Heimkehr gewisse Stimmen laut werden würden.

Diese Stimmen wurden zwar überlaut, das gebe ich zu, haben aber meine Gewissensruhe nicht stören und meinen Entschluß nicht ändern können. Nun hast Du mir jedoch das Schreiben des Dänisch-norwegischen Künstlerkreises gezeigt, das Kollegen aus den nordischen Nachbarländern unterzeichnet haben, Kollegen, die in unserem vom Schicksal begünstigten Schweden eine dringend benötigte Freistatt gefunden haben und in diesem Brief erklären, gegen Dich und Dein Unternehmen Repressalien auszuüben, sofern ich, eine schwedische Künstlerin, bei Dir auftrete. Um dies zu verhindern, möchte ich Dich im Namen unserer Freundschaft – nicht wegen eigener Besorgnis – bitten, meinen Vertrag zu annullieren.

Ich ziehe mich also in mein Schloß zurück, wo mir unter anderem die Freude vergönnt ist, Flüchtlinge aus unseren Bruderländern zu beherbergen. Sie üben mir gegenüber Duldsamkeit und haben bisher noch nicht vorgeschlagen, ich möge ausziehen.

Stets Deine treue Zarah.«

Diesem für die Presse bestimmten Offenen Brief füge ich noch folgendes *privates Handschreiben* bei:

»Lieber Gerhard!
Lange habe ich über die Formulierung meines sogenannten Abschiedsbriefs an Dich nachgegrübelt, und hier sende ich ihn Dir. Vidar hat ihn abgefaßt, und er hat das, was ich sagen will, klar und verständlich ausgedrückt. Nimm es mir bitte nicht übel, daß ich Deinen Vorschlag nicht gutheißen kann.

Er wirkt wie die öffentliche Abbitte eines leidgeprüften und reuigen Weibes, eine Rolle, die mir, zumal in einem Fall wie diesem, schlecht zu Gesicht steht. Jedenfalls will ich die Genugtuung haben, aufrecht und offen gehandelt zu haben, und Du kennst mich gut genug, um zu wissen, daß ich vor denen, die mich bespeien, nicht krieche. Ich speie zurück und ziehe die Konsequenzen. Und in dem Maße, wie Du Dich verteidigen mußt, bist Du ja reingewaschen, sobald Du die Leiche an Bord losgeworden bist.

Für alle Mühe, mit der Du mir aus dieser unseligen Geschichte heraushilfst, danke ich Dir im voraus. Aber die Durchführung unseres Abkommens, meinen Abschiedsbrief in den Zeitungen zu veröffentlichen, drängt. Die Geschichte von der Aktion der Flüchtlinge ist in aller Munde, und auf einem Fest bei Wally wurde sie offen diskutiert.

Zum Schluß hoffe ich, daß Deine Freunde unsere private Freundschaft weder zerstören wollen noch können, eine Freundschaft, ohne die ich diese Verfolgung nicht hätte durchstehen können.

Deine Zarah.«

Karl Gerhard gibt meinen Offenen Brief nicht an die Zeitungen weiter. Dagegen läßt er durch den Nachrichtendienst in aller Kürze mitteilen, ich sei auf eigenen Wunsch von meinem Vertrag bezüglich der Septemberrevue im *Cirkus* entbunden worden.

Darauf nehme ich die Frage der Veröffentlichung selber in die Hand. Durch Vermittlung von Hartwig Kusoffsky wird mein Offener Brief in ›*Aftonbladet*‹ auszugsweise abgedruckt.

Karl Gerhard in seinen *Erinnerungen* von 1952:
»Zarahs Engagement (im *Cirkus*) kam nicht zustande. Nachdem sie Einblick in den Brief der dänisch-norwegischen Künstler erhalten hatte, zog sie sich zurück. Durch ihr Betreiben wurde der Brief in ›Aftonbladet‹ veröffentlicht und verursachte weitere Pressekampagnen. Zarah zog sich nach Lönö zurück, wo sie für Anrufe unerreichbar blieb, was für mich sehr unbequem war, da ich doch mit ihr die bei einem Angriff stets notwendige Verteidigung abstimmen mußte.
Die Suppe, die ich mir selber eingebrockt hatte, mußte ich immer wieder und wieder auslöffeln.«

Brief von mir an Karl Gerhard:
»Gerhard! Versuche bitte zu verstehen, daß ich weder auf Briefe noch auf Anrufe reagiere. Ich komme mir vor wie der rechte und linke Flügel einer Windmühle mitsamt der Achse. Deine Dich liebende Zarah.«

Karl Gerhard antwortete mir postwendend:
»Liebste Zarah!
Ich habe mich über Deine heutigen Zeilen sehr gefreut. Die Sorge, daß auch *wir* in diesem Streit auf verschiedenen Seiten stünden, hat mich sehr bedrückt. Ich hatte den Eindruck gewonnen, Dir wären die psychologischen Hintergründe der geäußerten Kritik klar, auch wenn Du es nicht zugabst, und für mich war es mangels jeglichen Kontakts mit Dir äußerst schwierig, eine Verteidigung aufzubauen. Glaube aber nicht, ich hätte nicht jederzeit Verständnis für Deine Gefühle gehabt. Ich nehme an, daß Du auch meine verstanden hast.
Ich finde, daß ich – wenn der Streit endlich ausgestanden ist – meinerseits anstandshalber klarstellen muß, wie es sich mit der ganzen Sache verhalten hat. Wie vorauszusehen war, hätte der Brief der Flüchtlinge mit keinem Wort erwähnt werden dürfen. Erst dadurch ist die Angelegenheit so publik geworden und hat weite Kreise verärgert.
Ich will mich nicht rühmen, das schon verstanden zu haben, als wir den Vertrag machten, aber dann begriff ich es immer

besser. Daß ich versucht habe, als Dein Freund zu handeln, das weiß ich. In den Fällen, wo ich anderer Auffassung war, als Du es in Deinem Offenen Brief zum Ausdruck bringst, war ich gezwungen, daran festzuhalten. Ich habe meine frühere Einstellung nicht dementieren können und es auch nicht gewollt.

Ja, liebe Zarah, vielleicht langweile ich Dich mit meinen Ergüssen, alles hat einen Übergang, und vielleicht hat diese Sache für Dich das Gute, daß Dein Fall später, wenn Du wieder zur Bühne zurückkehrst, endgültig bereinigt ist.

Während ich dies schreibe, sitze ich splitterfasernackt auf meinem sonnigen Balkon, doch erwähne ich dies nicht, um Deine erotische Phantasie anzuregen, sondern um von etwas anderem zu reden. So lange die Sonne scheint, ist das Leben jedenfalls schön, und wenn sie untergeht, gibt es sie ja auf Flaschen gezogen.

Apropos *(die hier übersprungenen Zeilen betreffen rein Privates)* – wir steckten beide ja ganz schön tief im Schlamm, aber Schlammbäder sollen stärkend sein. Du wirst sehen, daß wir überleben.

Wir sollten uns wirklich bald mal sehen, also sei lieb und ruf mich mal an. Sonst tu ich es gern, doch vielleicht möchtest Du erst noch ein paar Tage zum Abheilen der Wunden haben. Doch dann ruf mich an. Oder warum nicht: komm für ein paar Tage her!

Sonst gibt es nur Schreiben und Proben, wir sind spät dran, doch das gehört zum Geschäft. Erinnerst Du Dich an 1934 (die Revue *Mitt vänliga fönster* (Mein freundliches Fenster) und darin an dein Chanson »*I skuggan av en stövel*« (Im Schatten eines Stiefels)? Da war zehn Tage vor der Premiere nicht eine von Deinen Nummern fertig, und alle wurden Volltreffer. Du stehst noch immer im Schatten des Autors ...

Apropos Stiefel: grüße Vidar, Deinen Pantoffelhelden. Hoffentlich ist er nicht allzu irritiert. Aber er sieht ja die Dinge realistisch.

Und dann grüße auch die Kinder von ihrem und Deinem Dir herzlich zugetanen Gerhard.«

Der Leser dürfte bemerkt haben, daß das ganze »Drama«, das sich hier in Briefen und anderen Schriftstücken abgespielt hat, seinen Auftakt in den Ereignissen früherer Zeit hat, jedoch »richtig« erst mit dem Lunch am 14. Juli 1944 im »Krähenschloß« begann.

Übrig bleibt eigentlich nur ein »Tischgebet«. Es stammt aus einem Brief des Erzbischofs im dänischen Lund 1137–1177, Bischof Eskil. Er wurde in das politische Ränkespiel im mittelalterlichen Europa verwickelt und landete beim Kaiser des Heiligen Römischen Reiches deutscher Nation im Gefängnis. Aus dem Gefängnis schreibt er:

»Der römische Kaiser beschuldigt mich, seinem Reich und seiner Krone geschadet zu haben. Ich habe mein Gewissen erforscht, kann aber nicht entdecken, wo und wann ich dies getan haben sollte. Ich wurde allein auf die Anklage hin und ohne den geringsten Beweis verurteilt. Obgleich ich unschuldig bin, gelte ich als Verbrecher. Aber gerade das ist meine Ehre, mein Triumph!«

Bleibt mir nur noch eines zu sagen: »Amen!«

Reprisen

Es gibt einen Mann, der Peter Kreuder heißt. Er gehört zu der Gruppe begabter Leute, die die Vergnügungswelt an sich zieht wie das Licht Motten und Insekten, die man im hellen Tageslicht niemals zu sehen bekommt – und die so sonderbar sind, daß man seinen Augen nicht traute, sähe man sie im klaren Sonnenschein: Das kann nicht wahr sein! So was gibt es nicht!

Aber es gibt sie.

Sie gehören zum System, in die lange Kette derer, die voneinander leben – und nicht *für*einander. Gäbe es sie nicht, entstünde eine Lücke im System, fehlte ein Glied in der Kette.

Von einem Menschen zu sagen: »Der ist ja verrückt! Völlig verdreht!« ist nur allzu leicht. Ich weiß, daß viele so von mir sprechen, weiß allerdings nicht, ob es Lob oder Tadel bedeutet. Wie auch immer: man ist jedenfalls anders, und Peter Kreuder ist in besonders hohem Maße »anders«. Er kann Musik schreiben, daß einem die Augen vor Glück feucht werden. Und er hat haufenweise Mist komponiert. Er kann einem das Hemd vom Leib luchsen und gleichzeitig den »flotten Maxen« markieren. Er gehört gewiß nicht zu den ranken, stolzen Fichten im Wald, sondern ist eher im Unterholz zu Hause, wo das Heidekraut dank seiner Zähigkeit und wie aus Trotz überlebt. Doch wie herrlich kann das Heidekraut blühen!

Peter Kreuder hielt sich während der ersten Kriegsjahre in Schweden auf und fand sich dort glänzend zurecht, schrieb Filmmusik und unternahm Tourneen. Eine führte ihn zur Mittsommerzeit 1941 nach Norrköping. Nachher lud ich ihn nach Lönö ein. Wir blieben die ganze Nacht auf, musizierten und plauderten – und *er* konnte erzählen! Ich glaube, selber etwas von värmländischer Fabulierlust in mir zu haben, aber sie nimmt sich im Vergleich zu Peter Kreuders phantasievollen Flunkereien wie trockener Gesetzestext aus. Er erfindet Geschichten im Augenblick des Erzählens, an allem ist kaum ein wahres Wort – aber es ist köstlich und unterhaltend.

Er könne aus der Hand lesen, erklärte er.

»Darf ich mal sehen? Jetzt haben wir Mittsommerabend 1941. In zehn Jahren, am Mittsommertag 1951, werden wir beide uns jenseits des Ozeans in einer der großen Städte wiederbegegnen. In welcher, das weiß ich nicht, vielleicht in Rio oder in Buenos Aires.«

Ich lachte, denn ich glaube zwar an einiges, was andere übernatürlich nennen, aber an Handlesen und Wahrsagen glaube ich nicht. Doch zehn Jahre später befand ich mich auf dem Flug nach Buenos Aires zu meiner ersten Tournee in Südamerika. Wegen Verspätungen bei Zwischenlandungen landeten wir am Mittsommertag in Argentiniens Hauptstadt. An der Sperre wartete ein rundlicher und sonnengebräunter Peter Kreuder. Das erste, was er sagte, war:

»Na?«

Auf zwei langen Tourneen war Peter Kreuder mein musikalischer Begleiter, und dann sahen wir uns erst 1958 wieder – ausgerechnet am Karfreitag. Erik Järnklev von der Zentralorganisation der Volksparks rief an, wünschte frohe Ostern und erzählte:

»Peter Kreuder ist bei mir. Er hat eine Operette geschrieben, die wir gern in den Volksparks lancieren möchten.«

Arne und ich fuhren zu Järnklev und hörten Peter Kreuder spielen und von seiner neuen Operette *Madame Scandaleuse* erzählen. Die eigentliche Story war wie alle guten Geschichten geklaut. Sie hatte, wie die Kritiker in ihren Besprechungen auch hervorhoben, manches mit Shaws *Frau Warrens Gewerbe* gemeinsam. Aber die Musik war fast nur Kreuder, und sie war wie für mich gemacht.

Ich sah Arne an, er nickte, und dann sagten wir ja. Järnklev sollte das Geschäftliche übernehmen und mit Wien, das in erster Linie in Frage kam, verhandeln. Arne hatte eine kluge Begründung:

»Wir wollen nicht als ›privates Gespann‹ nach Wien oder sonstwohin. Wir möchten durch das ›königliche‹ schwedische Unternehmen *Folkparkerna* vermittelt werden, denn das verleiht Autorität und stärkt den Rücken.«

Diese Überlegung sagte Peter Kreuder ungemein zu. Wahrscheinlich brauchte er eine Rückenstärkung nötiger. Freilich nennt er sich »Professor« Kreuder, doch dieser Titel beeindruckt niemanden; er hatte ihn sich in Argentinien verschafft, wie, wußte man nicht recht . . .

»Sie ist mit Volldampf wieder dem alten Ufer zugestrebt!« schrieb eine Zeitung nach der Uraufführung am 5. September 1958 im *Raimund-Theater* an der Wallgasse in Wien. Das sagt ungefähr, was über meinen Triumph in *Madame Scandaleuse* zu sagen ist. Für mich persönlich war es ein noch größerer Triumph als *Axel an der Himmelstür* 22 Jahre zuvor. So etwas habe ich mit der Überzeugung des guten Gewissens nicht oft sagen können, aber an diesem Abend in Wien, als sich der Vorhang *einundvierzigmal* senkte und wieder hob und sich das Publikum zwanzig Minuten lang die Hände wund klatschte, wobei man im Sprechchor »Zarah! Zarah! Zarah!« schrie – ja, da wagte ich, mir selber einzugestehen:

»Diesmal hast du es wirklich und wahrhaftig geschafft, altes Mädchen. Wie HERRLICH!«

Dreißig Jahre Arbeit und Berufserfahrung lagen hinter dieser »zweiten Eroberung Wiens«, und ich war 51 Jahre alt. Ich hatte viele sogenannte Erfolge erlebt, sowohl in den Tagen jugendlicher Unerfahrenheit, wo es einem selbstverständlich erscheint, Erfolg zu haben, und später, wo es nicht mehr selbstverständlich ist. Nicht immer ist man mit dem Jubel des Publikums und dem Lob der Presse zufrieden. Sich selbst betrügt man nicht. Zufrieden ist man nur dann, wenn man alles gegeben hat, wenn man jeden einzigen Tropfen seines Könnens und Gefühls aus sich herausgepreßt hat – dann flattert man dort wie ein fröhlicher Wimpel im Sturm des Beifalls. So war es am 5. September 1958 in Wien.

Dieser Abend bedeutete mehr als Freude und Erfolg für den Augenblick. Mit der Premiere von *Madame Scandaleuse* hatte ich nämlich ein »Nachkriegsprogramm« gekrönt, das mich zehn meiner besten Jahre gekostet hat. Nach fünf Jahren Arbeitslosigkeit hatte ich wieder ganz von vorn beginnen müssen, gegen alle Vorzeichen. Es war hart gewesen, aber es hatte sich gelohnt. Unbekannt zu sein, ist zu Beginn einer Karriere kein Nachteil: man hat den Reiz der Neuheit. Aber übel beleumundet zu sein, wenn man aufs neue startet, heißt einen gewaltigen Widerstand brechen – bei sich selber und beim Publikum. Dazu braucht man großen Mut und viel Kraft. Die Gewißheit, daß man um fünf Jahre besser ist als beim letztenmal, ist dabei bedeutungslos, man ist ja auch um fünf Jahre ängstlicher geworden. Und vom Publikum weiß man nicht, doch man ahnt, daß es Blut und Skandal wittert ...

Als es mit mir nach dem Krieg wieder in Gang kam, habe ich wohl ein dutzend Comebacks gehabt. Zunächst lief es sachte und behutsam an, doch dann ging es mit Macht – wie damals in Wien.

In Interviews mit ausländischen Zeitungen behaupte ich gern, daß das erste deutsche Nachkriegskonzert das wichtigste meines Lebens gewesen sei. Vielleicht flunkert man, wenn es einem in den Kram paßt: Nein, es ist keine Flunkerei, es ist nur ein Teil der Wahrheit. Das Konzert am 13. November 1948 in Saarbrücken, in der damaligen französischen Besatzungszone, mit Michael Jary als Kapellmeister, ist tatsächlich ein Schlüssel zu meiner Nachkriegskarriere gewesen. Aber in diesem Beruf gibt es viele Schlösser, und man muß ein ganzes Schlüsselbund haben, um alle Türen öffnen zu können. So öffnete sich eine Tür 1949 in Berlin. Eine andere 1958 in Wien.

Aber im September 1949 im Stockholmer *Konzerthaus* öffnete sich keine Tür – ich riß eine Wand ein. Als sie eingestürzt war und der Staub sich gelegt hatte, sah die Welt hinter den

Ruinen neu aus. Für meinen Beruf und meine weitere Arbeit war das Comeback in Stockholm, ehrlich gesagt, nicht entscheidend, ich war ja schon dabei, Europa »wiederzuerobern«. Doch für mein Selbstgefühl und für das unverwüstlich Schwedische in mir war dieser Abend lebenswichtig. Im übrigen ging es gar nicht um Türen, Mauern und Wände – ich öffnete mein Herz, und hinein strömten Wärme und Freude.

Einen Monat zuvor hatte ich in Malmö etwas Einzigartiges erlebt. Dieses Einzigartige beruhte nicht auf persönlichem Glück, sondern auf Nils Bermans phänomenaler diplomatischer Aufbauarbeit.

Seit dem Lunch im »Krähenschloß« waren fünf Jahre vergangen, und ich hatte in meinem mir noch immer grollenden Heimatland bisher keinen Ton gesungen. Jetzt endlich sollte es geschehen, aber zu *meinen* Bedingungen. Diese Bedingungen wurden von Nils Berman zu einem Vertragsentwurf ausgearbeitet, der in der schwedischen Vergnügungsbranche vermutlich nicht seinesgleichen hat.

Die Anregung zu meinem Comeback kam von der Tagespresse in Schonen, die unter der Bezeichnung »Rundfahrt der Presse« eine Reihe verschiedenartiger Veranstaltungen arrangierte, um mit dem Erlös Stipendien für Journalisten zu finanzieren. Das Verhältnis eines Künstlers zur Presse bringt es mit sich, daß man sich Veranstaltungen der Presse, seien es interne oder öffentliche, gern gratis zur Verfügung stellt. Das einzige, was man sich dabei erhofft, ist ein freundliches Entgegenkommen, Wohlwollen oder zumindest eine anständige Behandlung.

Auf Wunsch von *Pressens rundtur* sollte ich auf der großen Bühne des Malmöer *Stadttheaters,* diesem Riesenschlund, der ein ganzes Bataillon auf einmal verschlingen kann, zu Orchesterbegleitung singen. Die Idee war ausgezeichnet: Das Theater faßt etwa 1600 Personen, es konnte also der »Rundfahrt« einen schönen Batzen einbringen. Eintausendsechshundert Leute in das Theater zu bekommen war keine größere Kunst: man brauchte nur mit meinem Comeback zu werben – das war journalistischer Sprengstoff!

Ich zögerte lange, wog das Für und Wider sorgsam ab: Skandal gegen Triumph, Bangigkeit gegen Jubel, alte Bitterkeit gegen Versöhnlichkeit. Meine Stärke war, daß nicht ich selber mich angeboten hatte! Die gesamte Presse in Schonen hatte mich gebeten. Als Nils Berman den Vertragsentwurf vorlegte, unterschrieb ich also – und lächelte in meinem sündigen Herzen.

Nils Berman hatte sich nicht nur für seine und meine Person selbstverständlicher Loyalität seitens der Einladenden versichert. Er hatte dem fachlichen Mitveranstalter, dem schwedischen Musikerverband, eine vom schwedischen Gewerkschaftsbund ausgefertigte Bescheinigung darüber abverlangt, daß auch die Gewerkschaft orientiert sei, ja man bot mir sogar die Mitgliedschaft im schwedischen Musikerverband an. Nils Berman hatte ferner darauf bestanden, daß die Theaterleitung im Vertrag ihrer Freude darüber Ausdruck verlieh, daß ich mein Comeback gerade in ihrem Theater veranstaltete. Den Zeitungen wurde schon *im voraus* Jubel über meine Rückkehr abverlangt, und die Veranstalter versicherten, sie seien mehr als bereit, mich wieder auf einer Bühne im alten Schweden willkommen zu heißen!

Applaus, Bravorufe und Dankbarkeit, ja wahre Begeisterung in einem zehn Wochen vor dem Konzert unterzeichneten Vertrag unzweideutig formuliert – das ist unglaublich, aber wahr. Dieser Vertrag war die Leistung eines durchtriebenen Unterhändlers und Werbefachmanns, den als Freund betrachten zu dürfen mir eine Freude ist. Der Triumph im Malmöer *Stadttheater* am 5. August 1949 war praktisch im voraus garantiert, in den wirklichen Erfolg konnten Nils Berman und ich uns teilen.

Doch ehe man nicht die Hauptstadt eingenommen hat, hat man nicht das ganze Land erobert, das ist eine alte Wahrheit, die auch noch im Jahre 1949 galt. Deshalb bedeutete die Rückkehr in das Stockholmer *Konzerthaus* einen Monat nach Malmö trotz allem den endgültigen Sieg, eine bedingungslose Kapitulation zu beiden Seiten der Rampe, die im *Konzerthaus* gar nicht existiert.

Wie mein Liederabend in Stockholm zustande kam, ist eine kuriose Geschichte. Ich hatte keine rechte Lust, die Wundklammern der Bitterkeit und Demütigung zwickten noch immer, und die Wunde selbst war noch nicht völlig vernarbt. Ich schützte alle möglichen Gründe vor: eine bevorstehende große Tournee durch Griechenland, die Türkei und Ägypten, Dreharbeiten in Hamburg für meinen ersten Nachkriegsfilm, *Gabriela* hieß er. Nein, Stockholm konnte warten.

»Du wirst im *Konzerthaus* singen, Zarah«, sagte mein Freund John Lindgren, jetziger Chef von *Gröna Lunds Tivoli*.

»Nein, das werde ich nicht.«

»Doch, du wirst!«

»Nein! Laß mich in Ruhe!«

Aber John und seine Mitverschworenen ließen mir keine Ruhe, vielleicht wußten sie besser als ich, daß es publikumspsychologisch klug wäre, den Malmöer Erfolg jetzt auszunutzen, daß die Zeit für ein Comeback in Stockholm jetzt reif sei. Was sie, da sie mich gut kannten, aber wirklich wußten, war, daß ich beim erstenmal automatisch nein sage, dann allmählich nachgiebiger werde und beim nächstenmal vielleicht oder ja sage. Sicher ist es freilich nicht, daß ich beim drittenmal ja sage, denn dann kann ich mir schon etwas anderes in den Kopf gesetzt haben. John Lindgren & Co. wollten nicht auf ein »Vielleicht« warten, sie überrumpelten mich mit List und Tücke, und unter Vorspiegelung falscher Tatsachen brachten sie es dahin, daß ich meinen Namen auf ein Papier setzte. Diesen Streich habe ich ihnen längst verziehen und muß heute lachen, wenn ich den eingerahmten Vertrag in John Lindgrens Arbeitszimmer sehe.

Jetzt zitiere ich Nils Berman, brauche also nicht in eigener Sache zu sprechen: warum soll ich mich selber loben, wenn andere es für mich tun?

»Dann kam der Abend, der in seiner Art wirklich Theatergeschichte gemacht hat. Zarah hatte einen Bombenerfolg. Vor der Vorstellung war sie unglaublich nervös und angespannt, aber dann klangen die Worte zu Benatzkys Melodie in den Saal hinaus:

›Voila, ich bin's, berühmt und vielgeschmäht – yes, Sir!
Doch für mein Comeback ist es nicht zu spät – no, Sir!
Ich wusch mein Haar in weinrotem Burgunder.
   Jetzt seth' ich hier und wart' auf ein Wunder – yes, Sir!‹
Nach der Vorstellung drängten sich die Menschen zu Hunderten am Bühneneingang und jubelten Zarah zu, die jetzt zu ihrem Triumphzug aufbrach . . .
Ein neues Kapitel in Zarahs Leben hat begonnen. Nach einem Beifallssturm ohnegleichen war das Eis endlich gebrochen.«
Jedes Wort davon ist hier korrekt wiedergegeben, allerdings mit der Einschränkung, daß sich Nils Bermans Beschreibung auf das Konzert in Malmö einen Monat zuvor bezieht. Mein Comeback in Stockholm war jedoch bis in die kleinste Einzelheit eine Kopie, das Zitat paßt also ebensogut auf den Abend im *Konzerthaus,* dem Ort, wo ich einst mitten im *Witwen*walzer von Gösta Ekman eine Ohrfeige bekam. Ich stand den Schreck durch und lernte mit der Zeit viel kräftigere Ohrfeigen einzustecken – was sich als nützlich erwiesen hat, denn steht man Prügel durch, dann hält man auch Triumphe und Siege aus. An jenem Septemberabend in Stockholm gab es keine Ohrfeigen und in der Presse kein Blutbad.
Teddy Nyblom schrieb etwas recht Vernünftiges: »Ihr Genre ist nicht das vornehmste, aber sie ist die Vornehmste ihres Genres.« Genau das. Allein darauf kommt es an: die Beste zu sein – ob man nun in der Oper singt oder Kalauer erzählt.
Ich bin die Beste von allen – als Zarah Leander. Keine macht das besser als ich, darauf können Sie Gift nehmen.
Aber jetzt hängen mir meine Erfolge und ich mir selber zum Hals heraus. Und darum will ich jetzt von Normann erzählen.

Wechselgesang
über einen Gentleman

Lönö liegt einen zehn Kilometer langen Schlängelweg entfernt von der großen Landstraße Arkösund–Norrköping. Die Eisenbahn in dieser Gegend – auf Vikbolandet – ist seit langem stillgelegt, und Busse verkehren auf dem kleinen Weg, den ich selber angelegt habe, nicht. Schon lange bevor die schwedischen Staatsbahnen die ländlichen Gebiete zur Ader ließen, waren wir auf private Transporte angewiesen. Ich weiß nicht, wie viele verschiedene Autos wir im Lauf der Zeit besessen haben, angefangen von den kleinen »Leukoplastbombern« bis zu monströsen Luxusschaukeln. Sie hatten Generatorantrieb oder fuhren mit Dieselöl und hochoktanigem Benzin.

Unser beider Leben hat auf zahllosen Reisen in den Händen junger Männer gelegen, die unsere Autos fuhren. Aus gutem Grund hat sich Arne nicht ans Steuer gesetzt, er hat nämlich keinen Führerschein, und ich hätte, auch wenn ich gewollt hätte, die Fahrprüfung nie bestanden. Ein einziges Mal habe ich hier auf unserem Privatweg versucht, Auto zu fahren. Auf einer geraden Strecke, ohne die geringste Andeutung irgendwelcher Hindernisse oder beunruhigenden Gegenverkehrs, landete ich dennoch im Graben. Gaspedal, Fußbremse und Schalthebel zu bedienen war zu kompliziert für mich.

Heute fahren wir nur Taxi. Es ist billiger und befreit einen von der Unruhe, die alle Autobesitzer ständig heimsucht. Noch nie habe ich von einem Auto gehört, das nicht irgendwelche Mucken hätte. Es gibt keinen Straßenzustand, den Fahrer nicht bemängeln. Autobesitzer leben in ewiger Qual und Pein. Doch ich fahre gern Auto, wenn andere am Steuer sitzen, denn ich bin zu dumm, um Angst zu haben.

Bis weit in die sechziger Jahre hinein hatten wir Tournee- und Repräsentationsautos mit dazugehörigem Gentleman-chauffeur in Livree. Auf den Kotflügeln flatterten Wimpel lustig im Wind, der eine mit dem gekrönten Emblem des Königlichen Automobilclubs, der andere mit Hilpers von Hilpershausens Familienwappen. Ich vermisse diese Luxus-karossen nicht, aber ich vermisse den Gentleman Ingvardt Normann, den besten, der unsere Livree je getragen hat. Er stand in unseren Diensten und wurde uns ein geschätzter Freund.

Arne Hülphers: »Wir haben Chauffeure und Butler verschie-denen Kalibers gehabt. Einer war so klein, nur zwei Hand-breit groß, daß man durch die Windschutzscheibe gerade noch seine Augen sehen konnte. Ein anderer war außerordentlich geschickt und fuhr wunderbar, doch einmal landete er unver-schuldet im Chausseegraben, und da nahm ihn die Polizei in näheren Augenschein. Es stellte sich heraus, daß er keinen Führerschein besaß. Ein dritter war aus Wien und fuhr uns auf dem Kontinent, was aber auf die Dauer zuviel für ihn wurde, denn er hatte zwei Berufe. Nachdem wir abends zu Bett gegangen waren, widmete er sich seinen Geschäften – er war Zuhälter . . .
Kein einziger läßt sich mit Normann vergleichen, dem Dänen, der 1957 zu uns kam und den wir jetzt mindestens zwei- bis dreimal jährlich in Apenrade besuchen. Er war ein Phänomen und einfach unersetzlich, so daß wir, als er bei uns aufhörte, bald dazu übergingen, mit der Bahn oder mit dem Taxi zu fahren.
Normann war hundertprozentig loyal. Seine stehende Ant-wort an neugierige Frager lautete: ›Das weiß ich nicht!‹ Er wußte reineweg nichts – dabei wußte er alles, was bei uns geschah. Ja, er konnte kommende Ereignisse förmlich riechen, ahnte einen sich anbahnenden Konflikt weit voraus und wußte den Knoten mit Takt und Autorität zu lösen.
Im März 1957 feierte Zarah ihren fünfzigsten Geburtstag mit einem Gastspiel im Restaurant *Berns Salonger* in Stockholm.

Nachdem die Geburtstagshuldigungen abgeebbt waren, offenbarte sich in Zarahs Garderobe ein blasser und schüchterner junger Mann in einer weißen Kellnerjacke. Obwohl ich die meisten Kellner kannte, war er mir früher nicht aufgefallen. Ich machte nämlich täglich meinen Spaziergang durch die Festräume und setzte mich bald hierin, bald dorthin. Doch diesen jungen Mann hatte ich bisher nicht bemerkt, er arbeitete in der sogenannten chinesischen Abteilung.

Er nannte seinen Namen und brachte sein Anliegen vor:

›Ich habe gehört, Frau Leander sucht einen Chauffeur.‹

Ich sah ihn prüfend von der Seite an. Er schien mir alles andere als beherzt und robust, so wie man es als Chauffeur der ›Gnädigen‹ schon sein mußte.

›Ja, das stimmt schon. Aber können Sie überhaupt Auto fahren?‹

›Ja, das kann ich.‹

›Hm . . . Über Ihre sonstigen Qualifikationen kann ich mich ja hier im Restaurant erkundigen. Aber das Autofahren ist doch das Wichtigste. Aber wenn Sie selber sich für geeignet halten, dann können Sie ja mal probefahren. Paßt es Ihnen morgen um zehn Uhr?‹

›Ja, vielen Dank‹, antwortete Ingvardt Normann.

Zu dieser Zeit hatten wir einen ausgezeichneten Gentleman-Chauffeur in Rune Ullebo, einem Göteborger mit vielen Kontakten zur Theaterbranche. Er hatte aber einen interessanten Auftrag für *Folkparkerna* bekommen und mußte im Lauf des Frühjahrs bei uns aufhören. Davon hatte Normann offenbar gehört. Am folgenden Morgen machte Ullebo eine schwere Testfahrt mit ihm. Zarah und ich erwarteten Ullebos Bericht mit größter Spannung. Er lautete:

›Gnädige Frau, Sie sagen immer, ich fahre gut. Aber dieser Bursche ist mir über, der fährt wie der Teufel.‹

Ein besseres Zeugnis konnte man Normann nicht ausstellen, und Anfang Mai wurde er in der doppelten Eigenschaft als Chauffeur und Butler bei uns angestellt. Auf dem letztgenannten Gebiet hatte er eminente Kenntnisse, er hatte ja die Hotelfachschule besucht!«

Zarah: »Man trifft so viele Menschen, die sich im Lauf der Jahre verändern, meistens zum Nachteil. Aber Normann nicht. Er ist heute noch genau der gleiche feine Kerl wie damals, als er, kaum mündig, zu uns kam. Er sagte so oft: ›Daß es damals ausgerechnet mir glückte, so eine ruhige, angenehme Stelle zu kriegen!‹
›Ruhig‹, sage ich dann. ›Aber bei uns herrschte doch ständig Hochbetrieb. Eine Schinderei war es!‹
›Aber nein, gar nicht! Es war so gemütlich und nett, die schönste Zeit meines Lebens. Und wie wir uns gezankt haben!‹«
Normann hat recht. Und wenn er »wir« sagte, meinte er uns alle drei, er zählte sich stets und selbstredend als dritten Partner in einer beruflichen *ménage à trois*. Es ist über Normanns vermeintliche Rolle in unserem Schlafzimmer getratscht worden. Die Rolle bestand darin, daß er uns den Tee ans Bett brachte, in nichts anderem. Er stand uns zwar näher als je ein anderer Außenstehender, wahrte aber stets den richtigen Abstand. Er hat uns buchstäblich nackt bis auf die Haut, ja sogar bis auf unsere schwarzen Seelen gesehen. Doch er liebte uns trotzdem – und wir ihn.
Es war früh an einem Morgen in Wien, im Herbst 1960 muß es gewesen sein. Wir spielten *Eine Frau, die weiß, was sie will*, doch das hat mit der Geschichte nichts zu tun.
Arne und ich hatten die ganze Nacht aufgesessen, an neuen Liedern gearbeitet und dazu Wein getrunken. Schließlich waren wir uns wegen eines Liedes in die Haare geraten, was ja passieren kann. Er wollte es so und so haben, und ich wollte es anders. Wir hatten uns noch nicht zu einem Kompromiß zusammengerauft (was meistens das beste Ergebnis zeitigt), und der Haussegen hing noch immer schief. Gerade bei solcher Gelegenheit werden Anekdoten geboren, wie beispielsweise diese:
Wir probieren aufs neue. Arne hört auf zu spielen und sagt schroff: »Du *darfst* den Ton nicht so lange halten!« Und ich antwortete: »Ich mache es so, wie ich es will. Es ist *mein* Ton!«

Da steht Normann in der Tür. Er kommt von einem kleinen Fest und hat ein paar Gläser getrunken. (Er trank sonst fast nie, auch hierin war er außerordentlich korrekt.) Vielleicht war er also ein klein wenig animiert. Vielleicht nicht einmal das. Jedenfalls war er eine Idee kecker als sonst, ohne daß deswegen sein Verstand abgesoffen war.

»Guten Morgen«, sagte er barsch. »Schon wieder mal Krach?«

Wir starren ihn nur stumm an, wir hören die neue Schärfe in seinem Ton.

»So, jetzt will ich den Herrschaften mal was sagen. Jetzt ist zum Donnerwetter noch mal Schluß mit dem Gezanke. Jetzt halten Sie beide die Klappe!«

Mich packt ein solcher Zorn, daß ich Lust habe, ihm eine runterzuhauen. Gleichzeitig aber imponiert es mir, daß er sich traut, uns anzuschreien. Ich bewundere ihn.

»Ruhe jetzt!« fährt Normann fort. »Ich kippe erst mal die Aschenbecher aus, lüfte und räume auf. Dann werde ich der gnädigen Frau mal mit dem Kamm durch die Haare fahren – Sie sehen ja gräßlich aus. Und dann mache ich 'ne neue Flasche auf, und danach fangen wir wieder von vorn an . . .«

Arne Hülphers: »Es war nicht zu fassen, wie elegant Normann alle nur denkbaren Situationen meisterte. Er konnte uns Wahrheiten ins Gesicht sagen, wie es niemand sonst gewagt hätte, und war trotzdem nie aufdringlich. Er kannte unsere guten und schlechten Gewohnheiten und nahm alles völlig natürlich. Servil war er nie, führte aber auch nie das Zepter – und wußte stets im voraus, *wann* er in Reichweite zu sein hatte.

Nach allem über Normann Gesagten könnte es scheinen, er sei so vollkommen, daß er ein fader Langweiler gewesen sein müßte. Aber weit gefehlt, er hatte auch Humor. Ob er irgendwelche Schwächen hatte, kann ich nicht sagen, wenn ja, verbarg er sie gut. Möglicherweise könnte man an ihm aussetzen, daß er mit Geld äußerst eigen war – ist das aber ein Fehler?

Je mehr er bei uns heimisch wurde, desto mehr übernahm er

von unseren Routinebeschäftigungen. Nicht etwa so, daß er sich in den künstlerischen Teil unserer Zusammenarbeit einmischte – dazu war er zu klug –, aber in den praktischen. Wir haben es niemals so gut gehabt wie bei ihm.

Wir kommen in eine neue Stadt, wo wir ein Konzert geben. Normann fährt uns ins Hotel, inspiziert das Zimmer, und während wir einen Drink nehmen, weist er dem Personal Arbeit an. Er bestellt für Zarah den Friseur, packt aus, besorgt schwedische Zeitungen, sieht zu, daß etwas zu essen aufs Zimmer gebracht wird. Dann sagt er: ›Gnädige Frau, Sie brauchen nicht ins Theater mitzugehen. Und auch Sie nicht, Herr Kapellmeister. Mit dem Orchester kann ich proben!‹

Und das tut er auch. Er fährt zum Theater und übernimmt das Kommando. Hängt die Bühnengarderobe auf und ordnet an, was geputzt und gebügelt werden soll. Dann instruiert er den Inspizienten: ›Mehr gelbes Licht dort; und nehmen Sie das Rampenlicht weg, es ist ungünstig für meine Gnädige. Jetzt probieren wir mal die Lautsprecheranlage. Singen Sie bitte etwas! Nicht gut, der Lautsprecher scheppert. Wo ist das Orchester? Hier sind die Noten, meine Herren. Gehen Sie bitte das Material durch. Hier muß es ganz *soft* klingen, hier können Sie richtig loslegen. Der Herr Kapellmeister kommt eine Stunde vor dem Konzert.‹«

Zarah: »Das Leben selbst ist stets viel unglaubhafter als der tollste Roman, kein Autor wagt so unwahrscheinliche Geschichten zu erfinden, wie sie das Leben erschafft. Normann und die Liebe ist so eine Geschichte.

Wir sind im Hotel Louisenhof in Hannover. In meinem Zimmer hängt ein riesiger runder, goldgerahmter Spiegel, wohl einen Meter im Durchmesser. Wenn ich am Toilettentisch sitze, sehe ich links im Spiegel die geschlossene Tür und rechts Fräulein Marion Semelka. Sie ist ein überschlankes, dunkelhaariges Mädchen mit hübschen Zügen und klugen Augen. Sie wickelt mein Haar ein und sprayt die Locken. Fräulein Semelka und ich kennen uns nicht, sie ist als Aushilfe aus einem Friseursalon in der Stadt gekommen.

Es klopft, es ist Normann, der auf dem Bahnhof schwedische Zeitungen gekauft hat. Die Tür öffnet sich links im Spiegel, und in der Türöffnung steht Ingvardt Normann. Schräg links von mir befindet sich Fräulein Semelka, die Spraydose in der Hand. Sie blickt in den Spiegel und sieht, was ich sehe.

In diesem Augenblick bleibt das Leben stehen, so als hielte man einen Filmstreifen an. Marion erstarrt, die Spraydose halb erhoben. Normann bleibt mit offenem Mund wie angewurzelt in der Tür stehen. Es ist dramatisch und komisch und wunderbar zugleich. Und ein goldener Rahmen rund um dieses Bild! Die beiden jungen Leute sehen sich in dem kalten Spiegelglas an, und ich sitze unbeweglich wie eine große Spinne mitten im Netz und genieße. Aber es ist nicht mein Netz ...

Ich für meine Person habe Liebe auf den ersten Blick nie erlebt. Doch hier war ich Augenzeuge dieses Wunders, von dem ich also jetzt *weiß*, daß es geschehen kann. Würde ich über dieses Motiv einen Liebesroman schreiben, würde man es als verlogenen Kitsch abtun. Aber das hier ist kein Roman, es ist die verlogene Wirklichkeit selbst.

Nachdem wir zwei Sekunden – oder zwei Stunden, denn wer mißt mit der Uhr in der Hand die Zeit, wenn die Liebe erblüht? – stumm und mäuschenstill dagesessen haben, muß ich leider die Stimmung brechen, denn ich kann ja nicht mit halbgekämmtem Haar auftreten.

›Fräulein Semelka, wir machen weiter!‹

Der Film läuft wieder. Marion wickelt mir Locken, und Normann macht sich sofort im Zimmer zu schaffen, obwohl er seinen freien Nachmittag hat. Er lüftet Kleidungsstücke, die eben vom Balkon reingeholt wurden, er zählt Wäsche, die eine Stunde zuvor gezählt worden ist, er staubt die Koffer ab, die tadellos abgestaubt sind. Von der Liebe gepackt, macht er ganz unnötigerweise ›Kleider-Appell‹. Als Marion mit mir fertig ist, folgt er ihr wie ein Schatten, und fünf Minuten später erzählt er mir mit vor seliger Torheit leuchtenden Augen, daß er sie für den Abend zum Tanzen eingeladen hat. Das war der letzte entscheidende Liebesbeweis, denn Normann war äußerst genau mit Geld. Ohne zwingenden Grund lud er niemanden ein.

Es kam ein neuer Morgen. Als Normann mit dem Tee hereinkam, war ich bereits ungewöhnlich hellwach und neugierig:

›Wie war's gestern beim Tanzen?‹

›Großer Schiet. Es wurde nichts. Sie hatte 'ne Freundin mit.‹

›Das war doch sehr klug und anständig gehandelt von Fräulein Semelka.‹

›Ja, das hat sie auch gesagt. Allein mit einem fremden Mann ginge sie nicht zum Tanzen. Und ich hab' geantwortet, ich bin doch kein Fremder, ich bin doch bei der gnädigen Frau angestellt. Aber trotzdem wollte sie 'ne Freundin mitnehmen. Und für die sollte ich auch bezahlen! Denkste . . .‹

Am selben Morgen rief Fräulein Semelka an. Bei näherer Überlegung war auch sie zu der Auffassung gekommen, daß Ingvardt Normann keine wildfremde Mannsperson sei. Er war ja doch angestellt bei der gnädigen Frau . . .«

Arne Hülphers: »Die Erklärung, daß die Jahre mit Normann für uns so ein Schlaraffenleben waren, ist darin zu suchen, daß wir drei so gut zueinander paßten. Eine Gleichung mit drei Unbekannten kann, wenn man Glück hat, aufgehen. Normann hörte bei uns auf, als er das elterliche Fuhrgeschäft in Dänemark übernehmen mußte. Kurz darauf heiratete er seine Marion und kehrte auch in sein eigenes Fach zurück, das Gaststättengewerbe.

Zarah: »Beim Abschied sagte ich zu Normann, ich erwartete, daß er in zehn Jahren Millionär sei. Obwohl er alle Voraussetzungen dafür hatte, zweifelte er daran.

Heute ist er wohlbestallter Inhaber des Tanzlokals *Sommerlyst* in Apenrade in Südjütland, hat eine Frau, zwei Kinder, ein eigenes Haus und bald auch seine erste Million. Und die ist er auch wert, denn er ist einer der ganz wenigen mir bekannten Menschen, die als Gentleman geboren und Gentleman geblieben sind.«

Aller guten Dinge sind drei

Zwei haben es immer netter als einer allein, das gilt für die Liebe und für Canasta, um nur zwei meiner Hobbys zu nennen. Sind beide außer in der Ehe auch durch gemeinsame Arbeit verbunden, kommt man dem Idealzustand recht nahe. Ich führe jetzt meine dritte Ehe, und es ist mit jedemmal besser geworden. Doch nun mag es – was mich betrifft – mit der Hochzeiterei auch genug sein. Die letzte hat dem »jungen Paar« ja auch fast den Garaus gemacht.

Nicht jedem ist es vergönnt, ein ganzes langes und harmonisches Leben mit ein und demselben Partner zu verbringen. Ich beglückwünsche alle, denen die Kraft und die Freude beschieden sind, die eine starke und ungebrochene Ehe beschert. Das meine ich ehrlich, denn im Grunde bin ich herzlich wenig flatterhaft und kann mich sogar rühmen, in der Arbeit, der Freundschaft und der Liebe ziemlich treu zu sein. Doch wenn die Liebe stirbt, ohne daß man etwas dafür kann? Wenn das Zusammenleben entgleist und man nicht länger von einer Zweisamkeit sprechen kann – soll man sich dann bis zum bitteren Ende auf die Nerven gehen? Ich glaube nicht.

Deshalb bin ich also zum drittenmal verheiratet, und wir haben es schön miteinander, wir beiden Alten auf Lönö. Wir können miteinander sprechen und den Alltag teilen. Das ist wichtig. Zu den Festtagen läßt sich immer etwas arrangieren, aber die Werktage, die können für den, der allein ist, grau wie November sein. Wir sind nicht allein, Gott sei Lob und Dank.

Aber wir sind nicht fromm wie weiße Lämmchen. In unserem hölzernen Schloß auf Lönö ist die Akustik ausgezeichnet, sie ist wie geschaffen für erregte Brusttöne – Sie sollten nur hören, wie es von der Wandtäfelung widerhallt und wie genußreich die Prismen der Kronleuchter klirren, wenn wir richtig loslegen. Türen zuknallen ist auch eine äußerst wirkungsvolle Art, sich auszudrücken, besonders in der warmen Jahreszeit, wenn alle Türen wegen der Durchlüftung offenstehen. Dann knallt es herrlich in der Zugluft – und schüttelt die Haus- und Holzböcke in den hölzernen Wänden.

Ja, hin und wieder ist es wirklich vorgekommen, daß dabei Teller durch die Gegend flogen. Man muß nur die Geistesgegenwart haben, nicht gerade nach dem besten Service zu greifen. Dramatisches Sichausleben ist schön und gut, es darf dabei nur nicht über den Hausrat hergehen.

Im Ernst: wir streiten uns selten, eigentlich sind wir nie richtig verzankt – es mag manchmal so klingen, doch das gehört eben zu unserem »Berufsschaden«. In unseren Berufen, wo Gefühle und Nerven fast durch die Poren quellen und wo Gesten und Reden darauf eingestellt sind, über die Rampe zu kommen – da wird notwendigerweise auch das Privatleben durch die Gewohnheit geprägt, sozusagen mit großen Buchstaben zu reden. Hülphers kann aus seinem beneidenswerten Schatz schwedisch-finnischer Flüche ein hübsches Sträußchen binden, und auch ich kann sämtliche Mächte der Hölle beschwören, daß es in den Schornsteinen nur so pfeift. Doch deshalb sind wir nicht zorniger als irgendein Alfred, wenn er seinem Weib vorwirft: »Jetzt hast du schon *wieder* Salz in den Kaffee getan, Elsa!«

Hin und wieder muß sich jeder Mensch mal ein wenig auslüften. Tut er das nicht, dann erstickt er selber am Mief, und das Glück geht an Sauerstoffmangel ein.

Vermutlich bin ich diejenige, die am lautesten und häufigsten zu hören ist, doch meinem Herrn und Meister fehlt es keineswegs an Temperament. Eine Freundin von uns hat es gültig formuliert: »Hülphers gehört zu diesen großen friedfertigen Finnländern, die gefährlich werden, wenn es bei ihnen mal aushakt!«

Ich habe gelernt, wo diese äußerste Grenze liegt, und überschreite sie nie, wenn ich sie auch in gereizten Augenblicken fast streife. Doch mein Respekt vor dem »großen friedfertigen Finnländer« ist groß und wird mit jedem Tag, den Gott uns schenkt, größer. Er ist bewundernswert. Daß er es mit mir aushält ... Er ist etwas so Ungewöhnliches wie ein *guter* Mensch.

So, jetzt ist es gesagt. Jetzt wissen Sie alles von uns. Und falls Sie sich nicht mehr erinnern können: Ich habe Schuhgröße vierzig. Im Wiener Schuhmuseum aber steht ein hochhackiger Goldlederschuh Größe 36, der mir gehört haben soll. Das war so ein Einfall des verrückten Forsell ... Hülphers liebt Klöße aus Hechtfarce, doch welches Rasierwasser er benutzt, fällt mir nicht ein. Wir haben zwanzig Jahre Zeit zum Proben gehabt, und ich kann mit Fug und Recht behaupten, daß wir aufeinander eingespielt sind.

Unsere Zusammenarbeit begann eigentlich schon im Sommer 1952. Nach einigen erfolgreichen Engagements als Orchesterleiter in Deutschland war Arne Hülphers 1942 für immer heimgekehrt. Zehn Jahre lang war er Kapellmeister in *Berns Salonger* und den meisten Stockholmer Theatern gewesen. 1952 kam er dann zum *Cirkus,* wo im Sommer eine internationale Revue mit John Lindgren als Direktor gegeben werden sollte. Doch das kann der »Finnländer« erzählen, er war ja dabei:

Arne Hülphers: »Es war alles maßlos traurig. Das Maiprogramm bestand teils aus einer Negerrevue, teils aus Karl Gerhard nebst Gesellschaft. Gerhard selber war nicht in Hochform und überdies vom Pech verfolgt: Katie Rolfsen war mit einem feurigen jungen Spanier nach Südamerika durchgegangen. Vor der Premiere erkrankte Dagmar Olsson ganz plötzlich, und ein junges, munteres Ding, das Gerhard in Göteborg aufgetan und Ulla-Bella getauft hatte, sprang ein. Sie hatte einen großen persönlichen Erfolg, also ihre Schuld war es nicht, daß die Revue mit Pauken und Trompeten durchfiel. Wenn nur hundert Menschen in dem gewaltigen Raum saßen, bezeichneten wir das schon als ›Massenandrang‹. John Lindgren war schon praktisch pleite, hoffte aber noch auf ein Wunder im Juni, wo Zarah und Karl Gerhard nach sechzehnjähriger Pause wieder gemeinsam auftreten sollten. Es wurde auch ein durchschlagender Erfolg: die beiden brachten die reizende Nummer als Durgårds-Kalle und Emma in *Det rara gamla paret* (Das liebe alte Paar). Dies war der eine Höhepunkt der Vorstellung, der andere war eine Solonummer mit Zarah. Sie sang ein Potpourri aus acht ihrer besten Lieder, es war lang wie eine Litanei in der Fastenzeit, aber amüsanter. Und es war gut.

Die Ausstattung traf erst am Tage der Premiere ein, wir krempelten die Ärmel hoch und gingen an die Arbeit – in leichter Panik. Damals kriegte ich zum erstenmal Respekt vor Zarah als Künstlerin. Faul ist sie zwar immer gewesen, aber ihren Job beherrschte sie, und sie beherrschte auch sich selber. Sobald das Klingelzeichen ertönte, wußte sie, worum es ging. Wir probten, bis es Zeit war, das Premierenpublikum hereinzulassen.

Es wurde ein wunderbarer Abend. Am Abend zuvor hatte ich vom Dirigentenpult aus über einen völlig öden Zuschauerraum geblickt, jetzt war er wie ein brodelnder Kessel, und er brodelte zwei Monate lang – danach wurde es im *Cirkus* wieder wehmütig öde und leer, denn Zarah fuhr auf ihre zweite Südamerikatournee. Persönlich vermißte ich sie sehr, denn in diesem Sommer hatte ich sie nicht nur als großartige Künstlerin, sondern auch als ungewöhnlich humorvollen und originellen Menschen kennengelernt.«

Es waren glückliche und gute Arbeitsjahre, alles lief wie am Schnürchen – sowohl im Ausland als auch daheim in Schweden. Ich brachte ein Comeback nach dem anderen hinter mich. Nun sollte ich auch wieder in den schwedischen Volksparks mit einer *One-woman-Show* auftreten. Das Orchester bestand aus einem Pianisten und einer Kirchenorgel – die Orgel war ich selber. In Bad Wiessee in Oberbayern erholte ich mich mit Schwimmen und gesunder Lebensweise zwischen den Strapazen. Dort rief mich im Vorfrühling 1954 der Pianist an, den ich für den Sommer in den Parks engagieren wollte. Er kam mit so unverschämten finanziellen Forderungen, daß ich ihn zum Teufel wünschte.

Ein paar düstere Tage vergingen, da erhielt ich wieder einen Anruf aus Schweden.

»Hier spricht Arne. Mir ist zu Ohren gekommen, daß Madamchen in der Klemme sitzt. Nun möchte ich mal fragen, ob ich irgendwie helfen kann.«

»Womit denn?« (Meine Gegenfrage klang sicherlich vergnatzt und dumm – eine Abwehrhaltung vor etwas Neuem und Unerwartetem.)

»Dein Pianist soll sich ja schlecht benommen haben. Wenn du willst, übernehme ich seinen Part für den Sommer.«

»Kannst du das denn?« (Jetzt benahm ich mich noch dümmer, ich wußte ja, daß Hülphers ein ausgezeichneter Pianist ist.)

»Ach, ich glaub' schon, daß ich das hinkriege«, sagte dieser große friedfertige Finnländer.

»So habe ich es nicht gemeint: willst du mich denn wirklich begleiten?«

Er wollte, und wir hatten eine richtig nette Tournee mit vielen Zwischenlandungen auf Lönö. Und wir waren solche Publikumsmagneten, daß wir im darauffolgenden Jahr, 1955, drei ganze Monate lang vor proppenvollen Häusern spielten – es hieß, wir seien das zugkräftigste Paar. Dieser Sommer war der wärmste und trockenste seit 170 Jahren. Wir ernährten uns ausschließlich von Räucherschinken, Honigmelonen, Eis sowie Grapetonic mit ein paar Spritzern Gin. Etwas anderes konnte man in diesem heißen, in so vieler Hinsicht heißen Sommer nicht zu sich nehmen.

Bisweilen dachte ich: »Soll man es wagen, wieder zu heiraten, ein drittesmal? Tja, nötig ist es ja nicht, man braucht es nicht einmal Gewissensehe zu nennen, jetzt herrschen ja neue und andere Zeiten. Aber immerhin. Aus praktischen Gründen ist einfacher und reeller, auch formell verheiratet zu sein. Aber er sagt ja nichts. Kann er den Mund nicht aufmachen? Oder will er am Ende nicht? Am besten, ich frage ihn.«

Was er antwortete, wissen Sie bereits.

Anfang 1956 sollte die Hochzeit sein. Im Dezember waren wir noch in *Berns Salonger* aufgetreten. Das Varietéverbot, das Unterhaltungsvorstellungen in Restaurants jahrzehntelang lahmgelegt hatte, war inzwischen aufgehoben worden, der Alkohol war nicht mehr rationiert, die Gläser klangen wieder, und das Volk strömte in Scharen zu Europas vielleicht schönstem – und vertracktestem – Varietérestaurant. Ich bin so alt, daß ich mich zu sagen traue: Nicht jede kleine Heulboje kommt in *Berns Salonger* über die Rampe, das kann nur ein echter Künstler. Der Saal ist so riesig, ein wahres Publikumsmeer, in dem man kreuzen muß – da heißt es Farbe bekennen. Schaffst Du es bei *Berns,* mein Kindchen, dann schaffst du es überall.

Im Januar gaben Arne und ich ein Gastspiel bei Karl Gerhard in Göteborg. In der Revue *Bröst och skådespel* (Brüste und Schauspiel) hatten wir eine eigene Nummer. Wir mieteten uns eine Wohnung, bald wollten wir heiraten. Wir hatten es herrlich.

Bei Gerhard war damals Emy Hagman, das altbewährte Faktotum. Emy legte Wert darauf, wohlunterrichtet zu sein, und sorgte dafür, daß sie es auch war. Aber sie hatte nichts dafür übrig, die interessanten Neuigkeiten für sich zu behalten, sie gab sie freigebig weiter. Ihre Schwäche war, Informationen zu verbreiten, doch nicht in böser Absicht, sondern aus unbezähmbarem Drang.

Emy: »Ich muß Ihnen was erzählen, Herr Gerhard, damit Sie es nicht von anderer Seite erfahren: Zarah will diesen Hülphers heiraten.«

Karl Gerhard: »Aber nein! Das ist doch nicht möglich!«

»Doch, das tut sie, denn die beiden haben sich gern.«

»Aber das ist ja entsetzlich!«

»Wieso denn? Er ist doch nett, und sie passen doch gut zusammen, altersmäßig und überhaupt. Und beruflich kann er ihr auch helfen.«

Karl Gerhard wollte einfach nicht glauben, was man ihm da erzählte. Er beschloß auf der Stelle, ein kleines Austernsouper zu geben, um der Sache auf den Grund zu gehen und zu sehen, was sich noch machen ließ. Emy informierte Arne und mich darüber, daß sie Gerhard informiert habe. Wir baten sie, auf dem Souper als Vortrupp Stimmung und Laune zu ergründen, und wollten deshalb ausnahmsweise spät, viel zu spät erscheinen.

Hier auf Erden finden die wesentlichen Nachrichtenvermittlungen in privaten Badezimmern und auf Damentoiletten in Lokalen statt, das sollten die Herren wissen. Als wir auf dem Fest anlangten, zog Emy mich unverzüglich ins Badezimmer und flehte mich an: »Zarah, sei bloß lieb zu Gerhard, er ist so traurig!« Dann gab sie das Gespräch zwischen ihr und Gerhard wieder.

Karl Gerhard: »Sind Sie Ihrer Sache wirklich sicher, Emy?«

Emy: »Sicher und sicher. Sie haben's beide gesagt. Also ist es doch sicher.«

»Aber das ist ja schrecklich. *Ich* will doch Zarah heiraten! Sie und keine andere sehe ich als Gastgeberin in Saltsjöbaden und Rocquebrune. Das ist meine Überzeugung und Absicht seit Jahr und Tag.«

»Na, hören Sie mal! Zehn Jahre haben Sie Zeit gehabt. Zehn Jahre lang war sie unverheiratet. Da hatten Sie Gelegenheit genug, sie um ihre Hand zu bitten. Haben Sie ihr denn je was gesagt?«

»Nein. Es war für mich ganz selbstverständlich . . . Das ist die größte Enttäuschung, der größte Irrtum meines Lebens.«

Dann weinte sich Karl Gerhard bei Emy aus. Kurz bevor wir läuteten, riß er sich zusammen und sagte:

»Zarah und ich gehören einfach zusammen, heiraten kann sie von mir aus, wer Lust hat.«

Die Hochzeit hatte etwas von einem Sportereignis, einem Titelkampf in fünfzehn Runden. Alle waren da, ganz Europa war anwesend. Die Fotoblitze zuckten, angefangen von der Trauung in der Börse mit Karl Gerhard als tapferem und unvergleichlich elegantem Trauzeugen bis zum Empfang und Lunch im Restaurant Lorensberg. Dort hielt Karl Gerhard eine Rede in Versen. Sie war mit Herzblut und einigen Tropfen edlem Weinessig geschrieben. Die Gratulationscour ging weiter im Theater, wo das Brautpaar mit dem Lied von dem »*lieben alten Paar von Anno dazumal*« gefeiert wurde, und schloß mit einem Nachtschmaus für das ganze Ensemble.

Und danach fuhren die Brautleute ins Krankenhaus, wo sie eine Flitterwoche in getrennten Zimmern verbrachten.

Das Fest war erst um drei Uhr nachts zu Ende gegangen. Ich war todmüde, doch wozu es zeigen, man war ja schließlich eine junge, strahlende Braut . . . In aller Stille zu heiraten war einfach nicht möglich gewesen, es hätte bedeutet, auf einen Applaus zu verzichten. Passiert etwas Wichtiges in Theaterkreisen, dann passiert es eben nicht in aller Stille.

Das Brautpaar zog sich zum Verpusten in seine Wohnung zurück. Ich werkelte in der Küche, hatte Kaviar und Getränke auf Eis gelegt, endlich sollten wir nach all den Aufregungen ein Stündchen für uns allein haben. Zwar muß ich gestehen, daß dies meine anstrengendste Hochzeit gewesen ist, doch ich war ziemlich abgehärtet, und um die alte Fregatte in Grund zu bohren, dazu bedurfte es schon mehr als fünfzig Fotografen. Da saß ich also in der Küche, trank ein Gläschen, nahm einen Löffel Kaviar und wartete, während ich die Geschehnisse des Tages überdachte, auf meinen Bräutigam. Doch kein Bräutigam kam.

Schon graute der Morgen über Göteborg; es kam die späte und fahle winterliche Morgendämmerung. Mir fielen bereits die Augen zu, doch jetzt packte mich der Zorn, und ich marschierte mit festen Schritten ins Brautgemach. Da lag der Bräutigam und schlief. Ich schüttelte ihn:

»Du bist mir ja eine saubere Type! Soll das hier 'ne Hochzeitsnacht sein?«

Doch die Situation war weder zum Scherzen noch zum Bösewerden. Ich mußte auf der Stelle nach dem Arzt schicken, denn mein Herr und geliebter Mann hatte einen Kreislaufkollaps.

»Ich halte so was nicht aus«, flüsterte er matt. »All diese Fotografen und Glückwünsche und Ovationen! Ich heirate nie wieder, nimm das zur Kenntnis! Es war das letztemal!«

Wir fuhren mit der Ambulanz zum Krankenhaus, und der Arzt meinte, es tue auch mir gut, einmal richtig auszuspannen. Wir wurden in verschiedenen Stockwerken in Einzelzimmer gesteckt und verkehrten brieflich miteinander. Es stand nicht weiter schlimm um uns, denn allabendlich um acht Uhr traten wir, als sei nichts geschehen, in Lorensbergs *Cirkus* auf. Aber nach den Vorstellungen fuhren wir unverzüglich in unser originelles Flitterwochenhotel zurück.

Aber dann!

Dann fuhren die jungen Liebenden in die Welt hinaus und lebten glücklich ihr Leben lang, denn sie hatten einander hoch und heilig versprochen:

»Keine Hochzeit mehr! Nie wieder! Wir haben fertiggeheiratet!«

Was dann noch geschah?

Eine ganze Menge, wenn ich nicht irre. Die Tage rannen dahin, denn die Zeit läßt sich nicht wie eine Uhr anhalten. Ich kann nicht länger die Grillen zirpen hören, aber den blauen Duft vom Meer kann ich vernehmen. Ich kann die weiße Dunkelheit einer Sommernacht spüren. Und nicht einmal meine täglichen vierzig Zigaretten können den Walderdbeeren ihren warmen roten Geschmack nehmen.

Finden Sie, ich sollte Wellenkämme und Wellentäler in meinem Leben noch weiter zählen? Die eine Welle ist der anderen zum Verwechseln ähnlich. Die See ist jetzt nicht mehr so kabbelig, man schaukelt auf einer weichen Dünung dahin. Was nahe in der Zeit liegt, interessiert nicht. Man ist auf dem Weg zum Meer und zum Horizont – *das* ist spannend. Doch davon läßt sich nicht erzählen. Jetzt nicht, hier nicht.

Was mich heute erfüllt, ist die nahe Wärme eines einzigen Menschen, der Friede der Arbeit und die Unruhe der Ruhe. So etwas zählt.

Und die ganze Zeit über lausche ich nach Tönen, den Tönen der Lieder, die ich noch nicht gesungen habe.

Für Leser, die es genauer wissen wollen

Notizen zum Ersten Buch

»Debütkonzert«
Bereits im Herbst 1911, also mit viereinhalb Jahren, begann
Zarah Leander Klavierstunden zu nehmen. Auf einem traditionellen Kinderfest trat sie erstmalig am dritten Weihnachts-
tag 1913 im Stadthotel in Karlstad öffentlich auf und
spielte einige kleinere Stücke von Chopin. Der Familienrat
hatte beschlossen, daß sie anläßlich dieses Ereignisses zu
ihrem roten Haar ein türkisfarbenes Kleid tragen sollte, wo-
durch sie in der Menge weißgekleideter junger Damen beträchtlich auffiel.

Ausbildung
Ab Herbst 1914 besuchte Zarah Leander ein achtklassiges
Lyzeum, das sie im Herbst 1922 mit dem Abgangszeugnis
verließ. Danach nahm sie an Haushalts-, Näh- und Porzellan-
malereikursen usw. teil.
Einige Wochen lang arbeitete sie als Schreibkraft in Lindfors'
Buchverlag in Stockholm. Ihre Nachfolgerin wurde die Kin-
derbuchautorin Astrid Lindgren, die diese Tatsache in einem
Interview (*›Aftonbladet‹* 15. 11. 1970) erwähnt. Diese Ver-
lagstätigkeit, an die sich Zarah Leander nur dunkel erinnert,
fand wahrscheinlich nach der Rückkehr aus Riga und im
Anschluß an das Vorsprechen in der Schauspielschule in
Stockholm statt.

Arne Hülphers
Arne Hülphers' Vater war Architekt, schloß sich aber nach
einer religiösen Krise den Methodisten an und wurde 1904
Seelsorger der schwedischen Methodistengemeinde in Åbo/

Finnland. Zu Beginn desselben Jahres, am 4. April, wurde der Sohn Arne in Trollhättan geboren. Er wuchs in Åbo auf, besuchte das dortige Gymnasium und begann bereits dort mit dem Klavierspiel. 1923 siedelte die Familie nach Malmö über.

Im Herbst 1924 bestand er als einer von 34 Bewerbern für drei Freiplätze die Aufnahmeprüfung an der Musikakademie in Stockholm. Arne Hülphers hatte seinen Eltern, die es ungern sahen, daß er die unsichere Laufbahn eines Musikers gewählt hatte, versprochen, Musikdirektor und Organist zu werden. Er arbeitete einen Sommer lang als Unterhaltungspianist in einem Hotel in Torshälla und erkannte, daß er durch Extrajobs dieser Art sein Studium bis zum Musikdirektor-Examen selbst bestreiten konnte. Die Kirchenmusik legte er *ad acta*.

Im Herbst 1933 landete er als Pianist in Håkan von Eichwalds Orchester im *Kaos,* dem eleganten Tanzlokal des damaligen Hotels *Fenix-Kronprinsen,* das heute eine freikirchliche Gemeinde beherbergt.

Bereits Weihnachten 1933 übernahm Arne Hülphers als Dirigent das Orchester im *Kaos.*

Im Herbst 1934 spielte Zarah Leander die Hauptrolle in *Eine Frau, die weiß, was sie will* im *Oscar-Theater.* Sie war die Primadonna der Stadt, er der Leiter eines Orchesters, das sehr *en vogue* war. Das führte zu einer Zusammenarbeit: Ende September 1934 machten beide eine Schallplatte »Zarah Leander mit Hülphers' Fenix-Orchester« mit den Titeln »*Cockteil för två*« (Cocktail für zwei) und »*Kärleken är ny varje dag*« (Die Liebe ist jeden Tag neu). Im Jahr darauf folgte eine weitere Plattenaufnahme: »*En enda liten chans*« (Eine einzige kleine Chance).

Rolfs Revuetournee 1929
Diese Tournee fand zwar überall volle und begeisterte Häuser, aber auch so manche wohlbegründete Kritik. »Warum kommt der Herr Direktor nicht selber?« fragte ›*Nerikes Allehanda*« (15. 11. 1929), und eine Zeitung in Östersund

wußte eine Woche darauf zu berichten: »Bedauerlicherweise liegt Ernst Rolf schwer krank in Ulricehamm darnie-
der.« Die Presse in Gävle reagierte am schärfsten. Unter dem
Pseudonym *Don Carlos* war zu lesen:
»Zum Schluß möchten wir Direktor Rolf raten, nicht groß-
aufgemachte Plakate mit Bildern von Ernst Rolf, Margit
Rosengren und Erik Gustafsson anzubringen, die in der
Revue gar nicht mitwirken. So etwas ist nicht fair gegenüber
dem Publikum, und überhaupt gehören derartige Reklame-
tricks kaum zu einem seriösen Theaterbetrieb. PS: Es wäre
angebracht, die Eintrittspreise zu senken. Der Preis von über
7 Kronen für einen Parkettplatz ist gelinde gesagt unverschämt.«

Fünf Revuen in einem Jahr
Über das erste Auftreten Zarah Leanders in Stockholm, und
zwar in Karl-Ewert Christensons Neujahrsrevue *Det glada
Stockholm* (Das heitere Stockholm) im alten *Volkstheater*,
schrieb Carl G. Laurin:
»Unter den übrigen Darstellern fiel Zarah auf – nicht zu verwechseln mit *la divine Sarah (Bernhardt)*. Sie heißt Leander
und ist schön. Der Anblick eines so wohlgelungenen menschlichen Exemplars bereitet Vergnügen, doch hat der Pyg-
malion, der diese Galathea erschuf, noch nicht vermocht, ihr
das rechte Leben einzuhauchen, jedenfalls nicht ihrer Stimme.
Ihre Diktion aber ist so gut wie die ihrer beiden mächtigen
Theaterchefs, denn Ostern sah man sie bei Karl Gerhard
wieder.«
Zur Osterzeit hatte Karl-Gerhard seine Revue *Nybygge*
(Neubau) fertiggezimmert, und Zarah Leander ging im selben Theater von einem Chef zum andern über.
Im Sommer 1930 fand die Stockholmer Ausstellung statt, die
meistzitierte, vieldiskutierte und anregendste Expo Schwedens in diesem Jahrhundert. In der *Ausstellungsrevue* ist
Zarah Leander nach nur halbjähriger Berufserfahrung, bereits die Primadonna und der zugkräftige Name. Die Revue
wurde in der Presse zwar kühl aufgenommen, spielte aber

den ganzen Sommer vor ausverkauftem Haus. Am gelungensten dürfte der Auftakt gewesen sein: in einem gefilmten Abschnitt werden possenhaft die Mühen eines Inspizienten geschildert, der die ganze Stadt nach geeigneten Komödiantinnen absucht.

Am 1. September ist Zarah Leander reif für den entscheidenden Durchbruch in Stockholm – in ihrer fünften Revue innerhalb von zehn Monaten. Es ist Franz Engelkes Revue *Stockholm blir Stockholm* (Stockholm bleibt Stockholm).

Zarah Leanders Stellung in der Stockholmer Vergnügungsbranche wird durch ein komisches Detail beleuchtet. Am 27. Oktober 1930 möchte die Direktion des *Vasa-Theaters* (hauptsächlich aus Reklamegründen) das einjährige Bühnenjubiläum ihres jungen Stars festlich begehen. Man kündigt eine Neufassung der ohnehin erfolgreichen Revue an, was jedoch klüger gedacht als getan war. Die neuen Gesangseinlagen bestehen schließlich nur aus einem einzigen Chanson für Zarah Leander, das sich aber als so schlecht erweist, daß es nicht gebracht werden kann . . . Die »Neuaufführung« bringt also gar nichts Neues. Aber der Star erhält einen Lorbeerkranz.

Plattendebüt

Durch Vermittlung von Jules Sylvain debütiert Zarah Leander zu Beginn des ereignisreichen Jahres 1930 mit ihrer ersten Schallplatte. Am 27. Februar, um ein Datum zu nennen, das in der Geschichte des Grammophons von Bedeutung wurde, besingt sie eine Platte für *Odeon*, und zwar mit dem Chanson aus der Revue des *Vasa-Theaters* »*Jag vet inte varför jag gör det*« (Ich weiß nicht, warum ich es tue).

Der Titel könnte auf eine Unsicherheit der Künstlerin schließen lassen, aber sie sollte es nie bereuen, sich auch der Schallplatte gewidmet zu haben. Ihre Platten wurden sofort Verkaufserfolge. Die Rückseite ihrer ersten Platte wurde schon am folgenden Tage gewachst und trägt den Titel »*Ingenting att bjuda främmande på*« (Nichts, was man Gästen anbieten könnte).

Notizen zum Zweiten Buch

Die lustige Witwe

Die Operette war seit 1923 in Stockholm nicht mehr gegeben worden. Das Schockierende an der Inszenierung Per Lindbergs war die völlige Respektlosigkeit vor der Konvention. Der *Witwe* selber bezeigte man keine nenenswerte Achtung, ebensowenig nahm man Rücksicht auf das Publikum, das sich Calle Barcklinds/Emma Meissners »unvergeßlicher Leistung« erinnerte. Jules Sylvain hatte Melodien in Foxtrott- und Tangorhythmus umgeschrieben. Ausstattung, Kostüme und Spiel waren höchst unrealistisch: man trieb seinen Spaß mit der *Witwe* und machte eine Show daraus.

Per Lindbergs Inszenierung rief teils Begeisterung, teils Ablehnung hervor. Herbert Grevenius bezeichnete die Regie als »raffiniert und einfallsreich«, während Carl G. Laurin meinte, alle Operetten hätten einen »Duft von Idiotie«: »Doch hier häuften sich die Dummheiten, das Ganze spielte in einem Sammelsurium von Flügeln, sinnlosen Dekorationen, bisweilen herbeigetragen und dann umgedreht; und auf eigene Faust drehte sich auf der Bühne eine Drehtür ... mit das Albernste, was ich je auf einer Bühne gesehen habe.« Unter dem Signum PEWE (Prinz Wilhelm) war zu lesen, man habe »keine Mühe gespart, (die Inszenierung) so halsbrecherisch modern wie möglich zu machen und sie dem Zeitgeschmack anzupassen. Vielleicht hat in Zukunft jede Epoche ihre *Witwe*. Lehár brauchte dann nicht zu befürchten, schnell in Vergessenheit zu geraten.« Zarah Leander war die dreizehnte schwedische Hanna Glavari und hatte einen Riesenerfolg. Abwechslungshalber seien hier nicht die Herren Kritiker, sondern eine »Plaudertante«, die unter dem Pseudonym *Catherine* schrieb, zitiert:

»Und nun erscheint *sie*. Langsam schreitet sie die Treppe hinab, ihre Bewegungen haben einen unmittelbaren, ein wenig eckigen Charme, ihr Gesicht ist faszinierend und neu. Ihre Frisur ist zwar unkleidsam (ein Detail, das keiner der männlichen Kritiker bemerkt hat. Anm. des Autors), aber das macht nichts. Stürmischer Beifall empfängt sie, und da sie es erwartet hat, sieht sie gelassen und glücklich aus. Ihre eigenartige, gleichzeitig dunkle und ein wenig schrille Stimme ist so sinnlich und von so warmem Timbre, wie man es sich nur wünschen kann. Man ist hingerissen, und wenn sie die Bühne verläßt, sehnt man sich schon nach ihrem nächsten Auftritt.«

Gösta Ekman hatte seine Ära im *Konzerthaus*-Theater mit der *Lustigen Witwe* eröffnet und stand in dieser Zeit in lebhaftem Austausch mit dem *Dagmar-Theater* in Kopenhagen; auf die verwickelten und raffinierten Intrigen dabei soll hier nicht eingegangen werden. April/Mai ist Ekman in Dänemark und heimste im Mai mit der *Witwe* neun Tage lang Erfolge ein. Für Zarah Leander ist auch ihr erstes Auftreten im Ausland ein voller Erfolg. Eine witzige Bemerkung aus der dänischen Zeitung ›*Politiken*‹ möchte ich dem Leser nicht vorenthalten:

»Die 177 (?) cm große Zarah Leander ist so riesig, daß ihr kein Kleid bis über die Schulter reichte. Sie war ein Turm von Schönheit, und selbst bei dieser Höhe hätte man unmöglich zu sagen vermocht, wo man auch nur einen einzigen Zentimeter hätte einsparen können . . .«

Nach dem Gastspiel in Kopenhagen trennen sich Gösta Ekman und Zarah Leander. Ekman fährt nach Oslo und spielt dort mit der »Reserve-Witwe« Lillebil Ibsen. Zarah Leander trifft in Malmö wieder mit Karl Gerhard zusammen.

Vom Stummfilm zum Tonfilm

Technische Neuerungen rufen, bis sich das Vokabular gefestigt hat, häufig Begriffsverwirrungen hervor. Als der Ton im Film erschien, wußte man nicht, wie man das neue Wunder nennen sollte.

Am 22. Februar 1929 hatte »der erste sprechende Film« – man hätte ihn auch ein Radiodrama mit lebenden Bildern nennen können – Premiere im *Auditorium* in Stockholm. Man zeigte den Stummfilm *Der Diamantenkönig* (mit dem Idol Clive Brook) und ließ schwedische Schauspieler über Mikrophone und Lautsprecher die Texte zu den Bildern sprechen. Diese frühe »Synchronisierung« brachte das Publikum häufig an der falschen Stelle zum Lachen. Die Ankündigung dieses Ereignisses ist nahezu ergreifend:

»Ein Experiment! Wird es gelingen? Kommen Sie und stellen Sie es selber fest! SEHEN! HÖREN! Seien Sie Zeuge des sensationellen Augenblicks, in dem Film und Radio sich die Hand reichen.«

Schlag auf Schlag erfolgen 1929 nun die Ankündigungen der »ersten« Geräusch-Filme in schwedischen Kinos. Im selben Jahr wird »Erstmalig in der schwedischen Filmgeschichte der schwedische Sprech-Film angekündigt«. Am 26. 12. 1929 hat der erste schwedische Klang-Film Premiere: *Säg det i toner* mit Edvin Adolphson in der Hauptrolle und J. Julius als Regisseur; das Drehbuch stammte von Paul Merzbach.

1938 kann Svensk filmindustri ihren ersten Tonfilm ankündigen, *För hennes skull*, »in Schweden gedreht und mit Schlagermusik von Jules Sylvain«. Paul Merzbachs Drehbuch ging gemäß Ankündigung auf das 1928 erschienene Buch *Den tänkande August* von Gösta Ekman zurück. Damit war der Klang, also Sprache, Ton und Geräusche, etabliert, und ab 1930 stellte die schwedische Filmindustrie nur Tonfilme her.

Charakteristisch für die Umstellungszeit ist, daß man, um den internationalen Markt aus der Stummfilmzeit nicht zu verlieren, verschiedene Produktionen in englischer, französischer und deutscher Version herstellte.

Dr. Paul Merzbach
Er führte Regie in den beiden ersten Filmen von Zarah Leander: *Dantes mysterier* (Dantes Mysterien) und *Falska*

millionären (Der falsche Millionär). Seine Arbeit im schwedischen Film während der Übergangsjahre vom Stumm- zum Tonfilm ist recht bedeutend; er hat in vierzehn Filmen als Drehbuchautor oder Regisseur mitgewirkt.

Ragnar Hyltén-Cavallius
Nach kurzer Zeit als praktizierender Anwalt war er 1916 zum Theater gegangen und wurde 1920 als Drehbuchautor und später auch als Regisseur bei Svensk filmindustri angestellt. 1928 wurde er erster Regisseur an der Oper, wo er bis zu seiner Pensionierung tätig war, aber auch noch während dieser Zeit hat er für den Film gearbeitet. *Äktenskapsleken (1935)* mit Zarah Leander war sein siebzehnter Film.
Hyltén-Cavallius war von der Zusammenarbeit mit ihr so begeistert, daß er sie im schwedischen Film als großen Star lancieren wollte, denn keine hatte bisher die Lücke füllen können, die Greta Garbo hinterlassen hatte. Zu diesem Zweck schrieb er ein hochdramatisches Drehbuch mit aktuellem Hintergrund: die berühmte dänische Schauspielerin Anna Larsen hatte durch ihren Übertritt zu einer religiösen Sekte Aufsehen erregt. Es wurde aber nie verfilmt. Hyltén-Cavallius war der Auffassung, Vidar Forsell habe als Manager von Zarah Leander unannehmbare Gagenforderungen gestellt.

Eine Frau, die weiß, was sie will
Zarah Leanders Erfolge in den Jahren 1929 bis 1936 reihen sich aneinander wie Perlen auf einer Schnur. Deshalb kann sie es sich in ihren Memoiren leisten, einen ihrer schönsten persönlichen Erfolge nur kurz zu erwähnen: *Eine Frau, die weiß, was sie will*, Oscar Straus' Operettenkomödie. Zwischen 1933 und 1961 hat sie diese Titelrolle in sechs verschiedenen Inszenierungen gespielt: in Göteborg, Helsinki, Stockholm, Wien und abermals Göteborg.
Von der Aufführung im *Oscar-Theater* in Stockholm 1934 sind zwei Einzelheiten erwähnenswert:

1) Obwohl das Stück kurz zuvor im *Komödien-Theater* in Stockholm mit Alice und Ernst Eklund in den Hauptrollen gespielt worden war, erwies sich Zarah Leander als äußerst zugkräftig.

2) Ein sorgfältiger Archivforscher kann feststellen, daß die Kritiker Zarah Leander von dieser Aufführung an mit ihrem Vornamen titulieren, was das Publikum längst tat. Karl Gerhard hatte bereits vorher einen Versuch zu solcher Vereinfachung in Programm und Werbung gestartet, damit aber nur Unwillen und Ablehnung hervorgerufen. Jetzt aber ging es!

Einen kurzen Einblick in die Operette *Eine Frau, die weiß, was sie will* bekam das schwedische Fernsehpublikum im Frühjahr 1971, als Zarah Leander und Lars Ekman eine Szene daraus spielten.

Die Schule der Kokotten

In ›*Göteborgs-Posten*‹ leitete Elis Anderson seine Besprechung der Premiere dieses Stückes folgendermaßen ein:

»Am 16. März 1934 debütierte Zarah Leander in einer Sprechrolle, und zwar in dem unterhaltsamen und geschickt aufgebauten französischen Lustspiel *Die Schule der Kokotten,* das in Karl Gerhards Übersetzung und unter seiner Regie im Göteborger *Volkstheater* Premiere hatte.

Künftige Autoren der Biographie von Zarah Leander und einer schwedischen Theatergeschichte sollten sich für obige Sätze darin einen Platz reservieren. Gestern abend fand nämlich ein Theaterereignis von Bedeutung statt.«

Für die Theatergeschichte ist dieser Platz bereits reserviert worden. Freilich ist darauf aufmerksam zu machen, daß historische »Wahrheiten« häufig nicht ganz wahr sind. Zarah Leander debütierte nämlich schon im November 1931 in einer Sprechrolle, und zwar als »Butterblume« in *En japansk tragedi* auf der Stockholmer *Konzerthausbühne.* Das genannte Schauspiel von John Masefield ist ein Sprechdrama, aber bei der Stockholmer Erstaufführung hatte man Musik von Hilding Rosenberg eingefügt, u. a. ein Lied für »Butterblume«, also eine Sprechrolle mit Gesangseinlage.

Mitt vänliga fönster

Die Revue von Karl Gerhard *Mitt vänliga fönster* (Mein freundliches Fenster) mit Zarah Leander in der Hauptrolle hatte bei einem Gastspiel im *Nörrebro*-Theater in Kopenhagen im November 1934 außerordentlichen Erfolg, wie aus einer Notiz in ›Politiken‹ hervorgeht. Ein Kritiker schreibt dort:

»Karl Gerhard hatte einen persönlichen großen und wohlverdienten Erfolg. Doch in noch höherem Maße kann man dies von der schönen Zarah Leander sagen. Die Schönheit dieser aparten Frau ist so groß, daß sie ihr Talent fast in den Schatten stellt, und sie hat so viel Talent, daß man fast vergißt, wie herrlich sie anzuschauen ist.«

In derselben Zeitung schreibt der berühmte Den Gyldenblonde:

»Gestern abend erzählte mir ein Theaternarr, daß das Theater bei Ausverkauf pro Abend viertausend Kronen einbringe. Wenn ich Geld hätte, würde ich diese Summe mit Freuden dafür opfern, um mit Zarah allein sein zu können.«

Summa summarum

Seit dem Debüt Zarah Leanders in Borås bis zu ihrem Gastspiel in Kopenhagen mit Karl Gerhard im Frühjahr 1936 hatte sie in

12 Revuen
  1 Komödie
  2 Operetten
  1 Tragödie
  3 Filmen

mitgewirkt. Ferner hatte sie 82 Schallplattenseiten besungen.

Verschiedene dieser Produktionen haben etliche Versionen erlebt, was aus dem Bühnen-Register hervorgeht. Hinzu kommen ungezählte Auftritte im Hörfunk, in den Volksparks, bei verschiedenen festlichen Anlässen und sonstigen Gelegenheiten.

Notizen zum Dritten Buch

Axel an der Himmelstür

Die Welturaufführung von Ralph Benatzkys *Axel an der Himmelstür* fand am 1. 9. 1936 im *Theater an der Wien* statt, wozu sich die Wiener Gesellschaft mit dem Bundeskanzler Kurt von Schuschnigg eingefunden hatte.

Die Kritiken waren ausnahmslos gut. Die ›*Wiener Tageszeitung*‹ bezeichnete die Premiere als »sensationellen Erfolg«, und das ›*Neue Wiener Journal*‹ meinte, Zarah Leander habe »eine prachtvolle Stimme und ein außerordentliches Darstellungsvermögen, (sie) siegt indes vor allem durch ihre Schönheit«.

Auch die schwedischen Korrespondenten berichten in ihren Heimatzeitungen über den Erfolg. ›*Svenska Dagbladet*‹ bringt die Schlagzeile »Zarah hat großen Erfolg in Wien«, und ›*Stockholms-Tidningen*‹ notiert, »Zarah erobert die Wiener im Sturm ... eine so wilde Begeisterung hat man seit den Tagen der klassischen Operette nicht mehr erlebt.« ›*Dagens Nyheter*‹ haben ihren Berichterstatter Oscar Rydkvist (er schreibt unter dem Pseudonym Åbergsson) entsandt; er schreibt in einer Vorankündigung:

»Benatzkys neues Werk ist keine Operette im üblichen Sinne. Es ist ein Stück mit Gesangseinlagen, ein wenig Operette, ein wenig Lustspiel, ein wenig Melodrama und ein wenig Kriminalstück. Also ein gut durchgeschüttelter Theaterdrink.

Für die Hauptrolle schrieb Hans Weigel ein paar ausgezeichnete Chansons. Das Stück enthält nämlich mehr Chansons als eigentliche Lieder. Benatzky hat dazu eine gefällige Musik komponiert.

Zarah Leander schien auch bedeutend freier, liebenswürdiger, weniger angestrengt als seit langem zu singen ... Eine große Schauspielerin ist sie wohl nicht, aber eine warmherzige und echte Persönlichkeit, und mit solchen Eigenschaften gelingt eine Rollengestaltung häufig besser als mit raffinierter Schauspielkunst.«

Bruno Walter über Zarah Leander
Der weltberühmte Dirigent kam Anfang Oktober nach Stockholm, um das Opern- und Konzerthausorchester zu dirigieren. Er wurde von ›Svenska Dagbladet‹ interviewt.
»Haben Sie, Herr Professor, zufälligerweise eine Schwedin gehört, die auf einem anderen Gebiet (als dem der Oper) im Herbst in Wien aufgetreten ist ...«
»Die Leander! Aber ja! Ich muß gestehen, daß ich oft und gern in Operetten und ähnliches gehe, freilich mit dem kleinen Hintergedanken, vielleicht einen Opernstoff zu finden. Und ich bin aufrichtig betrübt darüber, daß sich Zarah Leanders Stimme nicht für die Oper eignet. Denn sie ist ein höchst ungewöhnliches Talent, eine auffallend künstlerische Begabung und gleichzeitig eine Persönlichkeit. Ja, wenn ein Schwede begabt ist, dann ist er ungewöhnlich begabt!«

Premiere
Zarah Leanders erster deutschsprachiger Film wurde ab November 1936 in den Wiener Ateliers am Rosenhügel gedreht. Damit sie rechtzeitig zu Weihnachten daheim sein konnte, beschleunigte man die Arbeit. Die Ausstattung war sehr aufwendig: z. B. Ballettnummern mit Hunderten von Tänzern und Choristen, die von Floyd du Pont, Ernst Rolfs langjährigem Choreographen, gedrillt worden waren.
Geza von Bolvary führte in *Premiere* Regie. Er gilt als ein Erneuerer des Operettenfilms, und seine Verdienste werden in der einschlägigen Literatur hervorgehoben; u. a. hat er Willi Forst, Paula Wessely und Zarah Leander lanciert. Zu seinen besten Filmen zählen u. a. *Liebeskommando* (1932) und der Farbfilm *Die Fledermaus* (1944–1945).
Die Premiere fand am 4. 2. 1937 in Wiens größtem Licht-

spieltheater, dem ehemaligen *Zirkus Busch*, statt. Zarah Leander kam mit dem Flugzeug aus Stockholm – sie war aus ihrem Urlaub vor dem Start bei der Ufa geholt worden –, um das Ereignis zu vergolden. Sie trat mit zwei Gesangsnummern vor der Kinoleinwand auf.

Nach Berichten in schwedischen Zeitungen wurde der Film in der österreichischen Presse begeistert gefeiert.

Schwedische Kritiker knauserten mit ihrem Lob beträchtlich mehr als andere. In einem Interview mit ›*Nya Dagligt Allehanda*‹ am 26. Dezember 1936 sagte Zarah Leander (ohne Anspielung auf den Film *Premiere*):

»Ich weiß nicht, wer recht hat, die, die mich in Stockholm kritisieren, oder die, die mir in Wien applaudieren, aber eins kann man wohl behaupten: ›Fehler‹ (hier zu Hause) gelten woanders als Verdienste.«

Reichskulturkammer (RKK)

Im Herbst 1933 gegründete Behörde, die alle kulturellen und künstlerischen Belange in Hitlerdeutschland wahrnahm. Ihr Präsident war Joseph Goebbels. Sie war dem Reichsministerium für Volksaufklärung und Propaganda unterstellt und damit wiederum Joseph Goebbels.

Die Reichskulturkammer war in sieben Kammern aufgeteilt: Musik, Kunst, Literatur, Presse, Rundfunk, Theater und Film. Die staatlichen Subventionen waren großzügig: 1935 etwa wurde allein für Theater und Film ein Betrag von 45 Millionen Reichsmark bewilligt.

Jeder, der in irgendeiner Form künstlerisch oder kulturell tätig war, mußte der Reichskulturkammer und einer ihrer Abteilungen angehören: 1939 betrug die Zahl der Mitglieder 65 000.

Reichsfilmkammer (RFK)

Sie bestand bereits im Sommer 1933, also noch bevor die Spitzenorganisation eingerichtet worden war. Dies zeigt, welch großen Wert Goebbels dem Film beimaß:

»Wir sind der Überzeugung«, sagte er, »daß der Film zu den

modernsten und wissenschaftlichsten Mitteln der Gegenwart gehört, durch die Einfluß auf die große Masse zu gewinnen ist. Aus diesem Grunde kann eine Regierung den Film nicht sich selber überlassen.«

Präsident der Reichsfilmkammer war ab 1934 Fritz Scheuermann, Vizepräsident war Hans Weidemann. Reichsfilmintendant war der als sehr einflußreich geltende Fritz Hippler, Reichsfilmdramaturg war Willi Krause.

Die Filmkammer arbeitete auf zehn Sachgebieten und hatte sogar eine eigene Kreditanstalt.

Der deutsche Film unter Joseph Goebbels

Der Bedarf an Filmen war in Deutschland enorm groß; 1937 etwa waren 5300 Lichtspielhäuser mit Filmen zu versehen.

Im Zeitraum 1933 bis 1945 stellte man in Deutschland 1097 Filme her, also rund 90 Spielfilme jährlich. Nach dem Zweiten Weltkrieg erklärte die zur Prüfung eingesetzte Alliierte Kontrollkommission von diesen 1097 Filmen 141 für »politisch fragwürdig«.

96 von diesen 1097 Spielfilmen waren von Goebbels als »staatswichtige« Filme bestellt worden, d. h. es waren reine Propagandafilme, wie z. B. *Hitlerjunge Quex* (1933), *Triumph des Willens* (1935) und *Ohm Krüger* (1941), um nur einige Titel zu nennen.

Es ergibt sich also folgende zahlenmäßige Aufteilung des deutschen Films unter Joseph Goebbels:

96 Propagandafilme
45 andere politisch fragwürdige
956 sonstige Filme.

Die Einstellung des Propagandaministeriums zum Propagandafilm geht aus folgender Äußerung eines Sprechers hervor:

»Auch weiterhin sollen große nationalsozialistische Propagandafilme hergestellt werden. Sie sind jedoch keine Exportware. Der Filmexport soll aus Kunstwerken bestehen.«

»Nationalsozialistische Weltanschauung darf keine Entschuldigung für künstlerisches Unvermögen sein«, äußerte Goebbels einmal.

Die unverblümtesten Propagandafilme waren die Wochen-schauen, die das Publikum ständig mit dem Stoff fütterten, den Goebbels verbreitet wissen wollte. Ab 1940 wurden die einzelnen Wochenschauen der verschiedenen Filmgesellschaf-ten zur *Deutschen Wochenschau* zusammengefaßt.

Die Ufa

Die *Berliner Universum-Film AG.* (Ufa) wurde 1917 gegrün-det und war bis zum Ende des Zweiten Weltkrieges Europas größte Filmgesellschaft. Ihr Hauptaktionär war ab 1932 der Presse- und Industriemagnat Alfred Hugenberg. Bei Kriegs-ausbruch besetzte man die Produktionsleitung mit Gesin-nungstreuen, aber erst 1942 wurde die Ufa völlig verstaat-licht. 1945 wurde sie aufgelöst, und das staatliche Filmunter-nehmen der DDR, die Defa, übernahm die Ateliers in Neu-babelsberg. 1956 gründete man in der Bundesrepublik eine neue Filmgesellschaft mit dem Namen Ufa.

Der Generaldirektor der alten Ufa war Ludwig Klitzsch. Verantwortlich für die eigentliche Herstellung war der Pro-duktionschef. Er hieß bis 1939 Ernst Hugo Corell. Ihm folgte Alfred Greven bis 1941, diesem wiederum N. Leichten-stern, der 1943 von den bekannten Regisseur Wolfgang Liebeneiner abgelöst wurde.

Der Wartesaal in Berlin

Er bestand in den Jahren von 1937 bis 1941 aus der oberen möblierten Etage einer Bankiersvilla im Stadtteil Dahlem, die Zarah Leander damals bewohnte. In der Nähe gab es zum Entzücken ihrer Kinder eine Reitschule.

1937 gründete die schwedische Kolonie in Berlin eine schwe-dische Schule in der Landhausstraße 24, wo Zarah Leanders Kinder während einiger Jahre unterrichtet wurden; danach übersiedelten sie nach dem Kauf von Gut Lönö in schwe-dische Schulheime.

Bei Kriegsausbruch wurde die Familie noch weiter dadurch zersplittert, daß Vidar Forsell während langer Perioden als Reserveoffizier zum Bereitschaftsdienst eingezogen wurde.

Zarah Leander blieb allein in Berlin zurück und bezog 1941 eine andere Villa in Dahlem, in der Max-Eyth-Straße 12 b. Das Haus wurde in der Nacht vom 3. zum 4. März 1943 zerbombt.

Der Bekanntenkreis in Berlin bestand fast ausschließlich aus schwedischen Journalisten: Christer Jäderlund (›Stockholms-Tidningen‹), Bertil Svahnström (›Svenska Dagbladet‹), Gunnar Th:son Piehl (›Sydsvenska Dagbladet‹) und Gunnar Müllern (›Aftonbladet‹) mit deren Frauen.

Außerdem war Zarah Leander vor allem mit Grethe Weiser befreundet; ferner mit dem Nachbarn in Dahlem, Viktor Staal und seiner Frau Hansi Knoteck; dem Werbechef der Ufa, Carl Opitz, und seiner Frau Ella, sowie Walter Bolz, ihrem persönlichen Verbindungsmann zur Ufa.

Der schwedische Botschafter in Berlin war von 1937 bis 1945 Arvid Richert, der die Künstlerin sehr gern als »Attraktion« zu den Empfängen in der Botschaft einlud.

Notizen zum Vierten Buch

Gut Lönö

Lönö umfaßt 59 230 qm Grund und Boden von wechselndem Schärencharakter: Klippen, Wald und nutzbarer Boden. Die zum Gut gehörenden 150 Hektar Ackerland sind verpachtet.

Zu Lönö gehören ausgedehnte Fischgewässer, die noch in den vierziger und fünfziger Jahren beträchtliche Heringsfänge erbrachten, besonders im Winter. Innerhalb von Lönös Gewässern liegen 22 Inseln, Holme und Schären.

Lönö wurde 1910 von dem Hütten- und Bergwerksbesitzer Jacob Wahren erworben. Er ersetzte das alte Hauptgebäude aus dem 18. Jahrhundert durch das gegenwärtige Herrenhaus.

Architekt dieses Baus war Professor Isak Gustaf Clason, bekannt u. a. als Erbauer des Nordischen Museums in Stockholm. Clason entwarf ein eingeschossiges Hauptgebäude aus Holz mit einem ausgebauten Mansardendach und einem Dachreiter mit Glocke. Das ergab zwei Stockwerke nebst Bodenraum.

Im Erdgeschoß liegen die Bibliothek, der Salon im gustavianischen Stil, eine große Diele, das Eßzimmer, und im rechten Winkel zu diesem Teil des Hauses der Küchentrakt sowie Büro- und Wirtschaftsräume. Parallel zum Küchentrakt wurde ein Gästeflügel im Stil des Hauptgebäudes angebaut, der mit diesem durch einen Portikus verbunden ist. Der Grundriß ist also T-förmig.

Im Obergeschoß liegen das Musikzimmer, die Schlafzimmer der Familie und vier Gästezimmer.

Der Bau von Lönö war ein schwieriges Unterfangen, das

auch fast drei Jahre beanspruchte. Erst 1913 war das Haus fertig. Einen Teil des Bauholzes lieferten die eigenen Wälder, alles übrige Material aber mußte von Stockholm oder Norrköping auf dem Seeweg herbeigeschafft werden, da das Gut bis in die vierziger Jahre hinein keine ausgebaute Verbindung zur Landstraße besaß. Abgesehen von der neuen Sauna in der Lönöbucht und einigen Veränderungen im Park ist Lönö, wie die Abbildungen zeigen, sechzig Jahre hindurch unverändert geblieben. In einem einschlägigen Werk heißt es:

»Die gegenwärtige Besitzerin des Gutes, Zarah Leander, hat Clasons Bau pietätvoll unverändert erhalten und ihn mit einer harmonischen Kombination von antiken und modernen Möbeln eingerichtet sowie die Räume mit Gemälden und Kunsthandwerk, vornehmlich aus unserer Zeit, geschmückt.«

Odeon und Lindström

Zarah Leander hat ihre Schallplatten bei der schwedischen Gesellschaft *Odeon* produziert, die früher ganz im Besitz von *Lindström* gewesen ist; wie es sich heute damit verhält, ist schwer zu sagen.

Der Mechaniker und Erfinder Carl Lindström aus Södertälje ließ sich zum Jahreswechsel 1897/98 in Berlin nieder, wo er zwecks Herstellung und Vertrieb von »Sprech- und Musikmaschinen« die Firma Lindström gründete. Die Maschinen des geschickten Technikers fanden zwar reißenden Absatz, geschäftlich aber hatte er eine weniger glückliche Hand. 1904 mußte er seinen Betrieb für 25 000 Mark an die Herren Straus, Zuntz und Heinemann verkaufen, blieb aber als Werkmeister in der Firma.

Der Absatz von Lindströms Grammophon steigerte sich, und bald kamen auch Schallplatten hinzu. Zu jener Zeit bestand noch kein Urheberrecht für Komponisten, und so konnte jede Musik unbedenklich gestohlen werden. Bei Aufführungen saßen »Agenten« der verschiedenen Grammophongesellschaften im Zuschauerraum und schrieben während der Vorstellung Texte und Noten mit! Die wiedergeborene Wiener

Operette *(Die lustige Witwe, Ein Walzertraum* und *Die Dollarprinzessin)* brachte der Schallplatte die erste Blütezeit. Als nächstes nahm man Couplets, Chansons und Lieder aus Revuen und Kabaretts auf, und damit war der Schlager geboren. Künstler, die diese eingängigen Liedchen brachten, wurden schnell berühmt. Vor dem Durchbruch des Hörfunks in den zwanziger Jahren war die Schallplatte das üblichste Mittel der Musikverbreitung.

In der Entwicklung dieser Branche war die Firma Lindström teilweise führend: sie richtete in allen Hauptstädten Aufnahme- und Verkaufsfilialen ein und war 1929 zu einem Riesenunternehmen angewachsen, das allein in Deutschland 3000 Angestellte beschäftigte. Heute besteht die Schallplattenindustrie aus einem verwirrenden Dschungel von Kleinunternehmen, Plattenmarken und Lizenzträgern – mit einigen »Riesen« im Hintergrund. Die Vielfalt der Etiketten ist unübersehbar groß geworden. Eine Marke in einem Land kann andere Besitzer haben als dieselbe Marke in einem anderen Land, um nur ein einfaches Beispiel zu nennen. So hatte die Firma Lindström 1965 als Mutterunternehmen durch Tochtergesellschaften oder Tochtertochtergesellschaften oder Strohmänner das Kontroll- und Mitspracherecht bei etwa einhundert Plattenmarken.

Historischer Vertrag

Der Vertrag, der am 20. Mai 1949 zwischen der »Schauspielerin Zarah Leander einerseits und *Svenska Musikerförbundet* Abt. 3 in Malmö sowie *Pressens Rundtur i Skåne* – im folgenden die Veranstalter genannt – andererseits« unterzeichnet wurde, lautet wie folgt:

§ 1 Die Veranstalter übernehmen sämtliche Veranstaltungen im Zusammenhang mit einer Konzertvorstellung im Malmöer *Stadttheater* (Große Bühne) am Freitag, dem 5. August 1949, 20 Uhr, wobei die Endesunterzeichnete, Zarah Leander, sich bereit erklärt, als Solistin zu wirken. Die Veranstalter übernehmen alle Kosten für Reklame, Reisen (bis zu einem später zu fixierenden Betrag), Orchester, Conférencier und evtl. Programmaterial sowie natürlich die Mietkosten für das Malmöer *Stadttheater*.

§ 2 Das Orchester soll aus mindestens 35 Mann der besten in Schonen gegenwärtig tätigen Musiker bestehen. Als Dirigenten beabsichtigen die Veranstalter Sune Waldimir oder eine andere erstklassige Kraft zu verpflichten.

§ 3 Die Veranstalter sind an Herrn Direktor Karl Gerhard herangetreten, der seine Mitwirkung an der Programmgestaltung zugesagt hat, sofern es ihm die Zeit erlaube. Ein endgültiger Bescheid darüber wird spätestens nach Ablauf eines Monats nach der Vertragsunterzeichnung erteilt.

§ 4 Die Endesunterzeichnete, Zarah Leander, hat das Programm selber zusammenzustellen und – mit Ausnahme zweier eigens für diesen Zweck von Direktor Karl Gerhard verfaßten Originalcouplets – Noten und Textmaterial zur Verfügung zu stellen. Die ihr daraus entstehenden Kosten übernehmen die Veranstalter. (Anm.: Statt Karl Gerhard schrieben Gösta Rybrant und Rune Moberg diese Originalcouplets.)

§ 5 Der unterzeichnete Mitveranstalter, *Svenska Musikerförbundet,* Abt. 3 in Malmö, garantiert, daß für dieses Auftreten von Frau Zarah Leander seitens der Gewerkschaft keinerlei Hindernisse vorliegen. Sowohl der Gewerkschaftsbund als auch die Zentralfachorganisation in Malmö haben es dem genannten Mitveranstalter schriftlich versichert. Der Musikerverband hält Frau Leanders Auftreten für wünschenswert und hat ihr die Mitgliedschaft im Verband angeboten.

§ 6 Der unterzeichnete Mitveranstalter, *Pressens Rundtur i Skåne,* hat sämtliche Malmöer Zeitungen angesprochen, die Frau Leanders Auftreten am 5. August 1949 im Malmöer *Stadttheater* mit Befriedigung begrüßen.

§ 7 Die Veranstalter erklären sich nur zu gern bereit, durch eigene Vertreter entweder vor oder nach der Vorstellung von der Bühne aus Frau Leander wieder in den schwedischen Theatern und auf Konzertpodien willkommen zu heißen.

§ 8 Die Veranstalter garantieren, daß seitens der Theaterleitung für Frau Zarah Leanders Auftreten im Malmöer Stadttheater keinerlei Hindernisse vorliegen. Sämtliche Ensemblemitglieder haben ihre Genugtuung darüber geäußert, daß Frau Leanders Comeback auf dieser Bühne stattfindet.

§ 9 Die Endesunterzeichnete, Zarah Leander, erklärt sich ihrerseits bereit, am 5. August 1949, 20 Uhr, ohne andere Kosten als die Reisespesen (ab Norrköping und zurück) im Malmöer *Stadttheater* aufzutreten, und erklärt ferner, daß die Nettoeinnahme ungekürzt der Hilfsaktion des genannten Musikerverbandes zugunsten bedürftiger Musiker und Schauspieler sowie der Hilfsaktion von *Svenska Journalistföreningen* (südlicher Kreis) zugunsten bedürftiger Journalisten zur freien Verfügung gestellt wird.

Meine Filme

Das Verzeichnis umfaßt die 19 Spielfilme und ist chronologisch nach dem Drehjahr geordnet.
Sofern Rollenangaben erhältlich waren, sind sie hinter dem Namen des jeweiligen Darstellers in Klammern eingefügt.

Schweden

1930
Dantes mysterier (Dantes Mysterien)
Produktion   Svensk filmindustri
Drehbuch   Paul Merzbach
Regie   Paul Merzbach
Darsteller   Zarah Leander
                  Eric Abrahamson
                  Elisabeth Frisk
                  Gustaf Lövås
»Klang- und Sprechfilm« über den dänischen Zauberkünstler Dante. Einer Reklamenotiz zufolge war Zarah Leander »eine entzückende Vertreterin der unterirdischen Mächte, die der große Zauberkünstler beschwört«.
Parallel wurde eine englische Fassung mit dem Titel *Dante's Mysteries* hergestellt.

1931
Falska millionären (Der falsche Millionär)
Produktion   Minerva-Haik
Drehbuch   Oscar Rydquist, Paul Merzbach
Regie   Paul Merzbach

Darsteller	Zarah Leander (Marguerite)
	– Lied »*Ögon som ljuga och le*« *(Auge*n, die
	lügen und lächeln) (Henri Verdun –
	SS Wilson)
	Sture Lagerwall (Journalist)
	Håkan Westergren (Millionär)
	Fridolf Rhudin (Sekretär)
	ferner Ingert Bjuggren, Annalisa Ericson,
	Weyler Hildebrand, Knut Lambert, Emma
	Meissner, Olaf Riégo

Verwechslungskomödie im Luxus- bzw. Landstreicher-
milieu.

Eine gleichzeitig gedrehte französische Fassung *(Pour mon
coeur et ses millions)* wurde von André Berthomieu eingerichtet. Premiere in Paris 6. 11. 1931.

1935
Äktenskapsleken (Ehereigen)

Produktion	Svenska ab M-film (= Lorens Marmstedt,
	Otto Scheutz)
Drehbuch	Karl Gerhard, Bearbeitung durch den Regis-
	seur
Kamera	Åke Dahlquist
Musik	Jules Sylvain
Regie	Ragnar Hyltén-Cavallius
Darsteller	Zarah Leander (Bildhauerin)
	– Lieder »*Henne du älskar*« (Sie liebst du),
	»*Verklighet och drömmar*« *(*Wirklichkeit
	und Träume)
	Einar Axelson (ihr vierter Mann)
	Karl Gerhard (Scheidungsanwalt)
	Gösta Cederlund (ihr erster Mann)
	Harry Roeck-Hansen (ihr zweiter Mann)
	Ragnar Widestedt (ihr dritter Mann)
	ferner Åke Ohberg, Rune Carlsten, Karin
	Swanström

Komödie um eine berühmte Bildhauerin, ihre Kunst und

ihre zahlreichen Liebschaften. Die Handlung spielt teils im mondänen Künstlermilieu von Stockholm, teils in der Kleinstadt Broköping (= Mariefred).

Österreich

1936
Premiere

Produktion	Gloria-Syndikat-Film
Choreographie	Floyd du Pont
Regie	Geza von Bolvary
Darsteller	Zarah Leander (Revuesängerin)
	– Lieder »*Merci, mon ami, es war wunder-schön*« (Peter von Fenyes – Hans Schachner), »*Ich hab' vielleicht noch nie geliebt*« (Denes von Buday – Hans Schachner)
	Karl Martell
	Attila Hörbiger (Polizeikommissar)
	Maria Bard
	ferner Karl Günther, Theo Lingen, Karl Skarup

Kriminalfilm; in einem Revuetheater wird während einer Premiere ein Mord begangen. Die Vorstellung geht trotz polizeilicher Untersuchung weiter.

Deutschland

1937
Zu neuen Ufern

Produktion	Ufa
Drehbuch	Detlef Sierck, Knut Heuser nach dem Roman von Lowitt H. Lorenz
Musik	Ralph Benatzky
Liedtexte	Ralph Benatzky
Regie	Detlef Sierck

Darsteller	Zarah Leander (Varietésängerin Gloria Vane)
	– Lieder »*Sehnsucht*«, »*Ich steh' im Regen*«, »*Yes, Sir!*«
	Willy Birgel (unehrenhafter Liebhaber)
	Viktor Staal (edler Farmer)
	ferner Edwin Jürgensen, Hilde von Stoltz, Erich Ziegel

Tragische Liebesgeschichte mit Happy-End, die 1840 in London spielt. Die Varietésängerin Gloria Vane nimmt ein Verbrechen auf sich, das ihr Geliebter begangen hat. Sie wird zu Gefängnis und Deportation in das frauenarme Australien verurteilt. Dort können sich strebsame, unverheiratete Neusiedler auf dem regelmäßig stattfindenden »Brautmarkt« Ehefrauen aus dem Frauengefängnis ersteigern. Miß Vane landet bei einem edlen Farmer.

1937
La Habanera

Produktion	Ufa
Drehbuch	Gerhard Menzel
Kamera	Franz Weihmayr
Musik	Lothar Brühne
Liedtexte	Franz Baumann, Bruno Balz, Detlef Sierck
Regie	Detlef Sierck
Darsteller	Zarah Leander (Astree Sternhjelm)
	– Lieder »*Der Wind hat mir ein Lied erzählt*«, »*Du kannst es nicht wissen*«
	Julia Serda (Tante Ana Sternhjelm)
	Ferdinand Marian (Don Pedro de Avila)
	Karl Martell (Sven Nagel)
	ferner Boris Alekin, Paul Bildt, Edwin Jürgensen

Melodrama unter Puerto Ricos glühender Sonne. Nach zehn Jahren einer unglücklichen Verbindung mit Don Pedro de Avila kommt der schwedische Experte für Tropenkrankheiten, Dr. Sven Nagel, als Befreier.

1938
Heimat

Produktion	Ufa
Drehbuch	Hans Brennert, Otto-Ernst Hesse
Kamera	Franz Weihmayr
Musik	Theo Mackeben
Liedtexte	Michael Gesell, Hans Brennert
Regie	Carl Froelich
Darsteller	Zarah Leander (Magda, Opernsängerin) – Lieder »*Eine Frau wird erst schön durch die Liebe*«, »*Drei Sterne sah' ich scheinen*« (und Arie »*Ach, ich habe sie verloren*« aus Glucks Oper *Orpheus und Eurydike*)
	Heinrich George (Magdas Vater, pensionierter Oberst)
	Ruth Hellberg (Magdas Schwester Marie)
	Paul Hörbiger (Organist)
	Leo Slezak (Repetitor)
	ferner Georg Alexander, Lina Carstens, Hugo Froelich, Hans Nielsen

Verfilmung von Hermann Sudermanns Schauspiel. Die Handlung spielt in der romantischen Residenzstadt Ilmingen mit ihren alljährlichen Musikfestspielen im letzten Jahrzehnt des neunzehnten Jahrhunderts. (Auf der Biennale Venedig 1938 erhielt Carl Froelich für diesen Film den Regiepreis. Bereits vor dem Zweiten Weltkrieg sollen 28 Millionen Menschen diesen Film gesehen haben. Er gehört noch immer zum Wiederholungsprogramm in der Bundesrepublik.)

1938
Der Blaufuchs

Produktion	Ufa
Drehbuch	K. G. Külb nach einem Stück von Ferencz Herczeg
Musik	Lothar Brühne
Liedtexte	Bruno Balz
Darsteller	Zarah Leander

– Lieder *»Von der Puszta will ich*
träumen«, »Kann denn Liebe Sünde sein?«
Willy Birgel
Paul Hörbiger
ferner Rudolf Platte, Karl Schönböck

1939
Es war eine rauschende Ballnacht

Produktion	Ufa
Drehbuch	Geza von Cziffra, Frank Thiess
Musik	Theo Mackeben (und Musik von Peter Tschaikowskij und russische Volksmusik)
Liedtexte	Hans Fritz Beckmann
Darsteller	Zarah Leander (Katja, Musikstudentin) – Lieder *»Schlafe, mein Geliebter«, »Nur nicht aus Liebe weinen«* (und *»Romanze«*, op. 5 von Tschaikowskij) Hans Stüwe (Peter Tschaikowskij) ferner Marika Rökk, Leo Slezak, Aribert Wäscher

Romantisiertes Melodrama um Peter Tschaikowskij, seine Musik und seine Liebschaften. Zum Schluß stirbt er in den Armen seiner Katja an Cholera, während im Nachbarsaal seine VI. Sinfonie aufgeführt wird.

1939
Das Lied der Wüste

Produktion	Ufa
Drehbuch	Walther von Hollander, Paul Martin nach einem Bericht von Werner Gilling
Musik	Nico Dostal
Liedtexte	Bruno Balz
Regie	Paul Martin
Darsteller	Zarah Leander (Sängerin Grace Collins) – Lieder *»Fatme, erzähl' mir ein Märchen«,* *»Sagt dir eine schöne Frau ›vielleicht‹«,* *»Ein paar Tränen werd' ich weinen«,*

281

»Heut' abend lad' ich mir die Liebe ein»
Hans Stüwe (schwedischer Ingenieur)
ferner Gustav Knuth, Herbert Wilk,
Friedrich Domin

Eine britische Finanzgruppe will ein Kupfervorkommen in Nordafrika ausbeuten, was ein schwedischer Ingenieur zugunsten der Beduinen verhindern will. Seine Geliebte, die »gefeierte Sängerin Grace Collins« ist die Tochter eines dieser Engländer.

1940
Das Herz der Königin

Produktion	Ufa
Drehbuch	Harald Braun
Kamera	Franz Weihmayr
Ausstattung	Walter Haag
Kostüme	Herbert Ploberger
Musik	Theo Mackeben
Liedtexte	Harald Braun
Regie	Carl Froelich
Darsteller	Zarah Leander (Maria Stuart)
	– Lieder *»Wo ist dein Herz«*, »Schlummerlied«
	Willy Birgel (Lord Bothwell)
	Maria Koppenhöfer (Elisabeth I. von England)
	Axel von Ambesser (Henry Darnley)
	ferner Lotte Koch, Margot Hielscher, Walter Süssenguth

Historischer Film mit Liebe, Haß und Intrigen um eine singende Maria Stuart.

1941
Der Weg ins Freie

Produktion	Ufa
Drehbuch	Harald Braun, Jacob Geis, Rolf Hansen
Kamera	Franz Weihmayr

Musik	Theo Mackeben
Regie	Rolf Hansen
Darsteller	Zarah Leander

– Lieder »*Ich sag' nicht Ja, ich sag' nicht Nein*«, »*Ich will nicht vergessen*«
Hans Stüwe
ferner Eva Immermann, Siegfried Breuer, Albert Florath, Karl John, Hedwig Wangel, Agnes Windeck

Tragödie um eine Opernsängerin. Die Handlung spielt in Wien zur Zeit Metternichs (Anfang des 19. Jahrhunderts) und auf einem einsamen Gut in Pommern.

1942
Die große Liebe

Produktion	Ufa
Drehbuch	Peter Groll, Rolf Hansen
Musik	Michael Jary
Liedtexte	Bruno Balz
Regie	Rolf Hansen
Darsteller	Zarah Leander (dänische Chansonette)

– Lieder »*Mein Leben für die Liebe*«, »*Ich weiß, es wird einmal ein Wunder gescheh'n*«, »*Davon geht die Welt nicht unter*«, »*Heut' kommen die blauen Husaren*«
Viktor Staal (deutscher Offizier)
ferner Paul Hörbiger, Grethe Weiser, Wolfgang Preiss, Hans Schwartz jr.

Die Geschichte einer großen Liebe im Krieg.

1942
Damals

Produktion	Ufa
Drehbuch	Peter Groll, Rolf Hansen nach einer Idee von Bert Roth
Musik	Lothar Brühne

Liedtexte	Bruno Balz
Regie	Rolf Hansen
Darsteller	Zarah Leander

– Lieder »*Jede Nacht ein neues Glück*«,
»*Einen wie dich könnt' ich lieben*«
Hans Stüwe
ferner Karl Martell, Rossano Brazzi

Der Kampf einer Mutter um ihr Kind.

Bundesrepublik Deutschland

1950
Gabriela

Produktion	Real-Film, Hamburg/Allianz-Film
Drehbuch	Geza von Cziffra
Kamera	Willi Winterstein
Musik	Michael Jary
Liedtexte	Kurt Schwabach, Bruno Balz
Regie	Geza von Cziffra
Darsteller	Zarah Leander (Gabriela, Sängerin mit eigenem Varieté)

– Lieder »*Wann wirst du mich fragen?*«,
»*Es gibt keine Frau, die nicht lügt*«,
»*Wenn der Herrgott will, leuchten alle Sterne*«
Vera Molnar (Andrea, ihre Tochter)
Siegfried Breuer (Gabrielas Mann)
ferner Grethe Weiser, Carl Raddatz, Arno Assmann, Käthe Haack, Gunnar Möller, Marina Ried

1952
Cuba Cabana

Produktion	Rhombus-Herzog-Film
Drehbuch	Fritz Peter Buch
Kamera	Richard Angst

Musik	Heino Gaze
Liedtexte	Bruno Balz
Regie	Fritz Peter Buch
Darsteller	Zarah Leander (Arabella, Barbesitzerin)
	– Lieder »*Und wenn's auch Sünde wär'*«,
	»*Sag mir nie wieder ›je taime‹*«, »*Du*
	machst mich so nervös«, »*Eine Frau in*
	meinen Jahren«, »*Schatten der Vergangen-*
	heit«
	O. W. Fischer (Reporter)
	ferner Hans Richter, Paul Hartmann

Erotische und politische Verwicklungen in der südamerikanischen Hafenstadt Puerto Antonio mit ihrer internationalen Bar Cuba Cabana.

1953
Ave Maria

Produktion	Diana-Gloria-Film
Drehbuch	Harald Braun
Musik	Franz Grothe
Liedtexte	Bruno Balz
Regie	Harald Braun
Darsteller	Zarah Leander
	– Lieder »*Ich kenn' den Jimmy aus*
	Havanna«, »*Wenn die wilden Rosen*
	blühen« (und »*Ave Maria*« von Bach-
	Gounod)
	Marianne Hold
	Hans Stüwe
	ferner Hans Henn, Ingrid Pan, Josef Sieber

1954
Bei dir war es immer so schön

Produktion	Allianz-Film
Drehbuch	Paul H. Rameau
Kamera	Hans Schneeberger
Musik	Theo Mackeben

Liedtexte	Hans Fritz Beckmann
Regie	Hans Wolff
Darsteller	Zarah Leander (Filmstar)
	– Lied »*Bei dir war es immer so schön*«
	(und »*Eine Frau wird erst schön durch die*
	Liebe«, »*Drei Sterne sah ich scheinen*«,
	»*Nur nicht aus Liebe weinen*«)
	Willi Forst (Filmregisseur)
	Heinz Drache (Komponist)
	ferner Kirsten Heiberg, Margot Hielscher,
	Sonja Ziemann, Grethe Weiser

Ein junger Komponist wird entdeckt und darf für die großen Stars Melodien schreiben. So trifft er auch die »ebenso
gefeierte wie verwöhnte Filmdiva« Zarah Leander. Bei
einem Besuch in ihrem Heim lernt er sie von einer ganz
anderen Seite kennen; als liebenswerten und großzügigen
Menschen. »Eingedenk ihres wahren Wesens« komponiert
er für sie zwei Lieder, welche »viel dazu beitragen, daß ihr
neuer Film ein Erfolg wird«.

1959
Der blaue Nachtfalter

Produktion	Berolina-Film, Kurt Schultz, Union-Film
Drehbuch	Erich Ebermayer
Kamera	Willi Winterstein
Musik	Lotar Olias
Liedtexte	Kurt Schwabach, Max Colpet
Regie	Wolfgang Schleif
Darsteller	Zarah Leander (Julia Martens)
	– Lieder »*Pardon, meine Damen – Pardon,*
	meine Herren«, »*Seit ich dich sah . . .*«,
	»*Ein Leben ohne Liebe*«
	Christian Wolff (Thomas, ihr Sohn)
	Paul Hartmann (Anwalt)
	Werner Hinz (Manager)

Kriminalfilm. Die ehemalige Opernsängerin und jetzige Bar-
sängerin im »Blauen Nachtfalter« Julia Martens hat 13 von

15 Jahren Zuchthausstrafe abgesessen; sie war unschuldig wegen eines Mordes verurteilt worden, den sie nicht begangen hatte. Das Verbrechen wird aber sozusagen *post festum* begangen, indem sie nach der Freilassung den von ihr angeblich ermordeten Mann niederschießt. Was ist zu tun?

Auf der Bühne

Nachfolgend sind die Theaterproduktionen aufgeführt, die in verschiedener Hinsicht von besonderer Bedeutung und die in Zarah Leanders eigener Darstellung ausführlicher behandelt sind.

Kabarett- und Varieté-Programme, in denen Zarah Leander mitgewirkt hat, sind nicht aufgenommen; auch die Konzerttourneen sind nicht berücksichtigt. Die Datierung bezieht sich auf den Premierentag.

Schweden

27. 10. 1929 (Debüt)
Städtisches Theater, Borås
Rolfs Revue 1929
Ausgewählte Nummern aus Ernst Rolfs China-Revue des Sommers

Dirigent	Harald Mortensen
Ballett	9 Tänzerinnen sowie die Solotänzerinnen Iris Whyte und Omori Sisters
Darsteller	Zarah Leander
	– Lieder »*Vill ni se en stjärna, se på mig*« (Wollt ihr einen Star sehen, schaut mich an) (Franz Doelle – Berco), »*Tidningskolportörens paradmarsch*« (Der Parademarsch der Zeitungshändler) (Berco)
	Fridolf Rhudin, Tutta Bernutzen, Randi Heide-Steen, Ernst Brunmann, der italienische Jongleur Silvestri

1. 1. 1930
Folkteatern, Stockholm
Det glada Stockholm (Das heitere Stockholm)
Revue von Karl-Ewert mit Beiträgen von Kar de Mumma
u. a.

Ballett	»Folkans farliga flickor«
Darsteller	Zarah Leander
	– Lied » *Jag vet inte varför jag gör det«*
	(Ich weiß nicht, warum ich es tue)
	(Derwin – Flyckt – Karl-Ewert)
	Ulla Billquist, Dagmar Ebbesen, Eric
	Abrahamson, Karl-Ewert, Eric Gustafson
	u. a.

21. 3. 1930
Folkteatern, Stockholm
Karl Gerhards nybygge (Karl Gerhards Neubau)
Revue in 2 Akten von Karl Gerhard mit Musik von Fred
Winter, Edvin Ziegler u. a.

Dirigent	Bolmi
Ausstattung	Jon-And
Darsteller	Zarah Leander
	– Lied »*Det kan han aldrig glömma*
	om han blir 100 år« (Das vergißt er nie,
	auch wenn er 100 wird)
	Hillevi Stenhammar, Brita Werner, Lilli
	Ziedner, Eric Abrahamson, Valdemar Dal-
	quist u. a.

7. 6. 1930
Vergnügungspark der Stockholmer Ausstellung
Utställningsrevyn (Ausstellungsrevue)
Revue von Sören Aspelin, Nils Sandberg

Dirigent	Sven Rüno
Ballett	»*Funkis Girls«,* Emy Ågren, Kai Reiners
Choreographie	Sven Tropp
Ausstattung	Ossian Elgström, Birger u. a.

Regie	Gösta Lycke
Darsteller	Zarah Leander

               – Lieder *»Han är begåvad, han skall hållas nere«* (Er ist begabt, ihn muß man kurz halten), *»På mångas begäran«* (Auf vielfachen Wunsch), *»Lite kvinnligt finns det alltid kvar ändå«* (Ein wenig Weibliches bleibt uns immer noch) Dagmar Olsson, Emy Owander, Karen Rasmussen, Harry Ahlin, Sören Aspelin, Gösta Lycke, Arthur Rolén

1. 9. 1930
Vasateatern, Stockholm
Stockholm blir Stockholm (Stockholm bleibt Stockholm)
Revue in 3 Akten von Svasse Bergquist, Karl-Ewert, Falco u. a. mit Musik von Helge Lindberg, Jules Sylvain

Dirigent	Helge Lindberg
Ballett	»Vasans Gigolo Girls«, Solotänzer Emy Ågren, Kai Reiners, Argot Sverre
Choreographie	Axel Witzansky
Regie	Franz Engelke
Darsteller	Zarah Leander

               – Lieder *»Det vore nåt för mej«* (Das wäre was für mich) (Will Meisel), *»Stockholm blir Stockholm«* (Stockholm bleibt Stockholm) (Pete Wendling), *»Från topp till tå ett kärleksstundens barn«* (Ich bin von Kopf bis Fuß) (Friedrich Hollaender) *»Stadens mannekänger«* (Die Mannequins der Stadt) Ann Marie Berg, Dagmar Ebbesen, Maritta Marke, Carl Hagman, Steinar Jöranstaad, Gustaf Lövås u. a.

6. 1. 1931
Vasateatern, Stockholm
Vasans nyarsrevy (Neujahrsrevue des *Vasa-Theaters*)
Texte von Svasse Bergquist mit Couplets von Karl-Ewert
und Musik von Helge Lindberg und Jules Sylvain

Dirigent	Helge Lindberg
Ballett	Solotänzer Amy Ågren, Kai Reiners, Gerd Johannson, Argot Sverre
Ausstattung	Alexander Bahó u. a.
Kostüme	Alfhild Björklund u. a.
Regie	Franz Engelke, Thor Modéen
Darsteller	Zarah Leander

– Lieder »*Jag vet vad ingen annan kvinna
vet*« (Ich weiß, was keine andere
Frau weiß), »*I nattens tysta timmar*«
(In den stillen Stunden der Nacht),
»*Casanova*«, »*En juvel i Mälardrott-
ningens krona*« (Ein Juwel in der Krone
der Mälarkönigin), »*Realisation*« (Ausverkauf) (Teike)
Dagmar Ebbesen, Maritta Marke, Carl
Hagmann, Steinar Jöranstaad
– Im Frühjahr 1931 wurde eine
kürzere Tournee mit der Revue
Revyernas revy (Revue der Revuen)
unternommen, die die besten Nummern
der beiden letztgenannten Revuen
des *Vasateatern* enthielt.

1. 9. 1931
Großer Saal des Konzerthauses, Stockholm
Den glada änkan (Die lustige Witwe)
Operette von Franz Lehár
Libretto von Victor León und Leo Stein in der schwedi-
schen Bearbeitung von Karl Gerhard, Musikarrangement
von Jules Sylvain
Choreographie   Axel Witzansky

Ausstattung	Per Lindberg
Kostüme	Ewald Dahlskog
Regie	Per Lindberg
Darsteller	Zarah Leander (Hanna Glavari)
	Gösta Ekman (Graf Danilo)
	Valdemar Dalquist, Ragna Bro, Christian
	Schröder, Conrad Arnesen u. a.

> – Zarah Leander spielte in 101 Vor-
> stellungen, das heißt bis zum Ende
> der Herbstsaison. Danach übernahm die
> Norwegerin Lillebil Ibsen die Rolle.
> Die Operette wurde Anfang Februar
> 1932 nach 135 Aufführungen mit
> 168 000 Besuchern (*Dagbladet*, Oslo,
> zufolge) abgesetzt.

November bis Dezember 1931 (Welturaufführung)
Großer Saal des Konzerthauses, Stockholm
En japansk tragedi (Eine japanische Tragödie)
Schauspiel von John Masefield mit der Musik von Hilding
Rosenberg

Choreographie	Axel Witzansky
Ausstattung	Otte Sköld
Regie	Per Lindberg
Darsteller	Zarah Leander (Butterblume)
	Gösta Ekman (Kurano)
	Uno Henning, Carl Ström, Anna Lindahl

1. 1. 1932
Vasateatern, Stockholm
Tidens ansikte (Das Gesicht der Zeit)
Eine *Fünfzehnöresoper* – Revue von Karl Gerhard mit Mu-
sik von Jules Sylvain u. a.

Dirigent	Helge Lindberg
Ausstattung	Jon-And, Gustaf Carlström
Regie	Per Lindberg, Valdemar Dalquist,
	Sandro Malmquist, Karl Gerhard

Darsteller	Zarah Leander

Zarah Leander
– Lieder »*Kärlekens höga visa*« (Das
Hohelied der Liebe) (Karl-Ewert), »*April,
april*«, »*Det fattas en man*« (Es fehlt ein
Mann) (W. Bramsen – Fritz Gustaf), »*Det
bundna ordet*« (Das gebundene Wort)
»*Gerhard Twins*« (mit Karl Gerhard)
Karl Gerhard, Marianne Löfgren, Tollie
Zellmann, Eric Abrahamson u. a.

– Der Untertitel, eine *Fünfzehnöres-
oper,* bezieht sich auf den Preis der
Stockholmer Tageszeitungen, der zu dieser
Zeit 15 Öre betrug. Die Revue war
eine bissige Abrechnung mit den Ver-
waltern des sogenannten freien Wortes.
– Zwischen dem 21. und 31. 3. 1932
wurde in mehreren Städten zwischen
Stockholm und Göteborg eine Tournee-
fassung von *Tidens ansikte* gespielt.
Hierbei wurden Einlagen für die
bevorstehende Frühjahrspremiere in
Göteborg getestet.
– Am 1. 4. 1932 fand dann im *Folkan,*
Göteborg, die Premiere von *April, april,*
der Fassung von *Tidens ansikte* für die
Westküste Schwedens statt. Zarah
Leander wirkte in dieser Revue bis zum
30. 4. mit, danach nahm sie am Gastspiel mit der *Lustigen Witwe* im *Dagmar-Theater* in Kopenhagen teil. In
April, april wurde Zarah Leander
durch Aurora Åström ersetzt.
– Vom 13. bis 16. 5. 1932 wurde im
Hippodromteatern, Malmö, *Karl Gerhards vÅrrery* (Karl Gerhards Früh-
jahrsrevue) gespielt, eine weitere Version von *Tidens ansikte.*

Dänemark

4. bis 12. 5. 1932 (Internationales Debüt)
Dagmar-Theater, Kopenhagen
Den glada änkan (Die lustige Witwe)
> – Bei diesem Gastspiel wirkten vom
> Stockholmer Ensemble nur Zarah
> Leander, Gösta Ekman und Ragna Bro
> mit. Die Proben leitete Axel Witzansky
> nach Per Lindbergs Anweisungen.
> Wesentliche Teile der Ausstattung
> wurden aus Stockholm von schwedi-
> schen Technikern beschafft. Die
> dänische Presse war keineswegs über-
> wältigt. »*Politiken*« bezeichnete die
> Inszenierung als eine »etwas schlam-
> pige und verdünnte Ausgabe« der
> sensationellen Inszenierung im *Kon-
> zerthaus*. Aber das Publikum kam.

Schweden

Sommer 1933
Folkteatern, Stockholm
Oss greker emellan (Unter uns Griechen)
Revue von Karl Gerhard
Darsteller   Zarah Leander
                Emy Hagman, Benkt-Åke Benktsson,
                Eric Gustafson, Carl Hagman
                – Ab 1. 1. 1934 wurde *Oss greker
                emellan* im *Folkan*, Göteborg, gespielt.

8. 9. 1933
Stora teatern, Göteborg
En kvinna som vet vad hon vill (Eine Frau, die weiß, was
sie will)

Lustspieloperette von Oscar Straus nach dem Schauspiel von Louis Verneuil, bearbeitet von Alfred Grünwald und mit schwedischen Liedtexten von Berco

Dirigent   Sten Frykberg
Ausstattung   Paul Kanneworff
Regie   Karl Kinch
Darsteller   Zarah Leander (Manon Cavallini)
                – Lieder »*Det som man kallar kärlek*«
                (Was man Liebe nennt), »*Varje kvinna
                har en hemlig längtan*« (Jede Frau hat eine
                heimliche Sehnsucht), »*Jag är en kvinna
                som vet vad hon vill*« (Ich bin eine Frau,
                die weiß, was sie will), »*Skandalkrönikan*«
                (Die Skandalchronik)
                Ulla Niska, Karl Kinch, Eric Zetterman
                – Vom 9. bis 25. 4. 1934 spielte Zarah
                Leander als Gast die Manon Cavallini
                in einer Isnzenierung der Operette im
                Svenska teatern, Helsinki; Gerda Wrede
                führte Regie.
                – Im Herbst 1934 wurde die Operette
                im *Oscarsteatern*, Stockholm, von
                Nils Johannisson inszeniert. Die Aus-
                stattung hatte ebenfalls Paul Kanne-
                worff übernommen, der Dirigent war
                Håkan von Eichwald.
                – Mit dieser Inszenierung des *Oscars-
                teatern* wurde vom 10. bis 22. 12. 1934
                ein Gastspiel im *Centralteatret*, Oslo,
                gegeben.

16. 3. 1934
Folkan, Göteborg
Kokottskolan (Die Schule der Kokotten)
Boulevardkomödie in 3 Akten von Paul Arlont-Gerbidon
Ausstattung   Birgit Afzelius-Wernlöf
Regie   Karl Gerhard

Darsteller   Zarah Leander (Ginette)
                 Karl Gerhard (Graf Stanislaus de la
                 Ferronière)
                 Emy Hagman, Gustaf Wally, Ernst Brun-
                 man, Benkt-Åke Benktsson
                 – Vom Mai bis Juni 1934 wurde diese
                 Göteborger Inszenierung der Komödie
                 im *Folkteatern,* Stockholm, gegeben.

Sommer 1934
Folkteatern, Stockholm
Mitt vänliga fönster (Mein freundliches Fenster)
Revue von Karl Gerhard
Darsteller   Zarah Leander
                 – Lieder »*Madame de Pompadour*«,
                 »*Farväl, farväl, lilla Greta*« (Lebwohl,
                 lebwohl, kleine Greta Garbo), »*I skuggan
                 av en stövel*« (Im Schatten eines Stiefels)
                 Emy Hagman, Victor »Kulörten« Anders-
                 son, Valdemar Dalquist, Carl Hagman
                 – Vom 22. bis 26. 11. 1934 wurde im
                 Nörrebros Theater, Kopenhagen, eine
                 von Karl Gerhard speziell für das
                 dänische Publikum eingerichtete Fassung
                 der Revue gespielt.
                 – Neujahr 1935 fand im *Folkan,* Göte-
                 borg, die Göteborger Premiere der
                 Revue statt. Bis März 1935 sang Gull-
                 Maj Norin als Ersatz für Zarah Leander,
                 die während dieser Zeit in Oslo
                 gastierte. Nach der Rückkehr von
                 Zarah Leander, im März 1935, wurde
                 abermals eine Premiere der Revue
                 gestartet.

Norwegen

Januar bis Februar 1935
Oslo
Chat Noir-revyn (Chat-Noir-Revue)

Schweden

1. 1. 1936
Nya Folkan, Stockholm
Köpmännen i Nordens Venedig (Die Kaufleute im Venedig des Nordens)
Revue von Karl Gerhard mit Musik von Jules Sylvain u. a.

Darsteller	Zarah Leander
	– Lieder »*Jag är ett barn av min tid*« (Ich bin ein Kind meiner Zeit) (Cliff Friend – I. Caesar), »*Kungen kommer*« (Der König kommt) (Clare – Whiting), »*God afton, vackra mask!*« (Guten Abend, schöne Maske!), »*Jag vill ha en gondol*« (Ich möchte eine Gondel)
	Sickan Carlsson, Eric Abrahamson, Carl Hagman, Edvard Persson
	– Von den oben genannten Chansons machte Zarah Leander im Anschluß an die Revue Schallplatten-Aufnahmen; ausgenommen das Gondel-Lied, was deshalb auffällig ist, weil es stets zu ihrem festen Repertoire gehört hatte. Erst am 28. Mai 1954 entstand eine Schallplatten-Aufnahme dieses Liedes. Gleichzeitig, 1954, nahm sie das Chanson »*Vill ni se en stjärna?*« auf, mit dem sie 1929 debütiert, also auch 25 Jahre mit der Plattenaufnahme gewartet hatte.

– Im Frühsommer 1936 fand ein Gast-
spiel dieser Inszenierung im *Nörrebros
Theater*, Kopenhagen, statt. Während
dieses Kopenhagener Gastspiels nahm
Zarah Leander Verbindung mit Max
Hansen auf.

Österreich

1. 9. 1936 (Welturaufführung)
Theater an der Wien, Wien
Axel an der Himmelstür
Musikalisches Lustspiel von Ralph Benatzky. Textbuch von
Paul Morgan und Adolf Schütz mit Beiträgen von Max
Hansen und Liedtexten von Hans Weigel

Darsteller   Zarah Leander (Gloria Mills)
            – Lieder »*Gebundene Hände*«, »*Eine Frau
            von heut'*«,
            »*Kinostar*« (Ich bin ein Star), »*Mein
            schönes Fräulein, gute Nacht*«
            Max Hansen (Axel)
            Paul Morgan, Otto Wallburg, Heidemarie
            Hatheyer
            – Zarah Leander gibt Weihnachten
            1936, nach 138 Vorstellungen mit ca.
            210 000 Besuchern, die Rolle der Gloria
            Mills an Lily von Hatvany für weitere
            52 Vorstellungen ab.

Bühnenpause von 22 Jahren

5. 9. 1958 (Welturaufführung)
Raimund-Theater, Wien
Madame Scandaleuse
Musical von Ernst Nebhut und Peter Kreuder

Dirigent	Arne Hülphers
Choreographie	Kurt Steigerwald
Ausstattung	Felix Smetana
Kostüme	Hill Reins-Grones
Regie	Alfred Walter
Darsteller	Zarah Leander (Hélène)

– Lieder *»Man muß den Männern was bieten«*, *»Man muß für alles bezahlen«*, *»Daran zerbricht man doch nicht«*, *»Frauen sind schwer zu durchschauen«*, *»Paradiesvogel«*, *»Die alte Liebe«* Ruth Gerhardt, Rudi Walter, Hans Unterkircher, Margit Symo u. a.
– 1959: Gastspiele mit der erfolgreichen Inszenierung in München, Berlin, Hamburg

21. 10. 1960
Raimund-Theater, Wien
Eine Frau, die weiß, was sie will
Lustspieloperette von Oscar Straus

– Das ist die erste deutsche Inszenierung dieser Operette für Zarah Leander. Bei der Premiere wurden 41 Vorhänge gezählt; die Operette wird 87mal gegeben.
– Ein Jahr später, ab 26. 12. 1961, gastierte Zarah Leander in der Rolle der Manon Cavallini in einer Neuinszenierung der Operette am *Storateatern*, Göteborg.

22. 10. 1964 (Welturaufführung)
Raimund-Theater, Wien
Lady aus Paris
Musical von Karl Farkas und Peter Kreuder nach Motiven
von Oscar Wildes Komödie *Lady Windermeres Fächer*

Choreographie	Rein Esté
Ausstattung	Ferry Windberger
Kostüme	Gerdago
Regie	Karl Farkas
Darsteller	Zarah Leander (Mrs. Erlynne)

– Lieder *»Ich bin eine Frau mit Vergangen-
heit«,* »*Mich hat die Welt kaltgestellt«,*
*»Die Liebe geht seltsame Wege«, »Sehn-
sucht nach dem Frühling«*
Paul Hörbiger (Lord Augustus Lorton)
Friedl Czepa, Ursula van der Wiehlen,
Hans Henn u. a.

– Die Premiere war ein außerordent-
licher Erfolg. Es gab einen Beifalls-
rekord; nach 60 Vorhängen zählte man
nicht weiter . . . Der Grund dafür, daß
dies überhaupt möglich war: man hatte
im *Raimund-Theater* einen elektrisch
betriebenen Vorhang installiert. Zuvor
hatten Bühnenarbeiter den Vorhang
höchstens fünfzigmal hochzuziehen
vermocht . . .
Das Musical wurde bis zum 15. 1. 1965
gespielt. Die Kritiker waren geteilter
Meinung, Zarah Leander jedoch lobten
sie überschwenglich: »Ein Musical
ohne Musik – aber ein Theaterwunder
unserer Zeit . . .«

14. 11. 1968 (Welturaufführung)
Operettenhaus, Hamburg
Wodka für die Königin!
Musical von Peter Thomas

Das *Raimund-Theater* in Wien übernimmt im Herbst 1969 diese Inszenierung. (Lieder »*Wodka für die Königin*«,
»*Das ist die große Zeit*«, »*Wenn am
Schwarzen Meer*«, »*Dante*«.*)* Sie wird
dort vom 4. September bis 10. November gespielt.

Elisabeth Flickenschildt

Kind mit roten Haaren

187 Seiten mit 8 Fotos, Lin

Elisabeth Flickenschildt hat vorzugsweise Impressionen auf-
gehoben, unheimliche oder anmutige Eindrücke, Momente der
Betroffenheit, des frohen Überschwangs oder des blanken
Schauders.

Der Spiegel

Der Autorin gelingt neben der Bio- auch ein gutes Stück
Historiographie. Dieser Mehrwert ist es, der die Qualität des
Buches ausmacht.

Rhein-Neckar-Zeitung

Ein verträumtes Buch, in dem es ungemein wach zugeht. Ein
Blick hinter die Arabesken und Attitüden enthüllt eine auf-
merksame Beobachterin, die scharfen Auges das Selbst und die
Umwelt mustert. Nicht das Leben ist außergewöhnlich – nicht
vom üblichen Maß ist die Frau, die es führt.

Neue Zürcher Zeitung

Alles dies ist einprägsam, knapp, immer den Kern der Sache
treffend, dargestellt, subjektiv, mit einem distanzierenden
Stolz, der seines Eigenwerts bewußt ist.

Süddeutscher Rundfunk

Hoffmann und Campe